Mystische Pfade
Thüringen

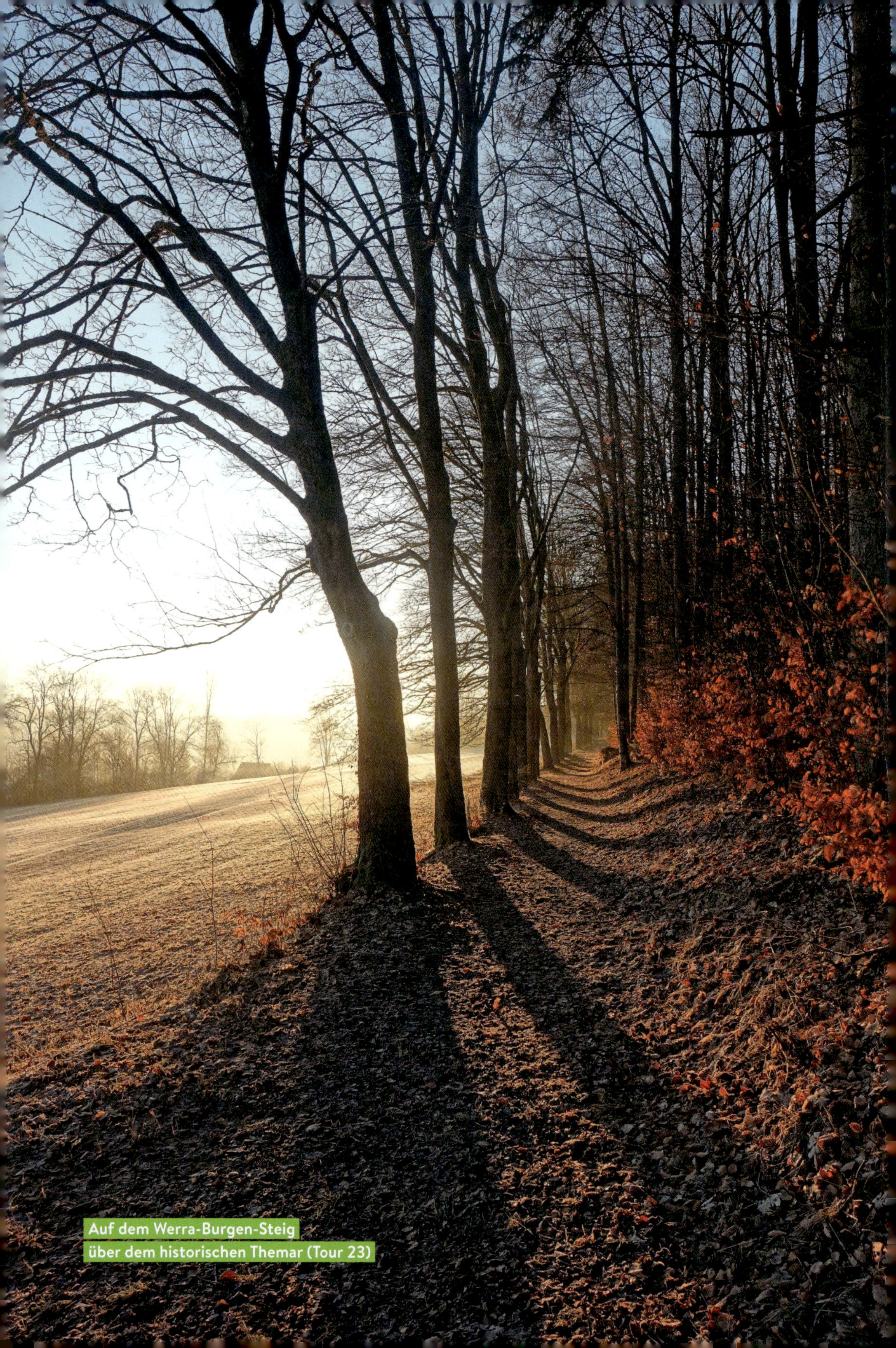

Auf dem Werra-Burgen-Steig
über dem historischen Themar (Tour 23)

Rainer D. Kröll

Mystische Pfade THÜRINGEN

33 Wanderungen auf den Spuren von Mythen und Sagen

BRUCKMANN

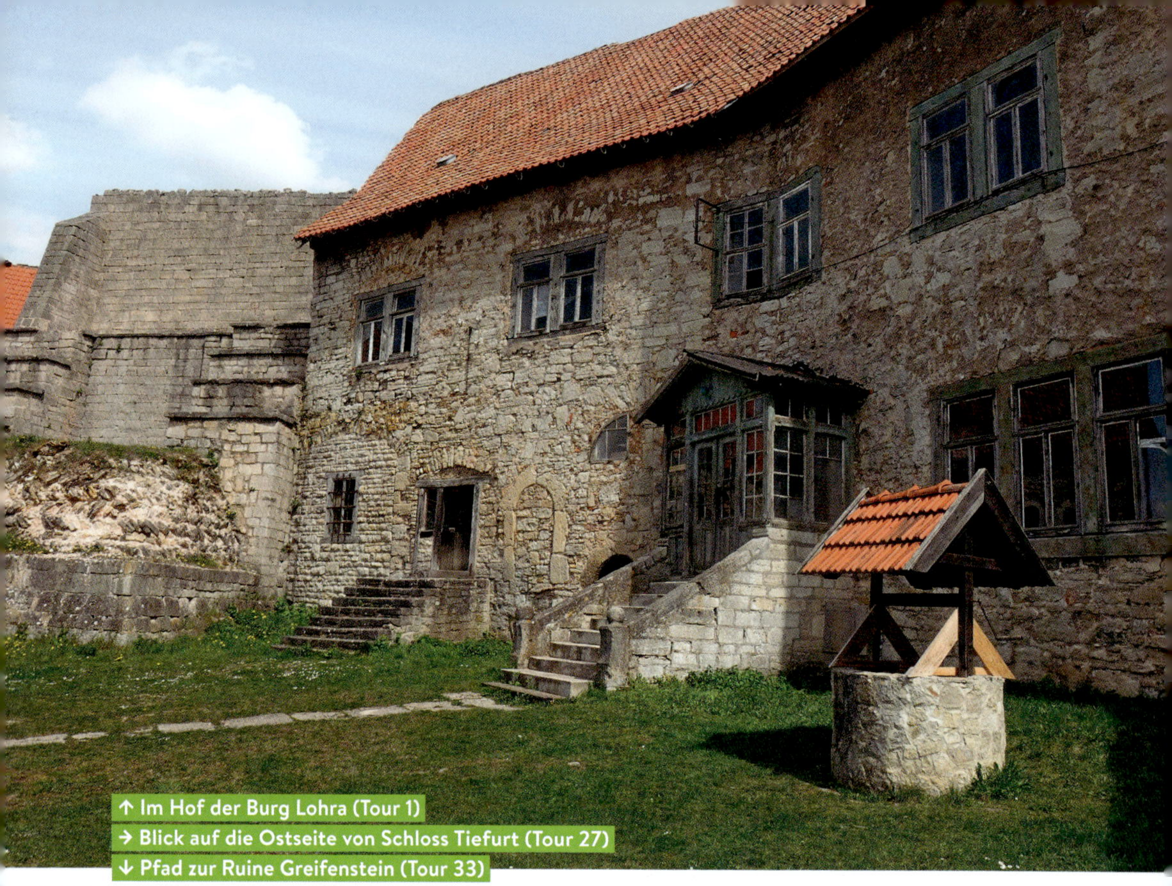

↑ Im Hof der Burg Lohra (Tour 1)
→ Blick auf die Ostseite von Schloss Tiefurt (Tour 27)
↓ Pfad zur Ruine Greifenstein (Tour 33)

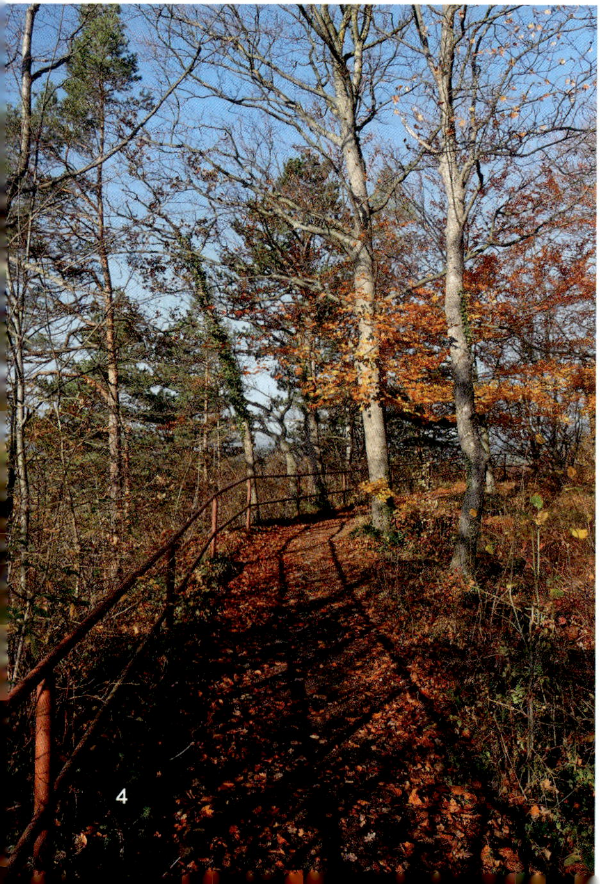

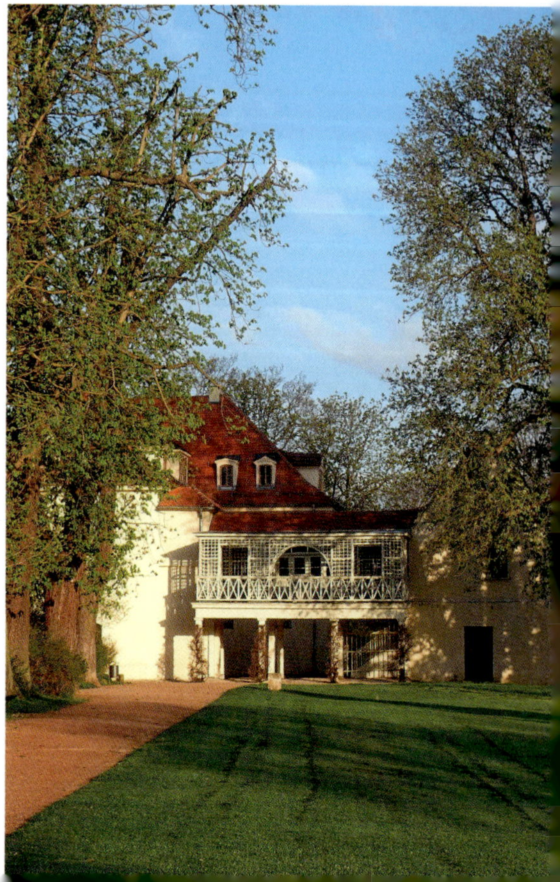

INHALT

DIE TOUREN

THÜRINGEN NORD

THÜRINGER WALD

THÜRINGEN MITTE

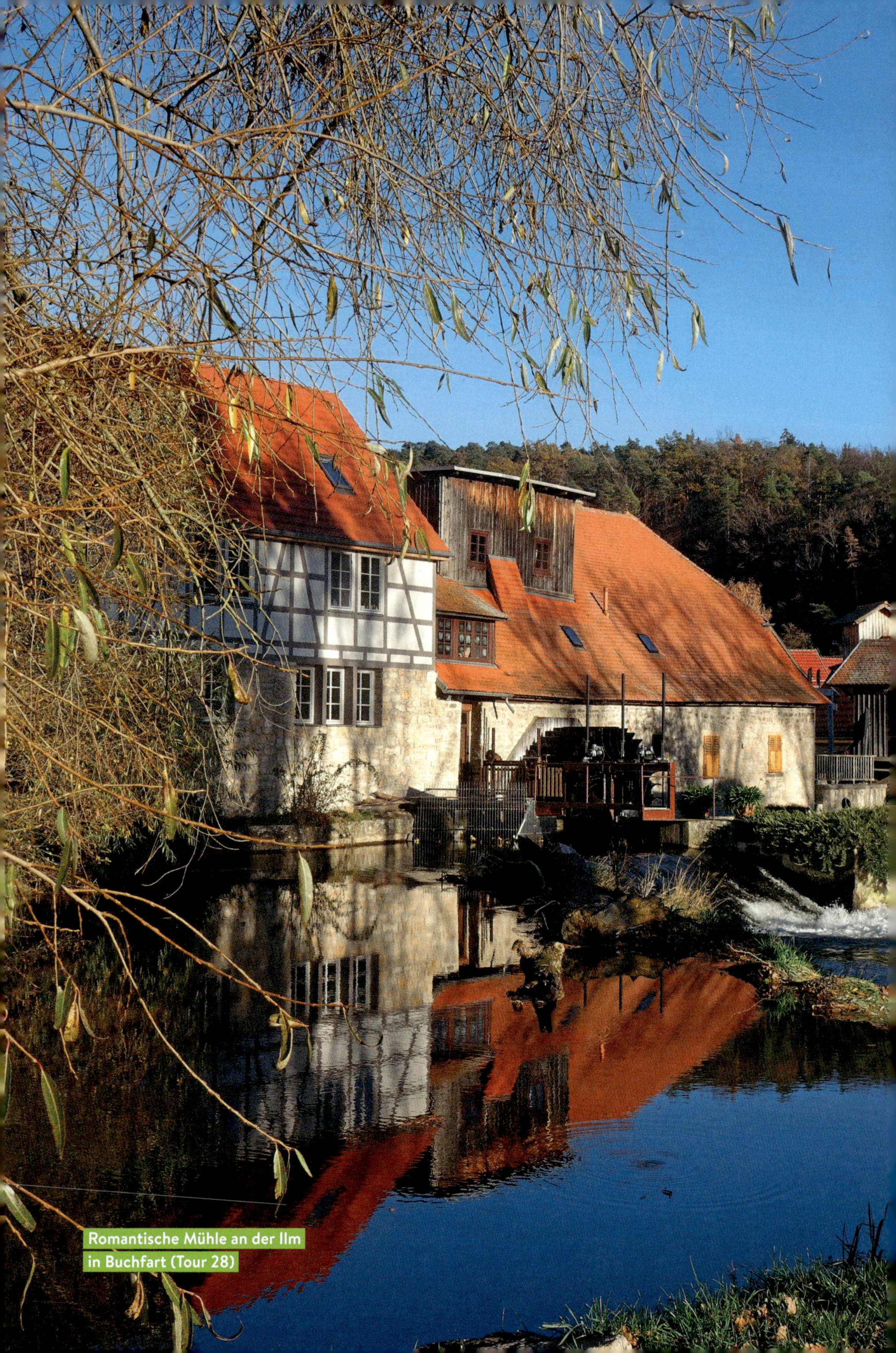

Romantische Mühle an der Ilm
in Buchfart (Tour 28)

Vorwort

AUF MYSTISCHEN PFADEN UNTERWEGS IN THÜRINGEN Lexika definieren mystisch mit dunkel, geheimnisvoll, rätselhaft und unergründlich. Mystische Pfade gibt es auch in Thüringen, zum Beispiel geheimnisvolle Waldwege mit überraschenden Durchblicken auf markante Felsgestalten, auf einen verwunschenen Weiher oder zu gespenstischen Burgruinen. Auch die Stimmungen des Wetters, des Lichts oder der Tageszeit bilden mystische Schemen. Was mag sich früher in den Burgen zugetragen haben? Rumoren da nachts noch Geister in den Gemäuern? Steigen aus dem im Wald versteckten, dampfenden Weiher noch Nixen herauf? Wie beklemmend ist es, über die Totenbrücke zu gehen? Pfade werden oft erst durch die gruseligen oder übersinnlichen Geschichten zu magischen Orten. An besonderen Stellen stehen manchmal Sühnekreuze oder sind Richtplätze, die an blutige Ereignisse erinnern. Sagen und Legenden bringen unsere Vorstellungskraft zum Leuchten, und Wege erscheinen plötzlich als unheimlich. Am Hexentanzplatz, an der Teufelskanzel oder an mit ähnlichen Namen belegten Orten leben Märchen aus der Vergangenheit weiter. Da sind dann noch die Bilder aus der dunklen Historie und der Überlieferungen, die unsere Sinne anregen. Gerade Thüringen ist besonders reich an Kultur und Geschichte. Was auch immer die unergründliche Ursache sein mag, ob uns etwas als mystisch erscheint, spielt sich weitgehend in unserem Kopf ab. Sind es vielleicht auch nur Scheinbilder oder Fantasien, sie beleben auf den Wanderungen unseren Geist.

Für die Wanderungen dieses Buchs war es mir wichtig, Pfade zu entdecken, die nicht unter Menschenmassen leiden, aber doch Schönes zeigen – Wege, die Ausstrahlung und Atmosphäre haben. Wir wandern über Berge, Täler und Felsen mit Ausdruckskraft, die uns bewegt. Kulturelle und geschichtliche Eigenhciten haben in Thüringen eine hohe Dichte an Burgen, Klöstern und Ruinen auf markanten Felsformationen hervorgebracht. Die Landschaft ist mit üppigen Wiesen, fruchtbaren Feldern, halb versteckten Dörfern und lieblichen Flüsschen sowieso eindrucksvoll, sind wir doch im »Grünen Herzen Deutschlands« unterwegs. Anmutige Gebirgslinien des Thüringer Walds, Harz und Thüringisches Schiefergebirge bilden den Horizont. Sagen und Geschichten verstärken die Impressionen und Empfindungen. Malerisch gelegene Gasthäuser und Naturbeobachtungen am Wegesrand schenken Einblicke in die Natur, Kultur und Geschichte. Zum bewussten und vielleicht übersinnlichen Erfassen der Besonderheiten der Region möchte ich neben der Natur auf den Wanderungen genau das vermitteln.

Rainer D. Kröll

Willkommen in Thüringen

Thüringen nennt sich »Das Grüne Herz Deutschlands«. Dies ist keine leere Marke, sondern entspricht zwei Besonderheiten des Lands. Ein Viertel seiner Fläche bilden Naturlandschaften in der Mitte Deutschlands.

Thüringens Naturschätze

Das Bundesland besitzt eine einzigartige Landschaft mit kleinen Städten, Mittelgebirgen, Hügeln, üppigen Wiesen und ausgedehnten Wäldern. Als Nationale Naturlandschaften werden sie gepflegt und weiterentwickelt: Naturpark Südharz, Naturpark Kyffhäuser, Naturpark Eichsfeld-Hainich-Werratal, Nationalpark Hainich mit dem Prädikat UNESCO-Weltnaturerbe, Naturpark Thüringer Wald, Biosphärenreservat Vessertal-Thüringer Wald, Biosphärenreservat Rhön und Naturpark Thüringer Schiefergebirge/Obere Saale.

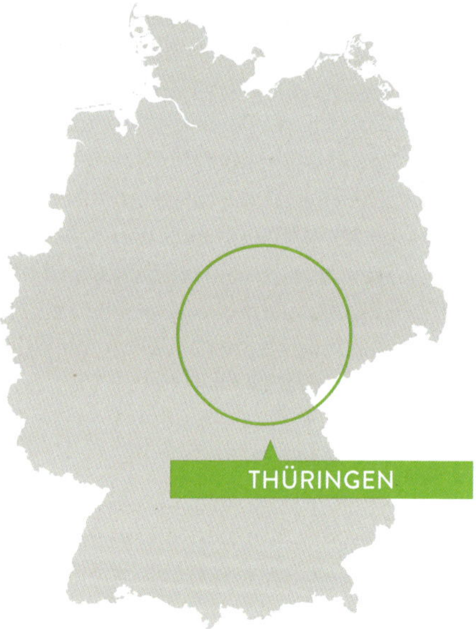

3 x Welterbe

Das kulturelle Herz Deutschlands

Vom Mittelalter bis zur Moderne finden sich Zeugnisse großer Kultur. In Thüringen hat die Geschichte Burgen, Klöster und Ruinen in großer Zahl hinterlassen. Das Land ist für seine alten und historisch bedeutenden Städte bekannt. Darunter befinden sich die Luther-Stadt Eisenach mit der Wartburg, die Goethe-und-Schiller-Stadt Weimar und die Landeshauptstadt Erfurt mit ihrem Dom.

In Thüringen gibt es mit den Bauhaus-Stätten in Weimar, dem Klassischen Weimar und mit der Wartburg drei Stätten des UNESCO-Weltkulturerbes.

Die Wartburg gilt als wichtigste Burg Deutschlands und Zeugin deutscher Geschichte. Auf ihr lebte die Heilige Elisabeth, und Martin Luther übersetzte hier das Neue Testament. Richard Wagner inspirierte die Burg zu seiner Oper »Tannhäuser und der Sängerkrieg auf der Wartburg«.

Im Nationalpark Hainich

Das Hauptziel des 7500 Hektar großen Nationalparks ist der Schutz der heimischen Buchenwälder und der tierischen Bewohner, wie die seltenen Wildkatzen. Schließlich soll hier der größte Urwald Europas entstehen.

1245 Pflanzenarten

Thüringen ist als artenreiches Bundesland bekannt. Allein im Biosphärenreservat Thüringer Wald wurden bisher 1245 Pflanzenarten und 2522 Tierarten festgestellt. Durch den vielerorts auftretenden Muschelkalk gilt Thüringen als Orchideenparadies. Im Tal der Wipper schnitt der Fluss einen tiefen Canyon in die Muschelkalkwände des Höhenzugs Hainleite und schuf ein stimmungsvolles Tal voller Orchideen.

4 Wildkatzen

Carlo, Toco, Franz und Emil sind die vier Wildkatzen im Wildkatzengehege am Nationalpark Hainich. Dazu kommen noch die Luchse Kaja und Looki, die sich im Luchsgehege oft verstecken. Der Wildkatzenschleichpfad ist ein kurzer und spannender Erlebnisrundweg.

Geologie

Thüringen baut sich auf geologische Teilgebiete auf, die aus verschiedenen Zeiträumen der Erdgeschichte stammen. Die geologisch wichtigsten Teilregionen sind der Harz (Auffaltung der variszischen Gebirgsbildung im Oberkarbon mit vielfältigen Sedimenten), das Thüringer Becken (Deckschichten aus dem Trias), der Thüringer Wald (Scholle aus dem Perm) und das Thüringer Schiefergebirge (Gesteine der Erdfrühzeit bis zum Karbon).

170 km

Der meistbegangene Weitwanderweg Deutschlands ist der 170 Kilometer lange Rennsteig. Der historische Grenzweg wurde schon im Jahr 1330 als Rynnestig urkundlich erwähnt und ist heute als Kulturdenkmal ausgewiesen. Entlang des Rennsteigs markieren 1300 historische Grenzsteine seinen historischen Verlauf. Viele Schutzhütten (Bauden) und Rastgelegenheiten unterstützen die Wanderer mit Thüringer Spezialitäten.

Auf dem Kyffhäuser

Besonderer Anziehungspunkt Thüringens ist der Kyffhäuser mit dem gewaltigen Denkmal aus dem Jahr 1896. Auf dem 81 Meter hohen Turm befindet sich eine Kaiserkrone, von der sich ein herrlicher Blick zum Harz und zum Thüringer Wald ausbreitet.

Kickelhahn

Über seinen Aufenthalt in Ilmenau schrieb Goethe: »Ilmenau hat mir viel Zeit gekostet, dafür habe ich aber auch … mir eine Anschauung der Natur erworben, die ich um keinen Preis tauschen möchte.« Das Goethehäuschen auf dem Kickelhahn und die Aussicht waren für den Dichter Inspiration. Eine Wanderung durch Wälder auf dem Kickelhahn sind die Wege, die Goethe oft gegangen ist.

Bruckmann-Tourenfinder

Für jeden Tag die richtige Tour

			km	Hm	Std.								
1	Zur Burg Lohra	●	11,9	320	3.20	✓	✓	✓	✓		✓	✓	✓
2	Zur Burgruine Hohnstein	●	12,9	310	3.50	✓	✓	✓		✓		✓	✓
3	Mystischer Kyffhäuser	●	9,0	230	2.50	✓	✓	✓	✓		✓		✓
4	Im Wipperdurchbruch	●	11,1	300	3.00	✓	✓	✓		✓			✓
5	Zur Burgruine Hanstein	●	10,8	400	3.30	✓		✓			✓		✓
6	Zum Kloster Hülfensberg	●	6,3	140	2.20	✓	✓	✓	✓	✓			✓
7	Aussichten über Treffurt	●	10,3	210	3.10	✓	✓	✓		✓			✓
8	Creuzburg im Werratal	●	10,2	260	3.10	✓	✓	✓	✓	✓			✓
9	Die Kelten im Hainich	●	13,8	210	4.00	✓	✓	✓	✓		✓		✓
10	Wanderung zu drei Burgen	●	12,8	280	4.00	✓	✓	✓	✓	✓			✓
11	Zum Walpurgiskloster	●	10,9	210	3.10	✓	✓	✓			✓		✓
12	Eisenacher Höhepunkte	●	15,7	390	4.40	✓		✓			✓		✓
13	Um das Keltendorf Sünna	●	6,4	230	2.10	✓	✓	✓	✓		✓		✓
14	Im Schlosspark Altenstein	●	11,3	210	3.30	✓	✓	✓	✓		✓		✓
15	Auf den Falkenburgstein	●	11,2	490	3.50	✓					✓		✓

			km	Hm	Std.								
16	Wälder um Finsterbergen	●	10,4	240	3.20	✓	✓		✓		✓	✓	✓
17	Schloss Reinhardsbrunn	●	12,2	330	3.50	✓		✓	✓		✓		✓
18	Goethe auf dem Kickelhahn	●	9,3	400	3.10	✓		✓	✓		✓		✓
19	Nach Paulinzella	●	16,2	420	4.40	✓		✓		✓			✓
20	In den Meininger Wäldern	●	13,8	270	4.00	✓	✓	✓	✓		✓		✓
21	Vessertal und Adlersberg	●	14,8	460	4.20	✓		✓			✓		✓
22	In der Gießübler Schweiz	●	7,2	240	2.20	✓	✓	✓			✓		✓
23	Zum Kloster Veßra	●	10,8	260	3.10	✓	✓	✓		✓			✓
24	Schloss Ettersburg	●	10,7	210	3.10	✓	✓	✓	✓		✓		✓
25	Zur Ordensburg Liebstedt	●	12,8	190	3.30	✓	✓	✓	✓	✓		✓	✓
26	Zum Schloss Belvedere	●	10,9	150	3.20	✓	✓	✓	✓	✓			✓
27	Im Schlosspark Tiefurt	●	12,6	120	3.40	✓	✓	✓	✓	✓			✓
28	Liebreizendes Buchfart	●	9,6	280	3.00	✓	✓	✓					✓
29	Idylle in Kranichfeld	●	15,0	270	4.10	✓	✓	✓	✓	✓		✓	✓
30	Zur Burg Tannroda	●	8,7	190	2.40	✓	✓	✓	✓	✓			✓
31	Zum Schloss Kochberg	●	12,6	300	3.50	✓	✓	✓	✓	✓			✓
32	Kahla und Leuchtenburg	●	13,0	440	4.00	✓		✓		✓		✓	✓
33	Zur Burg Greifenstein	●	12,6	450	4.10	✓		✓		✓			✓

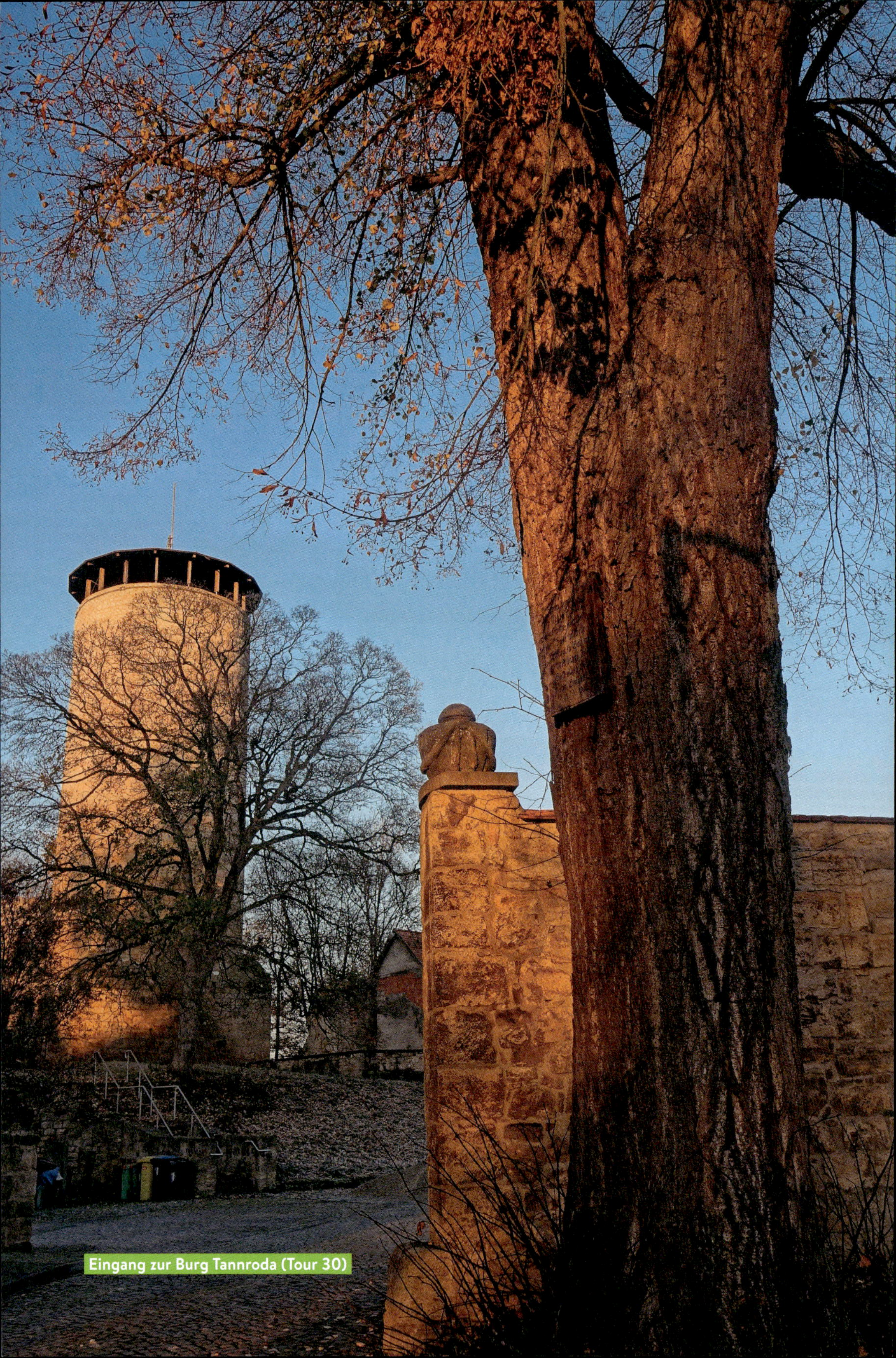

Eingang zur Burg Tannroda (Tour 30)

INFO

PIKTOGRAMME ERLEICHTERN DEN ÜBERBLICK

Länge | Höhenunterschied | Gehzeit

Einkehr
kindergeeignet
Sehenswürdigkeit
wintergeeignet
viel Sonne
schattiger Weg
Baden
ÖPNV

ANFORDERUNGEN

Die Wanderungen sind nach eigener Einschätzung der Schwierigkeiten von Wegbeschaffenheit, Entfernung, Orientierung, Höhenunterschied und Gefahrenlage eingeteilt.

● LEICHT

Einfache Wanderung auf guten Wegen und Pfaden ohne starke Steigungen, die aber auch ohne Markierung sein können. Orientierungssinn wird benötigt.

● MITTEL

Mittelschwere Wanderung mit deutlichen Höhenunterschieden auf Wegen und Pfaden, die etwas Kondition, Ausdauer und guten Orientierungssinn erfordert.

● SCHWER

Anspruchsvolle Wanderung auf teilweise steilen Wegen mit hoher Anforderung an die Kondition, Schwindelfreiheit und Trittsicherheit. Kann ausgesetzte Passagen am Fels beinhalten. Ein gutes Orientierungsvermögen ist unbedingt geboten. Alpine Erfahrung wird vorausgesetzt.

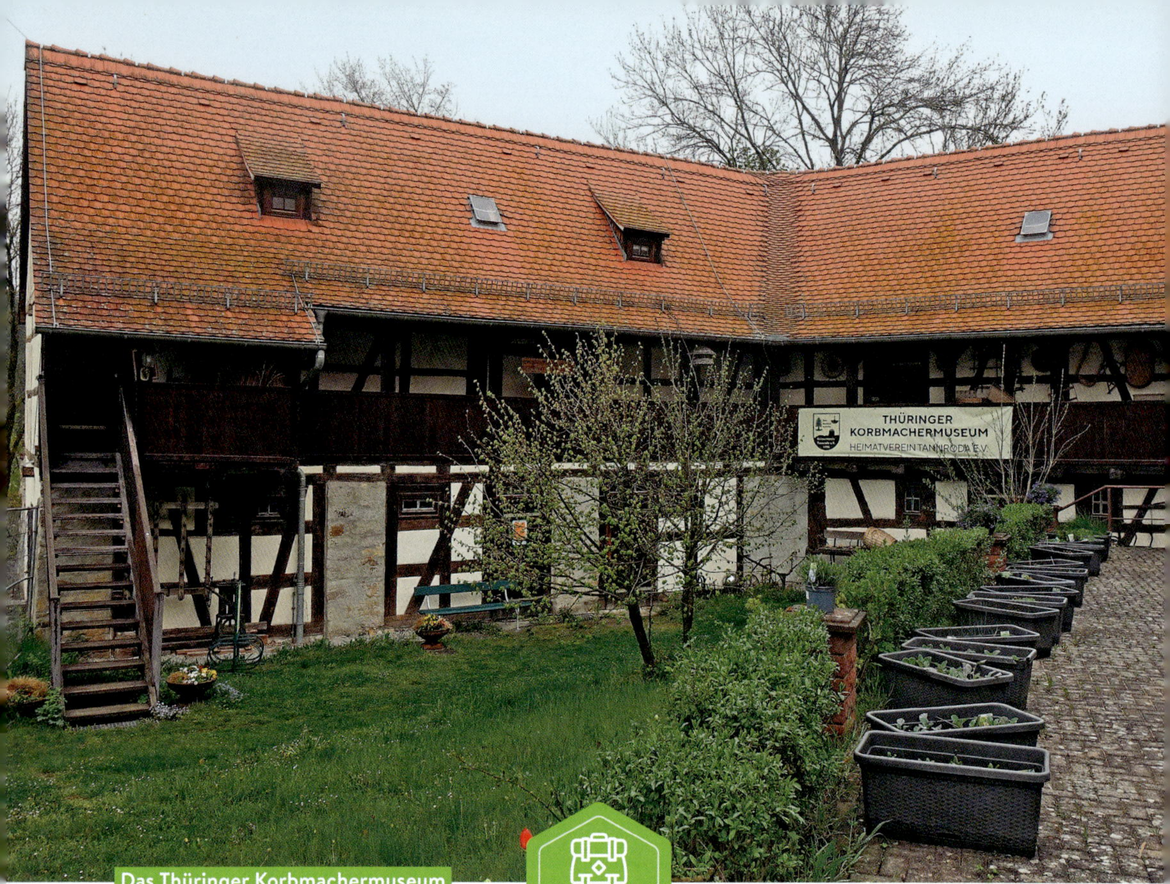

Das Thüringer Korbmachermuseum in der Burg Tannroda (Tour 30)

MYSTISCHE PFADE IN THÜRINGEN

Thüringen und besonders der Harz, Thüringer Wald, Hainich, das Werratal, Saaletal und Thüringische Schiefergebirge sind herrliche Wandergebiete.

Unzählige Themenwanderwege und auch Fernwanderwege wie der Lutherweg, der Rennsteig, das Grüne Band, der Werra-Burgen-Steig und viele andere durchziehen die Täler, Höhen und Flussauen. Die Wandergebiete in diesem Buch sind in drei Gruppen gefasst und in einer Reihenfolge nummeriert, wie eines der Gebiete in etwa im Zusammenhang bereist werden kann. Die Unterteilung ist Thüringen Nord, Thüringer Wald und Thüringen Mitte. Wege mit Asphaltbelag wurden nach Möglichkeit vermieden. Lange Wanderungen können mit einem Blick auf die Wanderkarte oder mit öffentlichen Verkehrsmitteln oft verkürzt werden. Touren, zu denen Trittsicherheit empfohlen wird, sind mit Vorsicht zu genießen. Mit Trittsicherheit ist die Fähigkeit gemeint, sich beim Wandern in unwegsamem Gelände oder über Felsen sicher bewegen zu können.

REISEN IN THÜRINGEN

Alle Wanderungen in diesem Buch enthalten in der Infospalte Hinweise für die Anreise. Mit dem eigenen Auto kommt man am besten überall hin. Kleinere Ortsverbindungsstraßen in abgelegenen Gegenden sind manchmal sehr schmal. Gute Anbindung mit öffentlichen Verkehrsmitteln bieten prinzipiell die Orte, die mit der Bahn oder mit dem Bus erreichbar sind. Die Fahrt durch die Landschaften Thüringens mit der Bahn ist auch ein bequemes und umweltfreundliches Erlebnis. Die öffentlichen Verkehrsmittel zu den Wanderungen sind zwar angeführt, doch die Fahrzeiten erweisen sich manchmal für Wanderer als unpraktisch. In der Saison werden auch touristische Buslinien angeboten. Auskunft erhält man in den örtlichen Touristinformationen. Dort stehen oft Fahrpläne und besondere Tickets zur Verfügung. So gibt es zum Beispiel eine Weimar Card, eine Erfurt Card, eine Jena Card, eine Rabattkarte für den Thüringer Wald, die Oberhof Card, spezielle Tickets für den Rennsteig, Schwarzatal, Rhön und andere Regionen (www.bus-bahn-thueringen.de/tourismus_freizeit). Es ist daher nützlich, in einer Touristinformation der bereisten Region nach Vergünstigungen zu fragen.

BESTE JAHRESZEIT

Natürlich ist ein Urlaub in Thüringen in den Sommermonaten am besten, wobei es für Aktivitäten auch mal zu heiß sein kann. Herrlich ist der Herbst mit seinen unvergleichlichen Farben und das Wetter kann stabiler sein als im Sommer. Wer Blumen auf den zahlreichen Kalkmagerrasen liebt,

↓ Gartenanlage im Schlosspark Belvedere bei Weimar (Tour 26)
↘ In Thüringen treffen Wanderer oftmals auf Sühnekreuze.

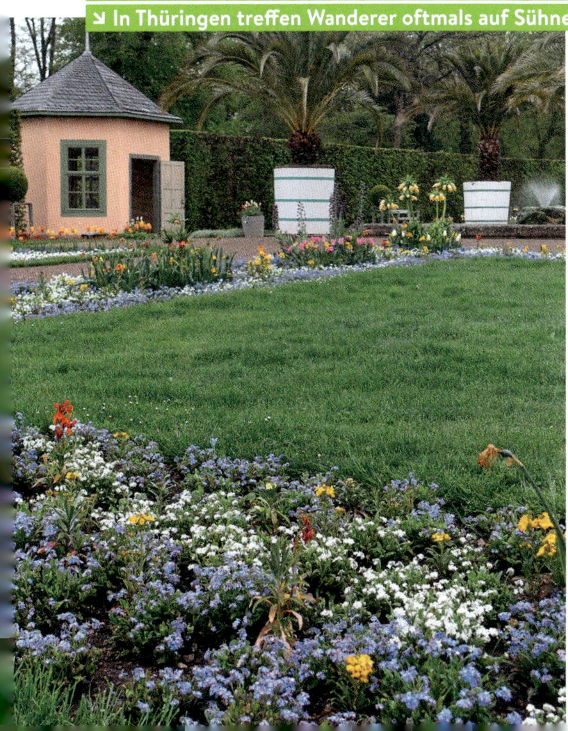

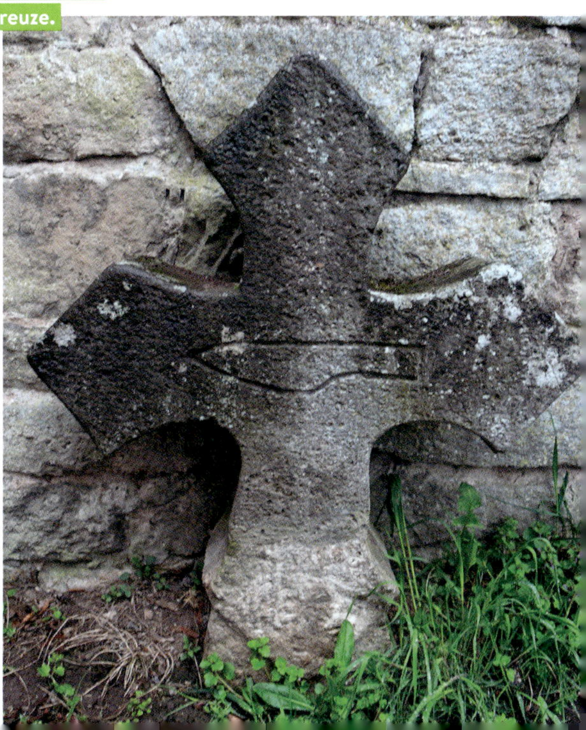

wird sich am Frühling oder am Frühsommer orientieren. Eine frühe Startzeit am Tag bringt oftmals eine ruhige Tour, stilles Wanderglück und die schönsten Fotos. Etwas Besonderes ist an den Aussichtspunkten mit Blick nach Westen der Sonnenuntergang. Aber auch der Winter hat seine Reize. In Thüringen sind auch vielfach Winterwanderungen möglich. Der Weihnachtsmarkt in Erfurt oder der historische Weihnachtsmarkt auf der Wartburg und auf anderen Schlössern und Burgen sind berühmt.

KLIMA UND WETTER

Die vorwiegend westliche Luftströmung lässt die Niederschläge am Thüringer Wald, Harz und anderen Höhen abregnen. Die dazwischenliegenden Gebiete wie das Thüringer Becken sind daher trockener. Im Angesicht des momentanen Wetters ist die Machbarkeit der Touren in eigenverantwortliche Erfahrung zu bringen. Für die Wetteraussichten eines bestimmten Orts benutzt man daher am besten eine der örtlichen Wetterstationen (wetterstationen.meteomedia.de). (In der Übersichtskarte die Station auswählen, zum Beispiel Eisenach, dann auf den orangen Button »4-Tage-Prognose« drücken. Allgemeinere Wettervorhersagen gestalten einige Internetplattformen wie zum Beispiel www.wetteronline.de.)

AUSRÜSTUNG

Feste Schuhe mit griffiger Sohle sind wohl eines der wichtigsten Ausrüstungsgegenstände. Turnschuhe sind meist nicht geeignet. Sonnen- und Regenschutz, wobei ein stabiler Regenschirm gute Dienste leistet, solange kein Wind mit im Spiel ist. Eine Regenjacke ist unverzichtbar, führt selbst in modernster Ausführung jedoch im Gegensatz zum Regenschirm bei entsprechender Wärme zum Schwitzen. Schnell trocknende Wanderfunktionshose, guter Rucksack mit Lüftungsabstand am Rücken, gefüllt mit Notproviant, ausreichend Flüssigkeit, Wechselshirt, Notfall-Apotheke und Mobiltelefon für einen Notruf. Oft wird ein Kälteschutz vernachlässigt, besonders, wenn schönes Wetter am Himmel steht. Was aber, wenn

↓ Über Kranichfeld steht das Oberschloss (Tour 29).

↘ Am Marktplatz in der Altstadt von Kahla (Tour 32)

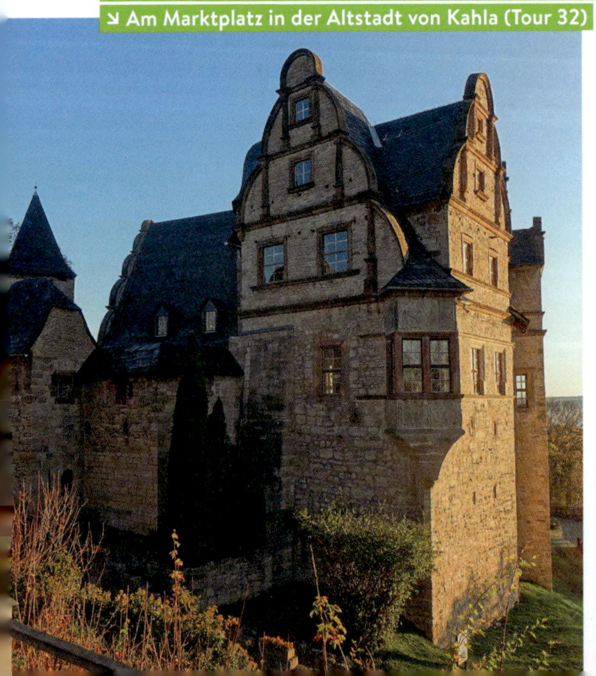

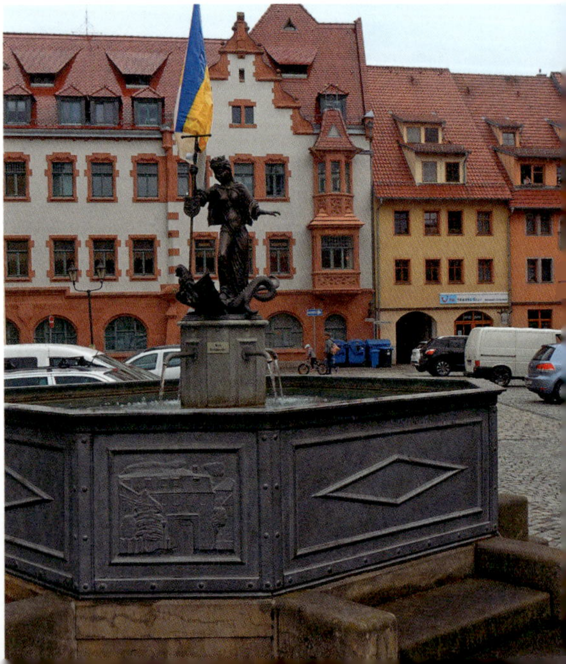

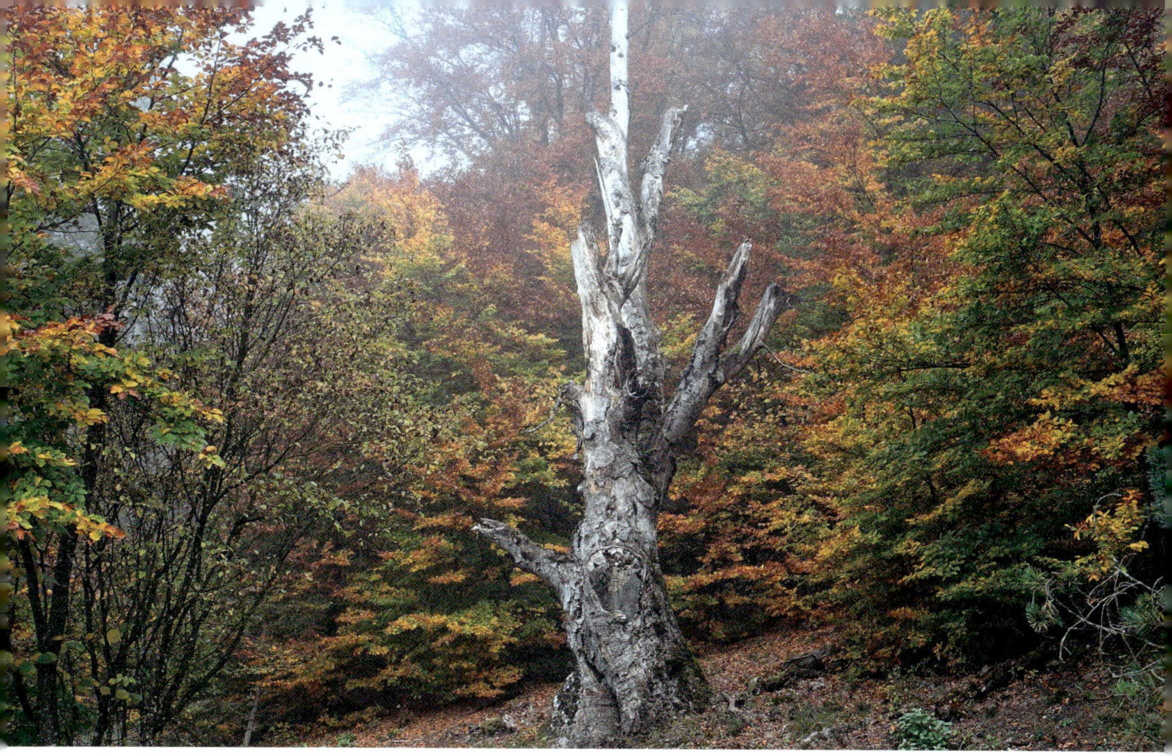

sich einer verletzt und am Boden gelagert werden muss? Wenn dann noch Nässe dazukommt, kann es gefährlich werden.

Im romantischen Wald an der Ruine des Walpurgisklosters über Arnstadt (Tour 11)

SICHERHEIT UND GEFAHREN

Wichtigste allgemeine Gefahren in freiem Gelände sind Wetterwechsel und bei einzelnen Touren unter Felswänden auch Steinschlag. Erfahrene Wanderer beobachten an jedem sich bietenden Fixpunkt ihren Höhenmesser und justieren ihn erneut. Denn steigt die Angabe des Höhenmessers von einem Fixpunkt zum nächsten erheblich an, bedeutet dies einen Luftdruckabfall und lässt eine schnelle Wetterverschlechterung voraussehen. Umkehren ist kein Zeichen von Schwachheit, sondern Klugheit.

112: Einsatzzentrale für Polizei, Notarzt, Feuerwehr und Bergwacht

Optisches oder akustisches Notrufsignal: 6 Signale hintereinander mit 10 Sekunden Abstand

GEHZEITEN, RICHTUNGSANGABEN, HÖHENMETER UND GPS-DATEN

Die Gehzeiten sind reine Zeiten unterwegs ohne Pausen. Sie wurden in eigener Erfahrung subjektiv ermittelt. Auf orografische Bezeichnungen wurde zugunsten der Verständlichkeit verzichtet. Abzweige und Richtungswechsel sind im Text trotz Wegweiser beschrieben, denn die können ja mal fehlen. Wird kein Richtungshinweis gegeben, bedeutet dies in jedem Fall geradeaus. Stehen in der Wanderbeschreibung die Worte »… in Richtung …«, so ist diese Richtungsangabe auch immer auf einem Wegweiser zu sehen.

Die Höhenangaben entstammen zuallererst den Karten, denn die haben Geografen vermessen und gezeichnet, dann erst aus dem ständig justierten Höhenmesser. Bei den Angaben des Höhenmessers sind aber immer Ungenauigkeiten möglich, weil diese wegen der Veränderung des Luftdrucks durch Wetterwechsel variabel sind. Die angegebenen GPS-Daten sind vor Ort in freier Natur erhoben, unterliegen jedoch manchmal nicht geringen Mess-Abweichungen durch die Umgebungsbedingungen.

WEGMARKIERUNGEN UND WEGWEISER

Thüringen besitzt eine ausgeprägte Wandertradition und die meisten Wege sind mit Wegweisern, Markierungen und Picknickplätzen sehr gut erschlossen. Wenn nötig, sind in den Wegbeschreibungen die Markierungen der Wanderwege angegeben.

GESCHICHTE

Ein Homo erectus hat nachweislich 350 000 vor Christus bei Bilzingsleben am Wipperdurchbruch gelebt (Tour 4). Der Missionar Bonifatius missionierte im Jahr 721 in Thüringen und ließ in Erfurt eine erste Kirche bauen. Im Jahr 1067 wurde die Wartburg begründet. Im 13. Jahrhundert lebte auf der Wartburg die Heilige Elisabeth. Die Existenz der Thüringer Bratwurst ist schriftlich mit dem Jahr 1404 belegt. In den Jahren 1521 und 1522 übersetzte Luther auf der Wartburg in zehn Monaten die Bibel. 1775 reiste Johann Wolfgang von Goethe auf Einladung von Herzog Carl August nach Weimar und die Stadt blühte zum wichtigsten geistigen und kulturellen Zentrum Deutschlands auf. In der Schlacht bei Jena und Auerstedt im Jahr 1806 besiegte Napoleon die preußischen Truppen. Auf dem Wartburgfest 1817 forderten deutsche Studenten einen Nationalstaat mit freiheitlicher Verfassung. 1919 wurde in Weimar die Weimarer Republik gegründet. 1949 wurde Thüringen Teil der DDR. 1990 geschah die deutsche Wiedervereinigung und Neubildung des Freistaats Thüringen mit der Landeshauptstadt Erfurt. Ende des 20. Jahrhunderts wurden das Klassische Weimar, die Wartburg und die Bauhaus-Bauten in das UNESCO-Weltkulturerbe aufgenommen.

EINKEHRMÖGLICHKEITEN

Eine Auswahl an Einkehrmöglichkeiten sind bei den Wanderungen angeführt. Die Öffnungszeiten mögen nicht für alle Zeiten gültig sein. Erkundigen Sie sich daher selbst anhand der angegebenen Telefonnummern oder Internetadressen.

REGIONALE KÜCHE

Traditionelle Thüringer Gerichte gelten als deftig und kalorienreich. Zuerst fallen einem zu Thüringer Spezialitäten die Original Thüringer Bratwurst, Rostbrätel, Soljanka (beliebter Eintopf der DDR-Gastronomie), Schniedla (Schnippelsuppe) und Thüringer Klöße mit herzhaftem Braten und Soße ein. (Das Rezept für die Original Thüringer Klöße, Soljanka und für andere Spezialitäten sind unter www.sonneberg-info.de zu finden.) Weimarer Zwiebelmarktbrot, Thüringer Kümmelfleisch oder Rouladen sind ebenfalls beliebte Gerichte. Einige Restaurants zelebrieren die leichte, neue deutsche Küche und nehmen dabei Bezug auf einheimische Produkte und kulinarisches Erbe.

KARTEN

Die angegebenen Kartennummern in der Infospalte der Wanderungen beziehen sich auf die Karten im Maßstab 1:50 000 des Thüringer Landesamtes für Bodenmanagement und Geoinformation. Die Karten und die Übersicht der Blattschnitte sind unter www.thueringen.de/th9/tlbg/onlineshop-vertrieb/index.aspx zu finden. Wer sich kostenlos selbst eine Wanderkarte der geplanten Gegend ausdrucken möchte, findet unter Internetsuche: »Wanderkarte ausdrucken kostenlos« verschiedene Möglichkeiten, zum Beispiel www.wanderreitkarte.de oder www.geoportal-th.de/de-de/Downloadbereiche/Download-Offene-Geodaten-Thüringen/Download-Topographische-Karten.

BÜCHER UND KARTEN

Reiseführer und Wanderkarten gibt es im Buchfachhandel oder in Fremdenverkehrsämtern. Da sind auch Druckschriften oder Übersichtskarten für spezielle Interessen zu finden, wie zum Beispiel eine Beschreibung der Museen, Wandertipps, Wanderbuslinien oder Erlebnisse für Kinder. Die zuständigen Touristinformationen sind in der Infospalte der Wanderungen angegeben.

INTERNET

Es gibt viele Internetplattformen wie www.thueringen.info und www.thueringen-entdecken.de, die für die Reiseplanung in Thüringen genutzt werden können. Zur Planung von weiteren Wanderungen ist die Seite www.wandern-in-thueringen.info/de nützlich. Daneben haben alle Regionen, Städte und Fremdenverkehrsorte ihre eigenen Internetauftritte, die in der Infospalte der Wanderungen angegeben sind. Auf solchen örtlichen Internetseiten sind auch jeweils weitere Wandervorschläge zu finden.

↓ Die Kirche am Schloss Ettersburg ist von Efeu überwuchert (Tour 24).

↘ In der historischen Jagdanlage Rieseneck (Tour 32)

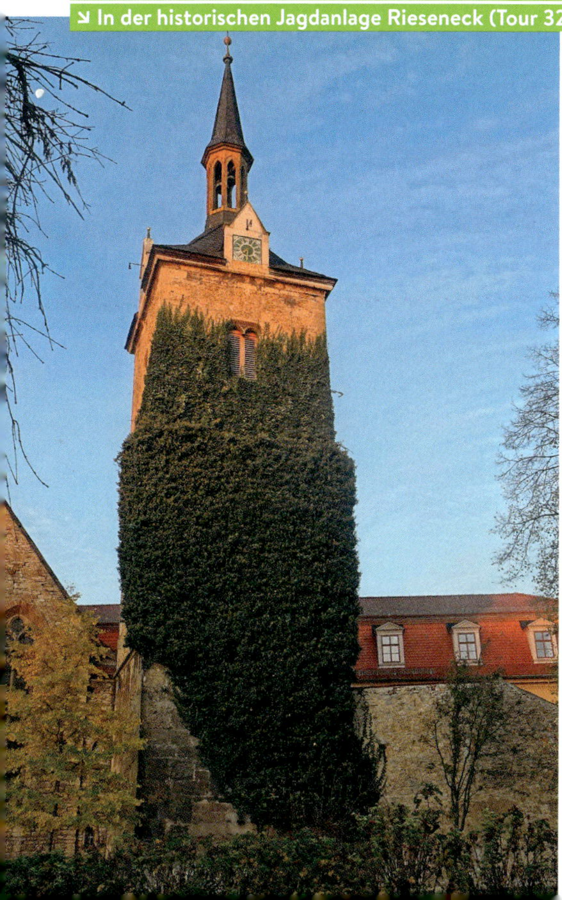

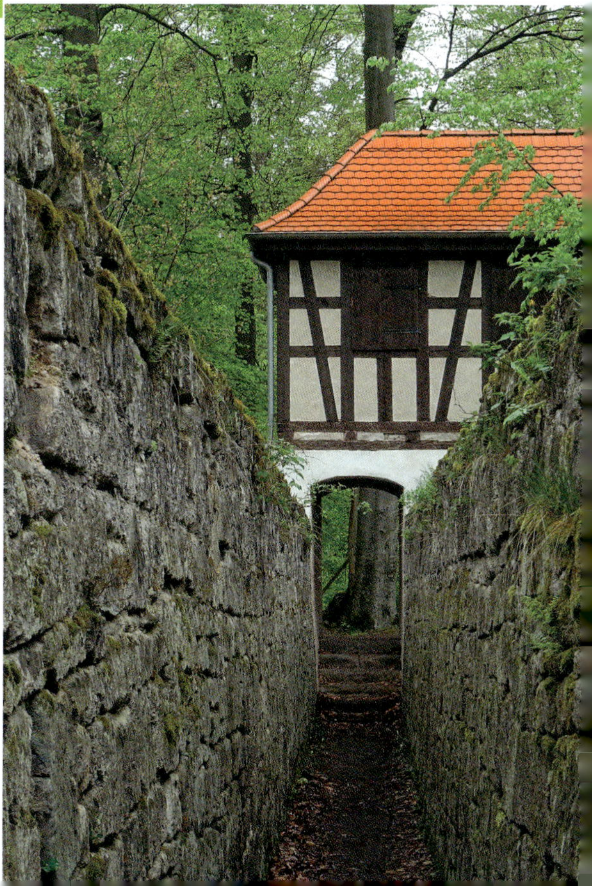

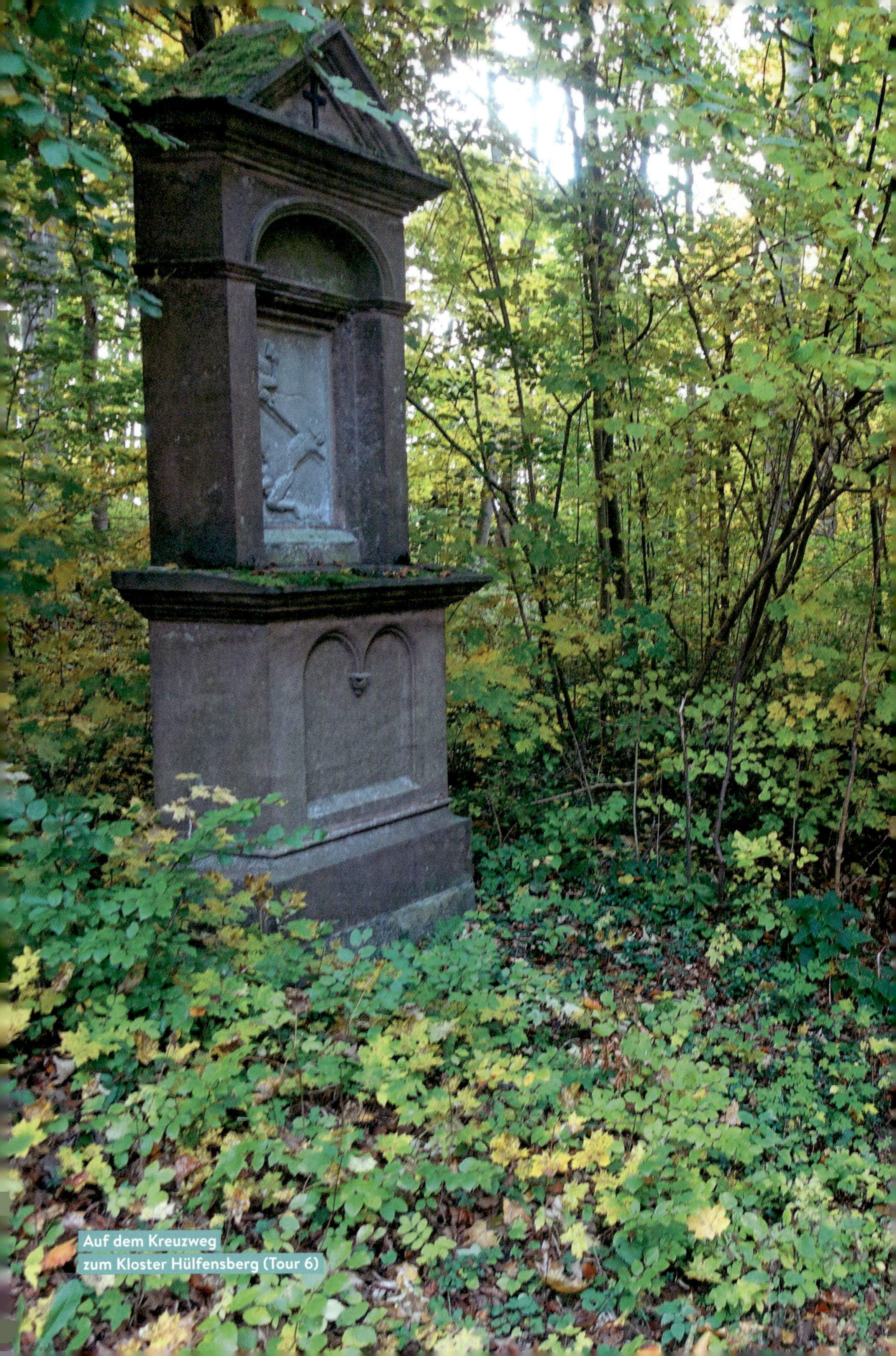
Auf dem Kreuzweg
zum Kloster Hülfensberg (Tour 6)

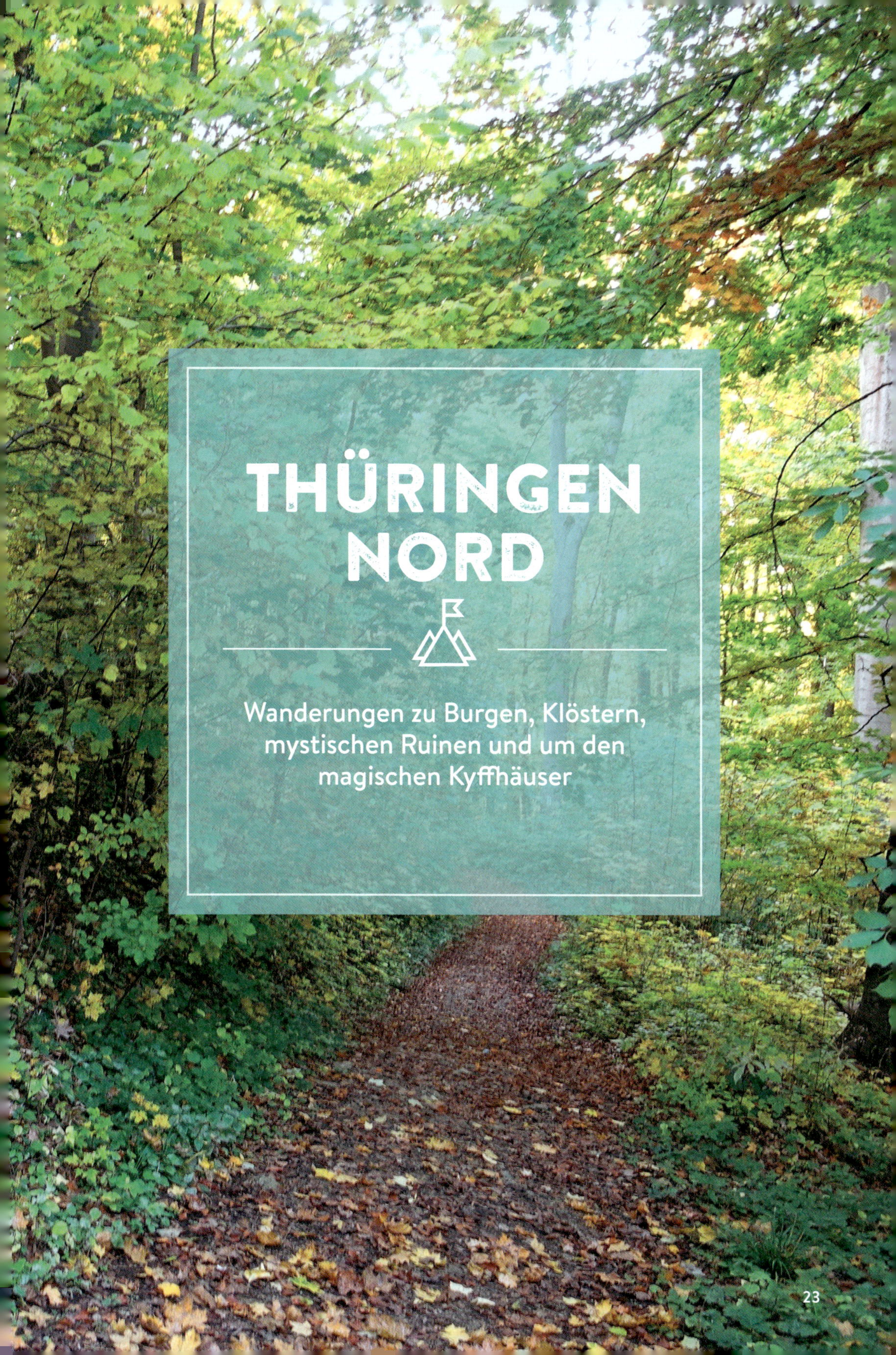

THÜRINGEN NORD

Wanderungen zu Burgen, Klöstern, mystischen Ruinen und um den magischen Kyffhäuser

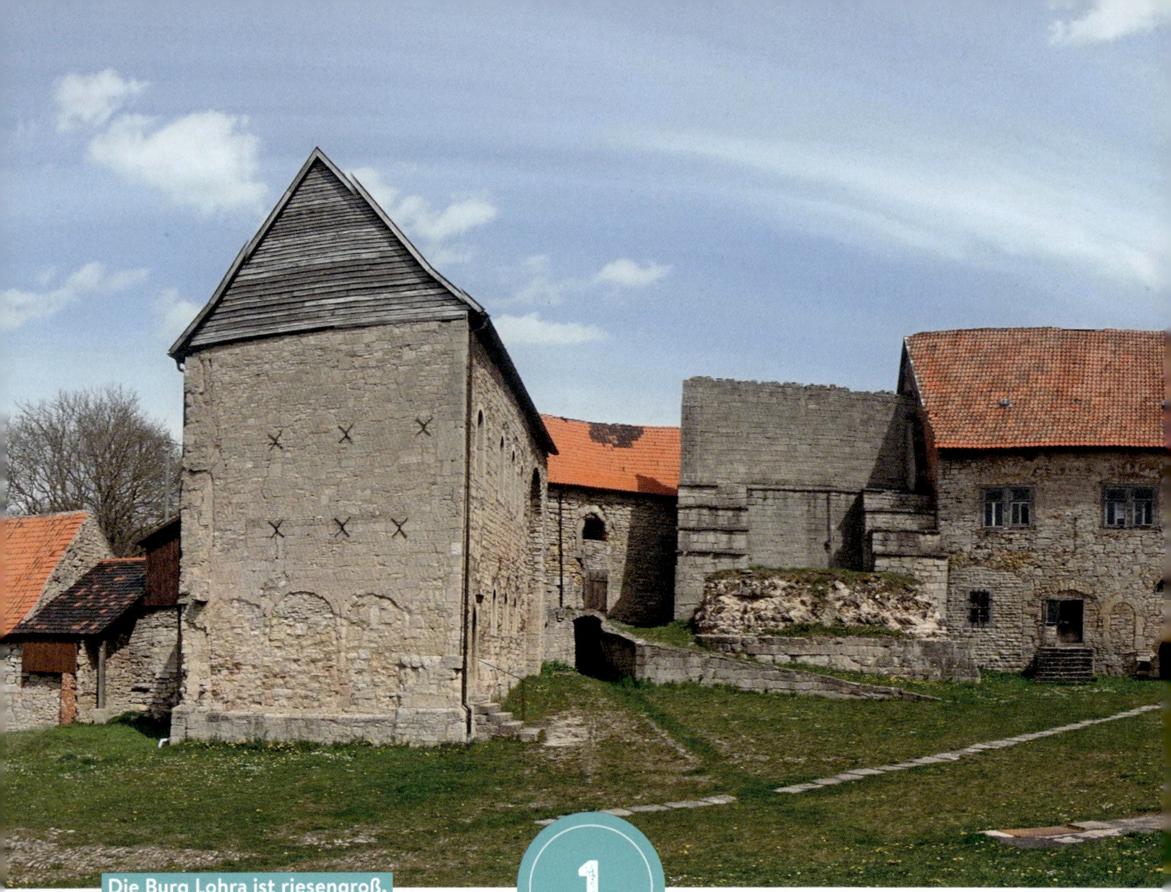

Die Burg Lohra ist riesengroß.

1

ZUR BURG LOHRA

Die größte Burg Thüringens steht an der Hainleite

In der Hainleite ranken sich mysteriöse Sagen und Legenden um Sühnekreuze, Kirchen und Burgen, die in Zeiten einsamen Lebens entstanden. Auch heute noch ist dies eine ruhige ländliche Landschaft mit beschaulichen Dörfern, die Wanderern Erholung, aber auch Kultur bescheren.

Die Wanderung führt teilweise durch den bewaldeten Muschelkalk-Höhenzug Hainleite. In dem Karstgebiet sind dunkle Höhlen und geheimnisvolle Erdfälle zu finden. Im idyllischen Teichtal erfreuen ein Badeweiher mit Rutschbahn und die Waldgaststätte Teichtal.

ZUR BASILIKA MÜNCHENLOHRA Vom Parkplatz am **A Badeweiher im Teichtal** starten wir an der Kreuzung rechts hinauf Richtung Waldlehrpfad und Münchenlohra durch die Ferienhaussiedlung. An der Kreuzung mit dem Schild für das Haus Teichtal 60 gehen wir links bergauf und gleich folgt ein Wegweiser nach Münchenlohra. An Abzweigen bleiben wir auf dem Hauptweg. Erst an einer Kreuzung gleichwertiger Forststraßen wandern wir rechts Richtung Münchenlohra abwärts. Am Waldrand gehen wir rechts zu den Feldern hinunter, folgen dann geradeaus 130 Meter der Straße und steigen in der Rechtskurve links zu den Obstbäumen hinauf. Oben geht es dann links zur **1 Basilika Münchenlohra**. Das Benediktinerinnen-Kloster Lohra wurde von den Grafen von Lohra im Jahr 1170 gegründet. Die romanische Pfeilerbasilika stammt in etwa aus der gleichen Zeit. Nach der Reformation 1546 verfielen die Klostergebäude. Sogar die Türme der Basi-

Tipp

DIE GRÄFIN VON LOHRA

Einst wollte sich die Gräfin einen Gatten suchen. Sie schickte einen Aufruf zur Liebesprobe in das Land: »Den will ich ehelichen, der auf der Mauer um meine Burg reitet.« Ritter und Edelleute kamen, doch alle stürzten von der Mauer zu Tode. Doch ein Graf gewann die Probe und wurde der Ehemann der Gräfin. Als Strafe geht ihr Geist heute noch auf der Burg umher.

↓ Auf dem Pfad am Waldrand bei Großwenden

↘ Badeidylle im Teichtal

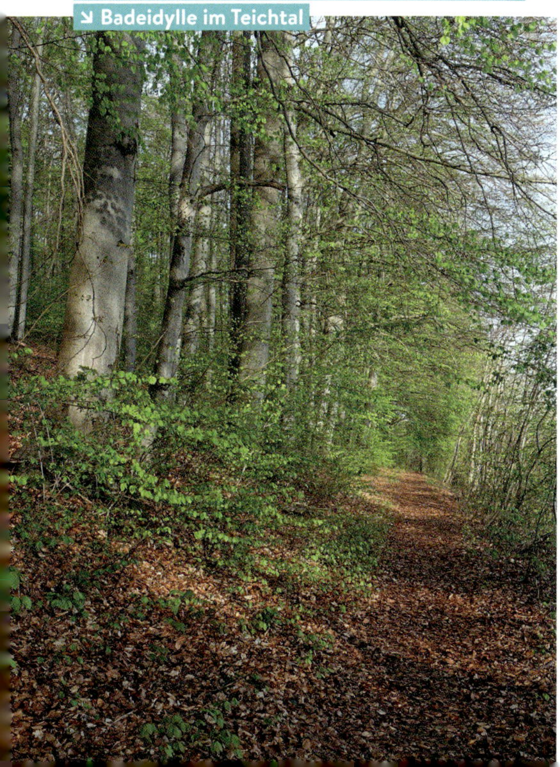

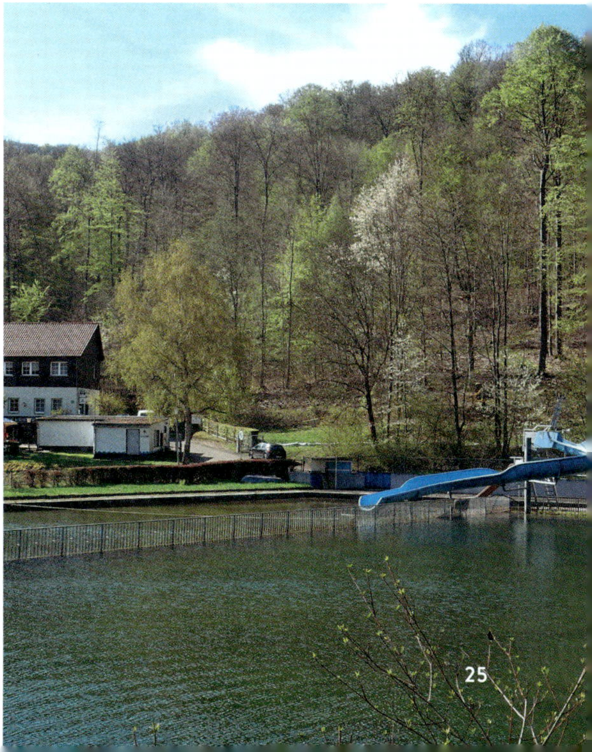

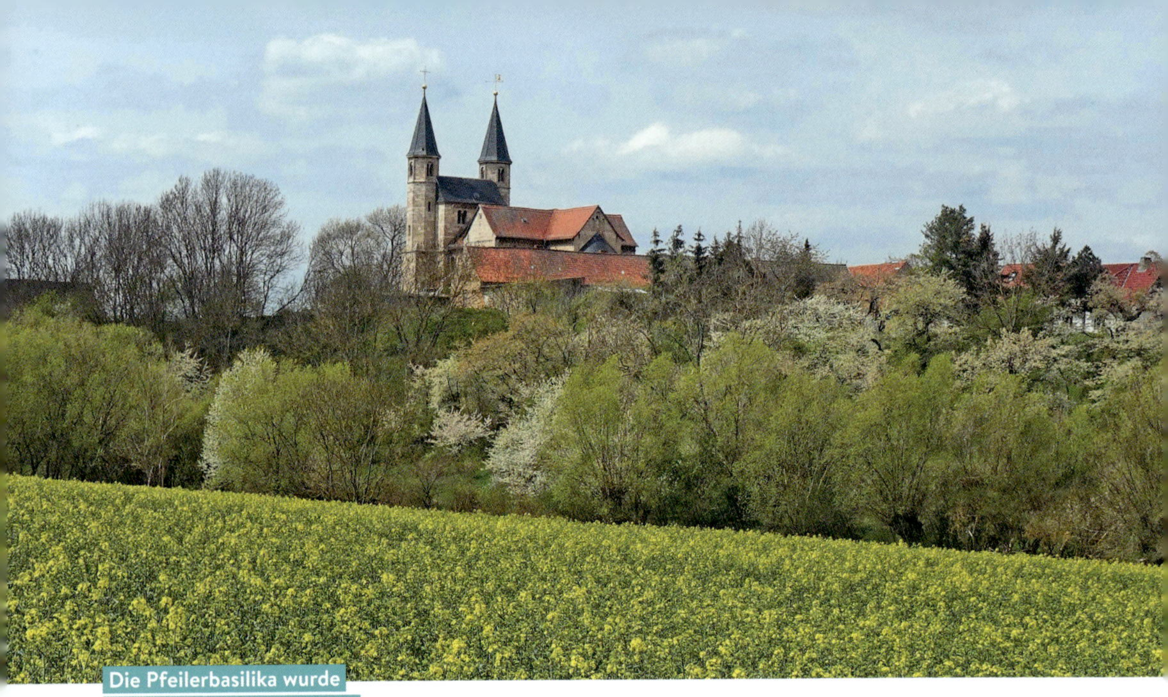

Die Pfeilerbasilika wurde im 12. Jahrhundert erbaut.

lika wurden damals abgerissen und erst 1885 wiederaufgebaut (www.muenchen-lohra.de).

ZUR BURG LOHRA Von der Basilika gehen wir auf der Klosterstraße nach Westen weiter in den kleinen Ort hinunter und laufen an der Kreuzung links zur Bushaltestelle. Der Landstraße folgen wir nach rechts und biegen nach 70 Metern links in die Straße Am Rasen ein. An der Straßengabelung gehen wir rechts zur Linde am **2 Dorfplatz Kleinwenden** hinauf.

50 Meter weiter oben wandern wir auf der Straße Trift rechts weiter und gehen an einer Weggabel mit dem Schild »Honig zu verkaufen« links auf den Feldweg. An einer Weggabel geht es links hinauf und am Rand der Wiese weiter nach oben. Wieder im Wald müssen wir an einem Picknickplatz vor Großwenden links und noch mal links und kommen zum Festplatz und Aussichtspunkt **3 Brockenblick**.

Am Zaun entlang wandern wir weiter und dann rechts hinab, aber 50 Meter vor dem ersten Haus links auf dem Pfad hinauf an einem Wasserbehälter vorbei. An einer Kreuzung oberhalb von Großlohra müssen wir links steil hinauf an Muschelkalkbänken vorbei. Oben wandern wir vor der Streuobstwiese rechts auf einen kleinen Wasserturm zu und geradeaus weiter durch das Tor in den riesigen Vorhof und Wirtschaftshof der Burg Lohra. An einigen Gebäuden vorbei kommen wir abwärts über den Burggraben in die eigentliche **4 Burg Lohra** auf einem Bergsporn. Die Stelle war seit frühgeschichtlicher Zeit durchgehend besiedelt und befestigt. Der kunstgeschichtlich wertvollste Bau ist die romanische Doppelkapelle mit Schallöffnung zwischen den Geschossen aus dem 13. Jahrhundert, deren Obergeschoss im Barock umgestaltet wurde. Der untere Teil war für Gesinde, der obere Teil für den Burgherrn mit seiner Familie. Wieder in der Vorburg gehen wir rechts hinauf am Haus für die Eseltreiber vorbei. Die landwirtschaftlichen Gebäude stammen aus der Zeit der Domänenverwaltung, die von 1712 bis 1945 bestand.

ZUM BADEWEIHER IM TEICHTAL Nach dem Tor am Parkplatz geht es halb rechts über den Wiesenparkplatz weiter und am Ende des Zauns links in Richtung Hainrode mit der Markierung gelbes Quadrat. An einer Weggabel bleiben wir auf dem Wiesenweg am Waldrand. An einer Kreuzung wandern wir links an einem **5 Jagdansitz** vorbei. Bald kommen wir an einem Betonturm vorbei und müssen an einer T-Kreuzung auf der guten Forststraße links, auf dem wir auch weiterhin bleiben. An einer Kreuzung ist der **6 Rettungspunkt NDH 6893**. Wir bleiben immer geradeaus und kommen wieder auf den bekannten Weg vor der Ferienhaussiedlung, durch die wir zum Parkplatz vor dem **E Weiher im Teichtal** zurückfinden.

INFO

Leicht | **11,9 km** | **320 Hm** | **3.20 Std.**

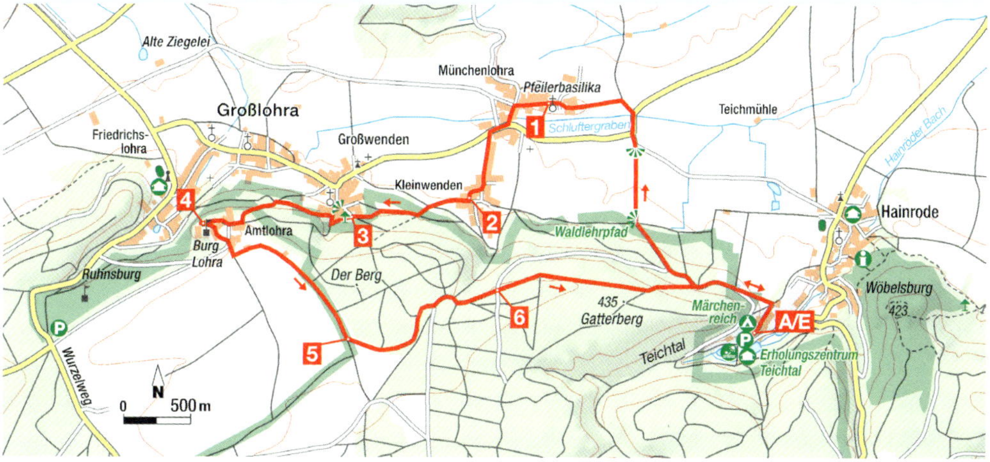

TOURENCHARAKTER

Leichte, meist schattige Wege und Pfade durch Wälder, Wiesen und Felder, im Ortsgebiet auf Straßen. Festes Schuhwerk ist angebracht.

AUSGANGS-/ENDPUNKT

Parkplatz Badeweiher Teichtal, 99735 Hainrode, GPS 51°24‘22.2“N 10°41‘13.3“E (300 m)

ANFAHRT

ÖPNV: Mit der Bahn nach Nordhausen und mit dem Bus Linie 29 nach Hainrode

Auto: Auf der A 38 Ausfahrt 8 Bleicherode und auf der L 1011 nach Hainrode

GEHZEITEN

Badeweiher Teichtal–Basilika Münchenlohra 0:55 Std.–Dorfplatz Kleinwenden 0:20 Std.–Brockenblick 0:20 Std.–Burg Lohra 0:20 Std.–Jagdansitz 0:25 Std.–Rettungspunkt NDH 6893 0:20 Std.–Badeweiher Teichtal 0:40 Std.

EINKEHR

Waldgaststätte Teichtal, Zum Teichtal 107, 99735 Hainrode/Hainleite, Tel. 036334/534 38, www.teichtal.de

Hotel Restaurant Waldhaus, Unterer Straußberg 6, 99706 Sondershausen-Straußberg, Tel. 036334/532 14, www.affenwald.info

KARTE

56 Südliches Harzvorland

INFORMATION

Markt 9, 99706 Sondershausen, Tel. 03632/78 81 11, www.sondershausen.de

ZUR BURGRUINE HOHNSTEIN

Durch die Hügellandschaft Rüdigsdorfer Schweiz

Die Burgruine Hohnstein besticht durch die phantastische Aussicht in den Harz, in die Rüdigsdorfer Schweiz und zum Kyffhäuser. Neustadt im Harz reizt mit dem romantischen Ortsbild und die Landschaft durch ihr buntes Mosaik und rätselhafte Formen der Gipskarst-Erscheinungen.

2

Auf der Burgruine Hohnstein

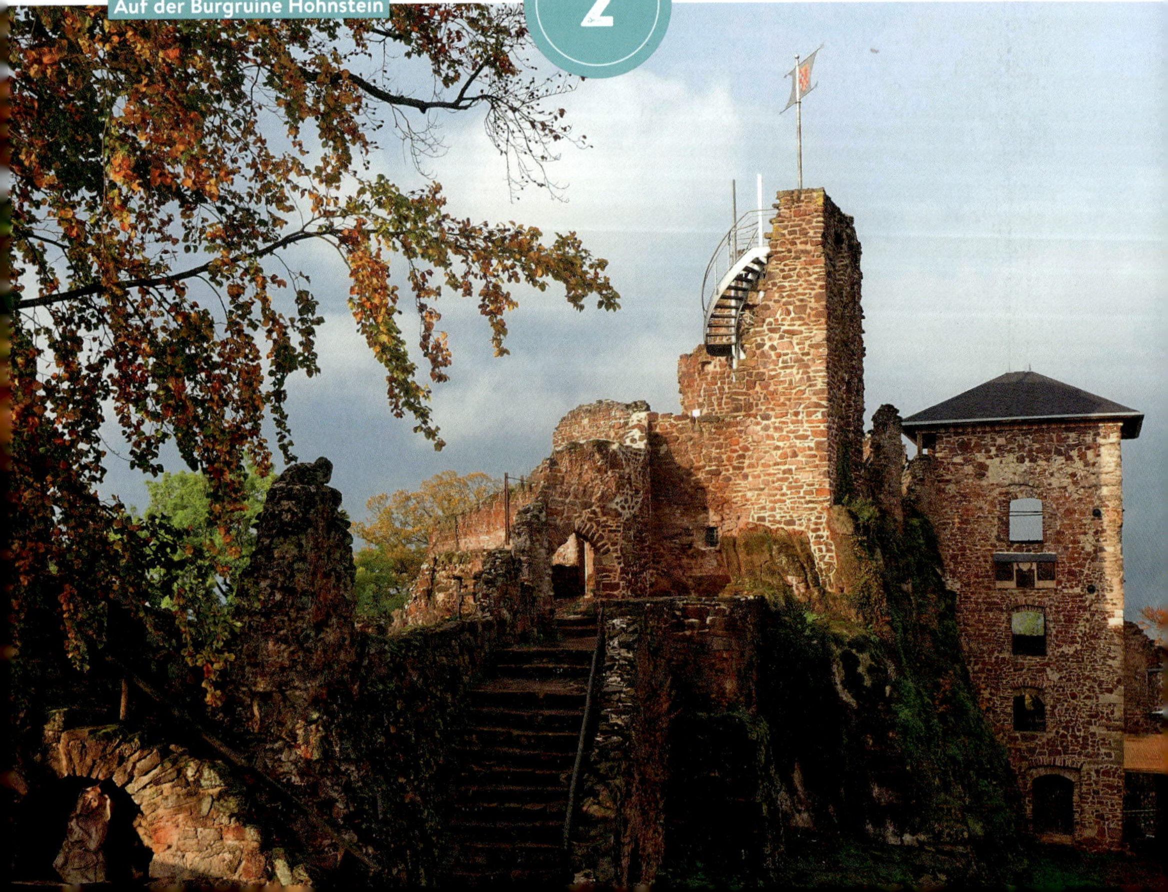

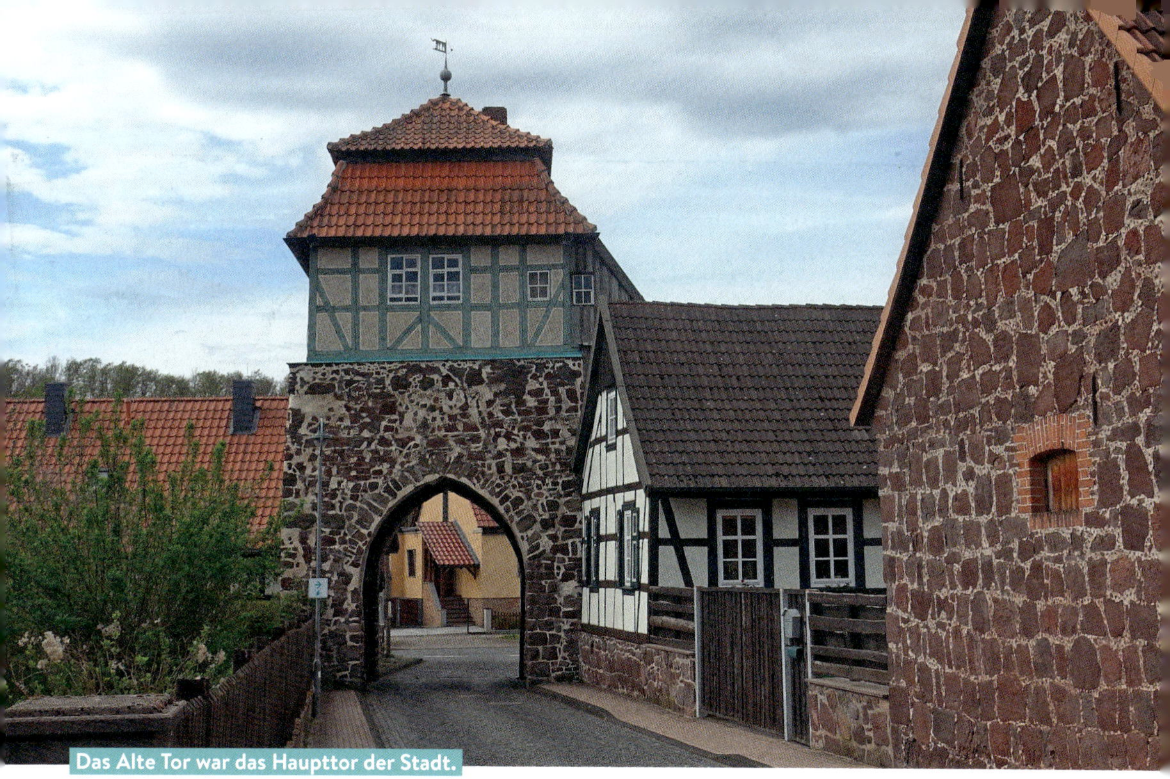

Das Alte Tor war das Haupttor der Stadt.

Bei dieser spannenden Wanderung bewegen wir uns im Naturpark Südharz am Rand des Harzes. Wurde auch im 20. Jahrhundert in der Rüdigsdorfer Schweiz ein Drittel der Naturlandschaft durch Gipsabbau zerstört, erfreut sie heute doch durch den Schmuck ihrer sanften Hügellandschaft mit Wald, Feld und kleinen Dörfern die Wanderer.

ZUR KIRCHENRUINE Von dem Parkplatz der und Bushaltestelle am **A Rüdigsdorfer Weg** in Neustadt im Harz wandern wir zu Beginn nach Süden an der Feuerwehr und am Gasthaus Zur Herrenwiese vorbei. Vor der Sackgasse gehen wir nach links und nach der Garage und vor dem Halteverbotsschild rechts auf dem Wiesenweg hinauf. Auf dem Hügelrücken geht es geradeaus durch die Felder hinunter. Auf dem Talweg wandern wir nach links und an der T-Kreuzung folgen wir dem Wegweiser rechts hinauf zur **1 Kirchenruine** des verschwundenen Dorfs Harzfeld.

ZUR KIRCHE IN HARZUNGEN Von der Kirchenruine steigen wir weiter hinauf und gehen an einer Kreuzung im Wald mit der Markierung grünes Dreieck links. Wir befinden uns im Karstgebiet und im Wald sind Dolinen und offenliegende Gipsfelsen zu sehen. An der nächsten geräumigen Kreuzung ist der **2 Rettungspunkt NDH 6881** und wir

Tipp

SAGE UM BURG HOHNSTEIN

Als die Burg im Bauernaufstand 1412 erobert wurde, bekam die Burgherrin freies Geleit und durfte so viele Schätze mitnehmen, wie sie auf dem Rücken tragen konnte. Da trug sie ihren Mann bis hinunter zur Frauenruhwiese vor Neustadt. In Wahrheit verhalf Margarete von Weinsberg tatsächlich ihrem Mann mit einem Seil zur Flucht zum Kloster Ilfeld.

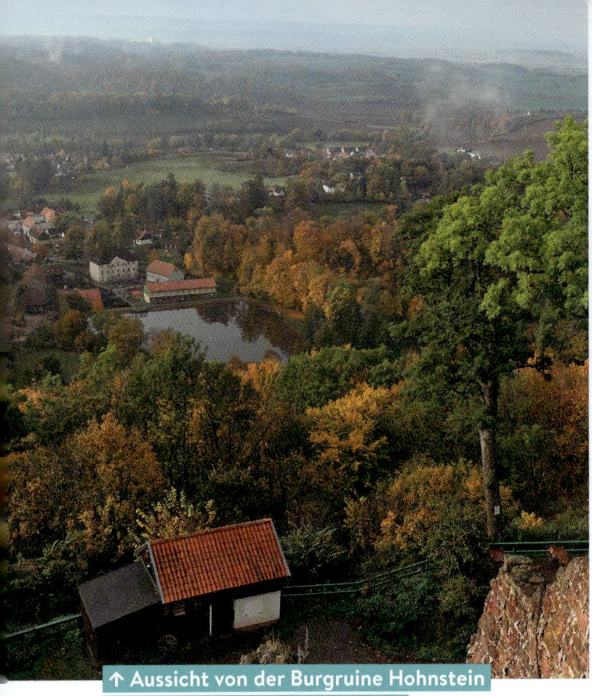

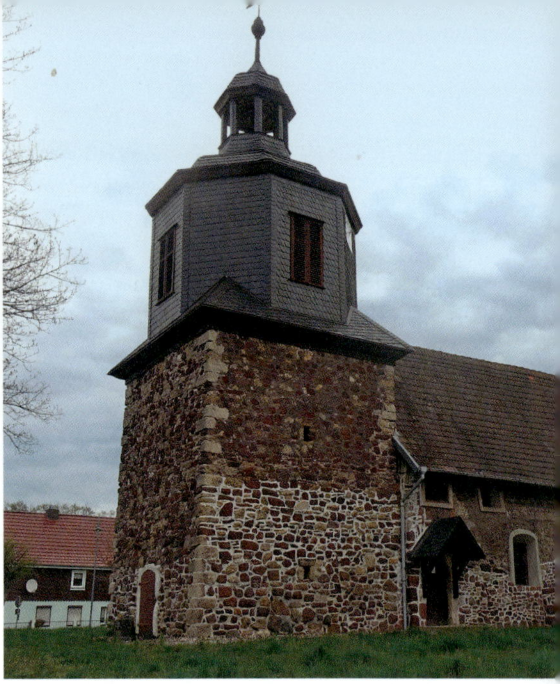

↑ Aussicht von der Burgruine Hohnstein
↗ Die Wehrkirche in Harzungen

wenden uns nach rechts auf den 233 Kilometer langen Karstwanderweg Richtung Rüdigsdorfer Schweiz. Die Markierung ist eine rote Linie mit dem Buchstaben K. Nach dem Wald geht es über weite Wiesen. An einer Kreuzung mit Picknickplatz und Blick zum Kalkberg in der Rüdigsdorfer Schweiz müssen wir auf dem Dampfloksteig rechts in Richtung Harzungen. Bevor der Weg steiler abfällt, gehen wir an der Kreuzung links entlang der herrlichen Obstbaumallee. Am Parkplatz vor dem Ort laufen wir rechts zur **3 Kirche in Harzungen** aus dem 12. Jahrhundert. Schießscharten im Turm weisen das Gotteshaus Sankt Andreas als Wehrkirche aus.

ZUR BURGRUINE HOHNSTEIN An der Kirche gehen wir rechts vorbei und am Platz mit dem Ziegelgebäude mit der Jahreszahl 1900 im Giebel links vorbei. Am Ende des Orts überqueren wir die Landstraße in einen Hohlweg aufwärts. Von einem Hügel schauen wir auf Osterode und rechts davon zur Burgruine Hohnstein. Am Spielplatz vor dem Ort gehen wir rechts und auf der Hauptstraße links zur großen Linde vor der **4 Kirche in Osterode**. Der quadratische Wehrturm stammt aus dem 13. Jahrhundert und der Taufstein aus romanischer Zeit. Wir wandern auf der Hauptstraße weiter und biegen an einer Straßengabelung rechts in die Straße Bornrasen und nach 20 Metern nochmal nach rechts. Wir kommen am Naturdenkmal Porphyrit-Steinbruch Bornberg vorbei und gehen vor den letzten Häusern rechts in Richtung Ruine Hohnstein aufwärts. An einer Gabelung vor einem Wäldchen geht es links und an einer Kreuzung mit Bank rechts ohne Wegweiser steil hinunter. Am Campingplatz laufen wir links über die Brücke zum schönen Waldbad. Am Waldbad links vorbei steigen wir zur 900 Jahre alten **5 Burgruine Hohnstein** hinauf, die im 15. Jahrhundert zu einem repräsentativen Renaissanceschloss umgebaut wurde.

ZUM GONDELTEICH Im Abstieg von der Burg gehen wir links den Weg in Richtung Gondelteich und Neustadt hinunter. Der **6 Gondelteich** wurde im 18. Jahrhundert zur Wasserhaltung für den Steinkohlebergbau angelegt. Am Kiosk laufen wir anschließend rechts am See entlang und vor dem grünen Fachwerkgebäude links auf der Burgstraße hinunter. Wir kommen somit am Naturpark Infozentrum und am Neuen Schloss aus dem Jahr 1744 vorbei. Neustadt glänzt durch seine ansehnlichen Fachwerkhäuser. An der Kirche Sankt Georg steht am Ratskeller die Figur des Rolands von 1730, der ein Symbol für die Gerichtsbarkeit darstellt. Am Roland wandern wir zunächst rechts. Schließlich geht es nach links durch das Alte Tor, das ehemalige Haupttor von Neustadt, zum Parkplatz **E Rüdigsdorfer Weg** zurück.

INFO

TOURENCHARAKTER

Leichte, meist sonnige Wege und Pfade durch Wälder, Wiesen und Felder, im Ortsgebiet auf Straßen. Feste Wanderschuhe mit griffigen Sohlen sind angebracht.

AUSGANGS-/ENDPUNKT

Parkplatz Rüdigsdorfer Weg, 99762 Neustadt/Harz, GPS 51°33'33.4"N 10°50'00.6"E (255 m)

ANFAHRT

ÖPNV: Mit der Bahn nach Nordhausen und mit dem Bus Linie 23 nach Neustadt/Harz
Auto: Auf der A 38 Ausfahrt 10 Nordhausen-West und auf der B 4 und L 1037 nach Neustadt/Harz

GEHZEITEN

Parkplatz Rüdigsdorfer Weg–Kirchenruine 0:30 Std.–Rettungspunkt NDH 6881 0:25 Std.–Kirche Harzungen 0:55 Std.–Kirche Osterode 0:30 Std.–Burgruine Hohnstein 1:00 Std.–Gondelteich 0:15 Std.–Parkplatz Rüdigsdorfer Weg 0:15 Std.

EINKEHR

Burggasthof Hohnstein, Burgstraße, 99762 Neustadt/Harz, Tel. 036331/490 49, www.burghohnstein.de
Landcafé Kubath, Dorfstraße 40, 99762 Harzungen, Tel. 036331/504 18

KARTE

56 Südliches Harzvorland

INFORMATION

Stolberger Straße 3, 99762 Neustadt/Harz, Tel. 036331/462 77, www.neustadt-harz.de

Leicht	12,9 km	310 Hm	3.50 Std.

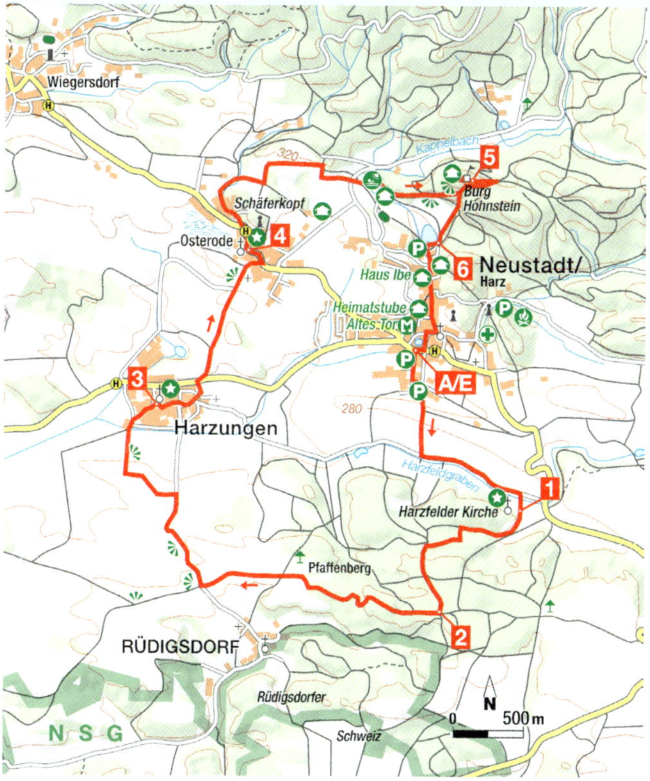

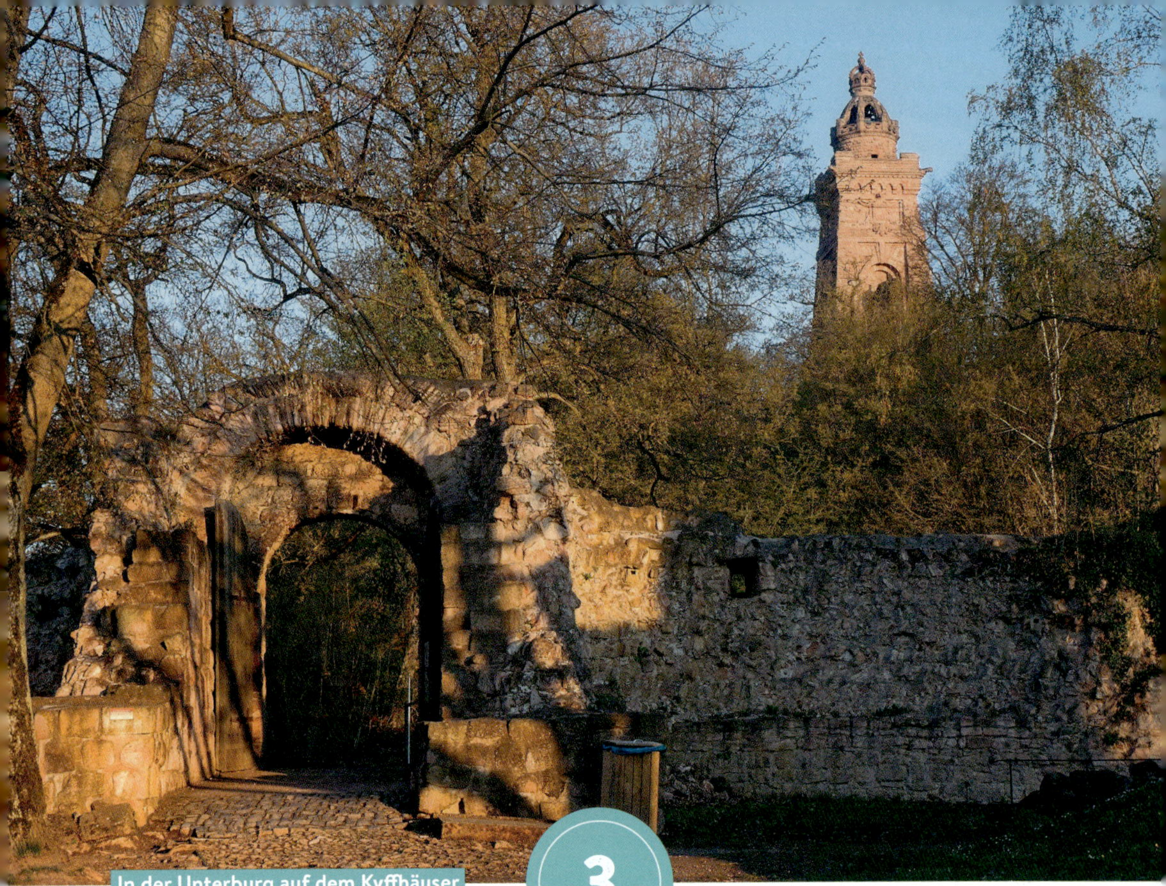

In der Unterburg auf dem Kyffhäuser

3

MYSTISCHER KYFFHÄUSER

Wanderung in einer magischen Sagenwelt

Als Inselscholle erhebt sich das kleine Kyffhäusergebirge aus der Umgebung der Auenlandschaften. Im Naturpark Kyffhäuser sind einige interessante Anziehungspunkte zu finden. Die Kyffhäuser-Sage ist eine der bekanntesten Legenden Deutschlands und zieht viele Besucher an.

Neben dem über 80 Meter hohen Barbarossa-Denkmal sind auch noch Reste der Reichsburg Kyffhausen mit dem tiefsten Burgbrunnen der Welt zu besichtigen. Das Stauferreich Barbarossas ist vergangen. Bestehen bleibt die sagenhafte Aussicht von einem sagenhaften Berg.

ZUM EINGANG KYFFHÄUSER-DENKMAL

Vom Parkplatz vor dem **A Kyffhäuser Hotel** gehen wir auf der Straße nach Osten am Restaurant Burghof Kyffhäuser vorbei und den Gehweg hinauf zur sehr gut erhaltenen Unterburg. Beeindruckend ist die hohe Ringmauer um die Ruine. Die Reichsburg Kyffhausen besteht aus drei Teilen, so kommen wir weiter hinauf an den Resten der Mittelburg vorbei, die einst bis an den Platz des Kyffhäuser-Denkmals reichte. In dem Steinbruch bei der Mittelburg wurde der rote Kyffhäuser-Sandstein gebrochen. Unterhalb der Mauer des gewaltigen Kyffhäuser-Denkmals rechts herum erreichen wir den **1 Eingang** zum Denkmal. Das Kyffhäuser-Denkmal oder auch Barbarossa-Denkmal genannte Monument ist 81 Meter hoch und wurde 1896 eingeweiht. Dargestellt sind Kaiser Wilhelm I auf dem Pferd und in einer über sechs Meter hohen Sandsteinplastik Kaiser Friedrich I. Barbarossa als Sagenkaiser auf dem Thron (www.kyffhaeuser-denkmal.de). Westlich des Denkmals ist die Oberburg der Reichsburg Kyffhausen zu besichtigen. Sehenswert ist der 176 Meter tiefe Burgbrunnen und das Burgmuseum mit Funden aus der Geschichte des Burgbergs. Die dreiteilige Reichsburg entstand während der Regierungszeit Kaiser Friedrich I. Barbarossa (1152–1190). Mit dem Sturz des Stauferreichs um 1250 verfiel die Anlage. Zu den Besonderheiten gehört die Aussicht vom Barbarossaturm. Im Norden liegt zwischen dem Kyffhäuser und dem Südrand des Harzes die Goldene Aue.

AUF DEN KULPENBERG Vom Eingang des Kyffhäuser-Denkmals wandern wir nun

↓ Auf dem Hauptwanderweg am Kyffhäuser
↘ Der Fernsehturm auf dem Kulpenberg

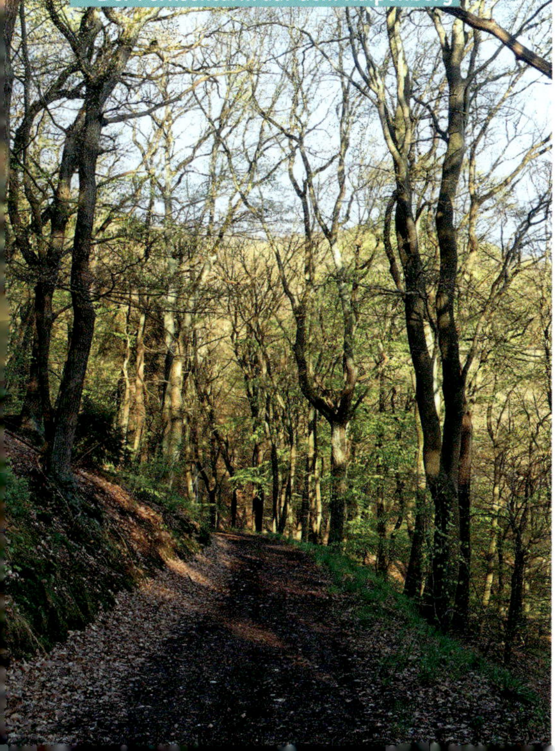

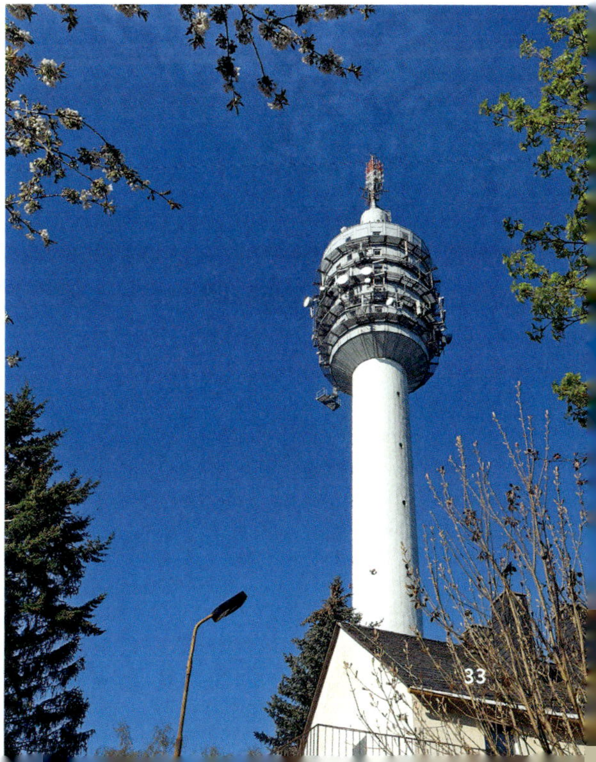

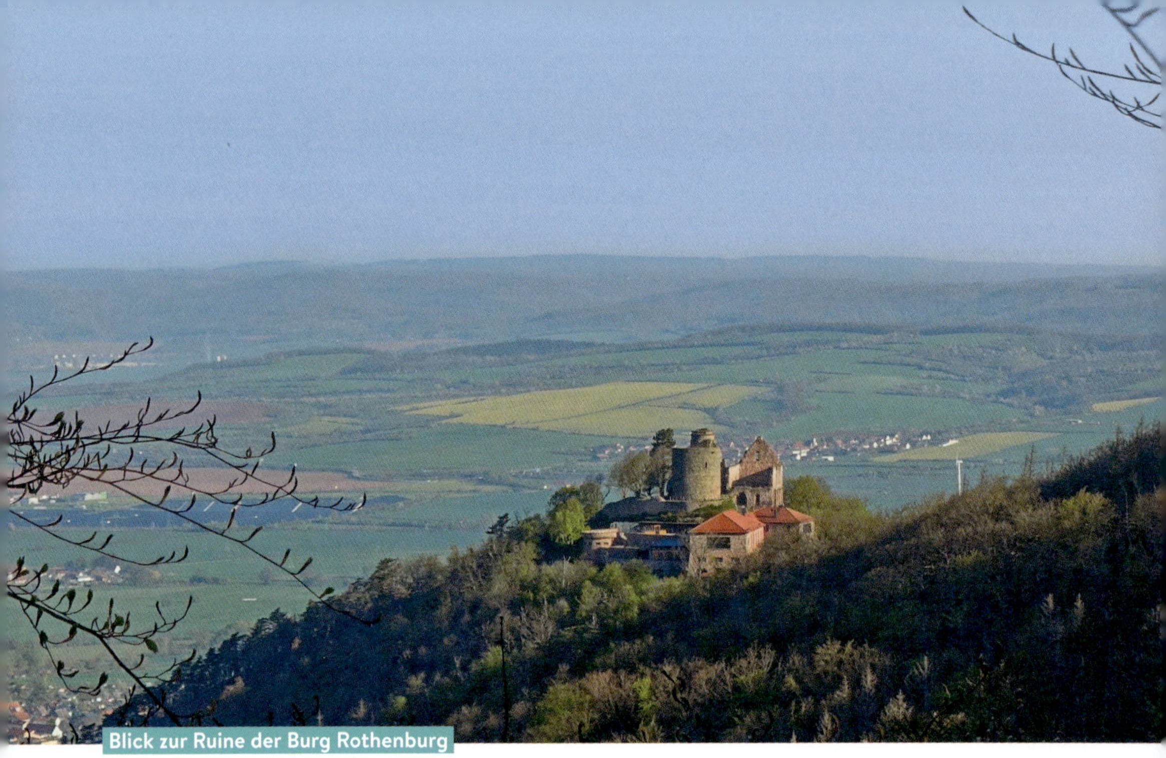

Blick zur Ruine der Burg Rothenburg

nach Westen hinunter und auf der Straße wieder zum Parkplatz vor dem Kyffhäuser Hotel. An der Nordwestecke des Parkplatzes, direkt am Zaun des Hotels, finden wir eine Treppe, auf der wir mit der Markierung blaues X hinuntersteigen und nach links weitergehen. Durch die Bäume sehen wir auf der rechten Seite in die Goldene Aue hinab. An einer Weggabelung bleiben wir auf dem linken Hauptwanderweg mit der Markierung blaues X in Richtung Kulpenberg. In einer Linkskurve kommen wir an einem 2 **Denkmal** vorbei, das links oben im Wald steht. An Abzweigen bleiben wir immer auf dem ebenen Weg. An einem Picknickplatz steigen wir vor der 3 **Hütte** links auf einem Pfad in einer Rinne steil hinauf. Alternativ können wir auch auf dem ebenen Hauptwanderweg in Richtung Kulpenberg bleiben, der nicht so steil, aber dafür um mehr als einen Kilometer länger ist. Auf dem steilen Weg der Abkürzung gehen wir oben nach dem Steinbruch links zur B 85 hinauf und neben der Straße links 150 Meter aufwärts. An der Kreuzung wandern wir rechts auf dem gesperrten Waldweg weiter. An einer Kreuzung besteht rechts ein Blick zur nicht betretbaren Ruine Rothenburg, die 1698 als Jagdschloss erbaut wurde. An der Kreuzung müssen wir links und sind wieder auf dem Hauptwanderweg mit der Markierung blaues X. An einer T-Kreuzung gehen wir links über einen

Tipp

DIE KYFFHÄUSER-SAGE

Seit dem Tod Friedrich I. Barbarossas im Jahre 1190 soll er tief im Kyffhäuser schlafen und als vereinender Kaiser erst wiedererwachen, wenn sein Bart dreimal um den Tisch gewachsen ist und die Raben nicht mehr um den Berg fliegen. In der Barbarossahöhle am Westrand des Kyffhäusers sollen Besucher mit viel Fantasie den schlafenden Kaiser sehen können.

großen Parkplatz. Am Ende des Platzes können wir rechts auf einer Treppe zum Fernsehturm auf dem 473 Meter hohen **4 Kulpenberg** hinaufsteigen.

ZUM PARKPLATZ AM KYFFHÄUSER HOTEL Auf der Zufahrtstraße des Fernsehturms laufen wir nun hinunter und queren um 100 Meter nach rechts versetzt die B 85 in den Wald hinein. An einer Kreuzung geht es in spitzem Winkel nach links weiter. Im Langen Tal überqueren wir schließlich den **5 Kaiserweg** und der Waldweg steigt wieder aufwärts. Oben überqueren wir die Straße, die zum Parkplatz führt, und nutzen aber den Pfad neben der Straße zum Parkplatz vor dem **E Kyffhäuser Hotel** zurück.

INFO

Leicht | 9,0 km | 230 Hm | 2.50 Std.

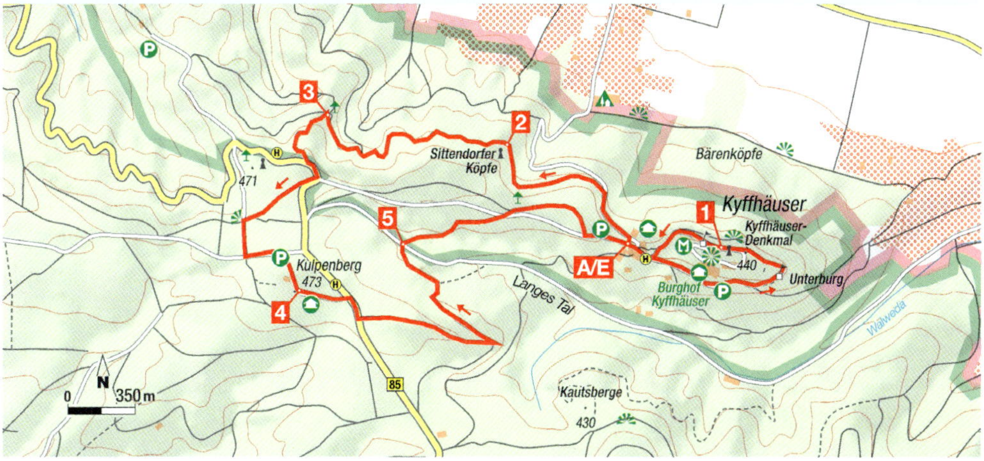

TOURENCHARAKTER
Leichte, meist schattige Wege und Pfade durch Wälder, im Ortsgebiet auf Straßen. Feste Wanderschuhe mit griffigen Sohlen sind angebracht.

AUSGANGS-/ENDPUNKT
Parkplatz Kyffhäuser Hotel, GPS 51°24'50.8"N 11°06'03.7"E (395 m)

ANFAHRT
ÖPNV: Mit der Bahn nach Artern und mit dem Bus Linie 530 und 494 zum Kyffhäuser-Denkmal

Auto: Auf der A 38 Ausfahrt 13 Berga und auf der B 85 und L 2297 zum Parkplatz am Kyffhäuser

GEHZEITEN
Parkplatz Kyffhäuser Hotel–Eingang 0:25 Std.–Denkmal 0:30 Std.–Hütte 0:25 Std.–Kulpenberg 0:30 Std.–Kaiserweg 0:35 Std.–Parkplatz Kyffhäuser Hotel 0:35 Std.

EINKEHR
Kaffee Eule, B 85, 06567 Kyffhäuser-Kulpenberg, Tel. 034651/28 46, www.kaffee-eule.de

Burghof Kyffhäuser, 99706 Kyffhäuser, Tel. 034651/452 22, www.burghof-kyffhaeuser.de

Kaiser Picknick, Kyffhäuser-Denkmal, Tel. 034651/27 80

KARTE
56 Südliches Harzvorland

INFORMATION
August-Bebel-Platz 9, 06567 Bad Frankenhausen, Tel. 034671/51 23, www.bad-frankenhausen.de

HINWEIS
Unbedingt Wochenenden meiden

IM WIPPERDURCHBRUCH

Geheimnisvolle Burgen zwischen Muschelkalkwänden

Die Wipper schnitt in Jahrmillionen einen tiefen Canyon in den Höhenzug Hainleite und schuf ein stimmungsvolles Tal. Die Wege entlang des Flusses wurden schon vor Jahrhunderten von Burgen zu beiden Seiten überwacht. Heute erfreut die schöne Flusslandschaft die Wanderer.

4

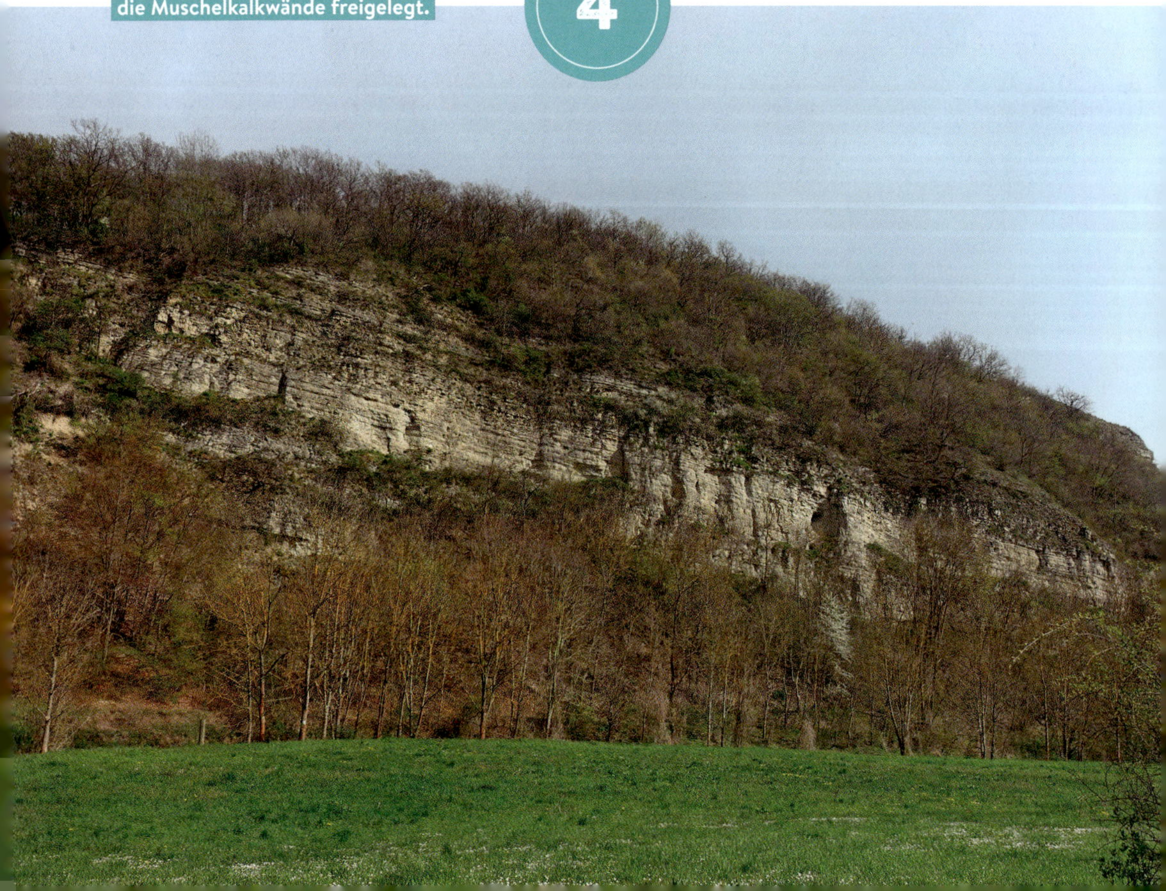

Die Wipper hat die Muschelkalkwände freigelegt.

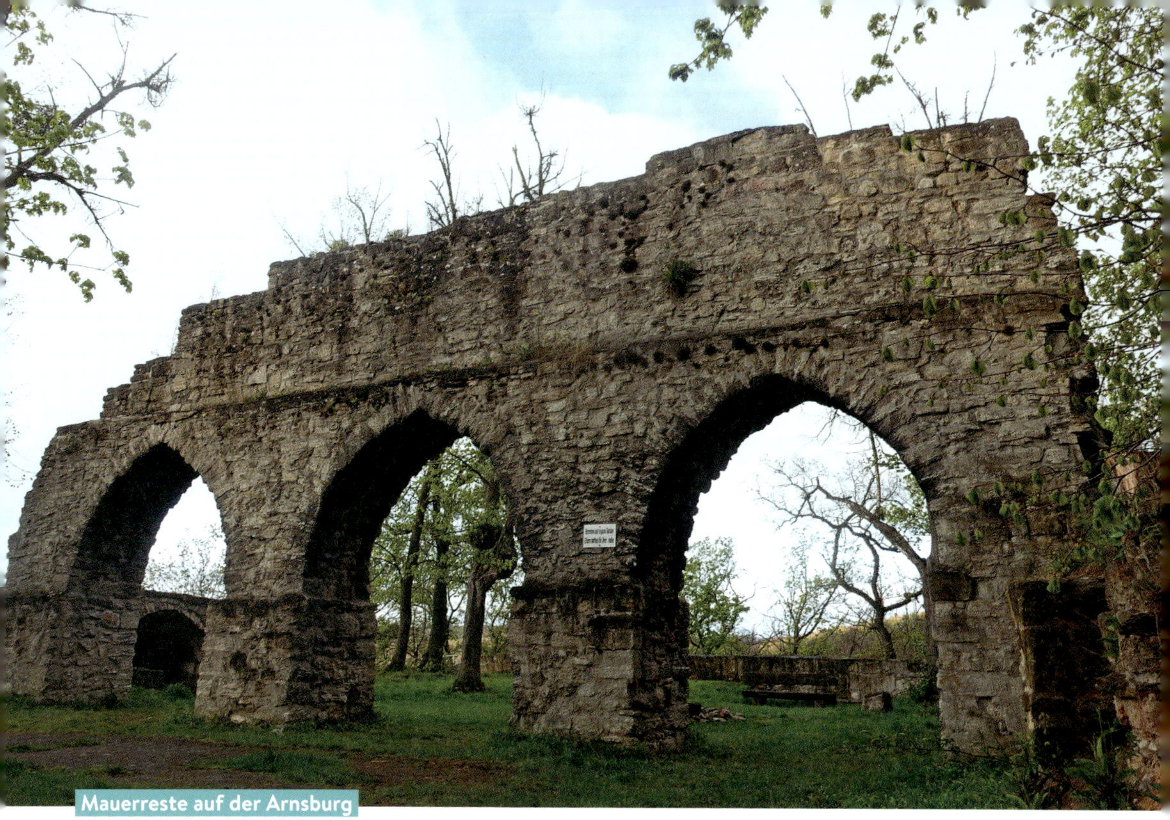

Mauerreste auf der Arnsburg

Der Wipperdurchbruch ist ohne Zweifel eines der schönsten Täler des Hainleiten-Berglands. In den Hängen finden Naturfreunde botanische Seltenheiten wie Sommeradonisröschen, Purpurknabenkraut, Brandknabenkraut, Bienenragwurz und andere Orchideenarten.

ZUR ARNSBURG Vom Parkplatz an der **A Brücke der Wippertalstraße** (L 2290), nahe der Papiermühle, queren wir die Landstraße auf den Feldweg mit den Markierungen L des Lutherwegs und dem roten Dreieck in Richtung Seega flussaufwärts und bleiben immer nahe am Fluss. Die Papiermühle rechts unter uns wurde erstmals 1478 urkundlich erwähnt und war einst als Getreidemühle im Besitz der Arnsburg. Unser Weg durchläuft eine Ferienhaussiedlung und an einer Kreuzung in Seega folgen wir dem Wegweiser in spitzem Winkel nach links aufwärts in Richtung Arnsburg. An einer Straßengabelung bleiben wir auf der rechten Betonplattenstraße und passieren nach dem letzten Haus einen Wasserbehälter. Der Hohlweg führt vorbei an Muschelkalkwänden aufwärts. An einer T-Kreuzung sehen wir links schon die Reste der **1 Arnsburg**, die bereits im Jahr 1116 genannt wurde. Die befand sich aber weiter oben auf dem Schlossberg. Der neuere Bau mit der wunderbaren Aussicht in das Wippertal und auf den gegenüberliegenden Konstein bietet nur noch drei Torbögen und gut erhaltene Kellergewölbe. Durch das Tal verlief eine wichtige Handelsroute, die von der Burg überwacht werden konnte. 1525 wurde die Burg im Bauernkrieg zerstört.

ZUR BRÜCKE IN GÜNSERODE Von der Burg gehen wir zurück zur T-Kreuzung und wenden uns mit der Markierung rotes Dreieck nach links aufwärts. An einer Kreuzung in X-Form geht es links auf der Forststraße

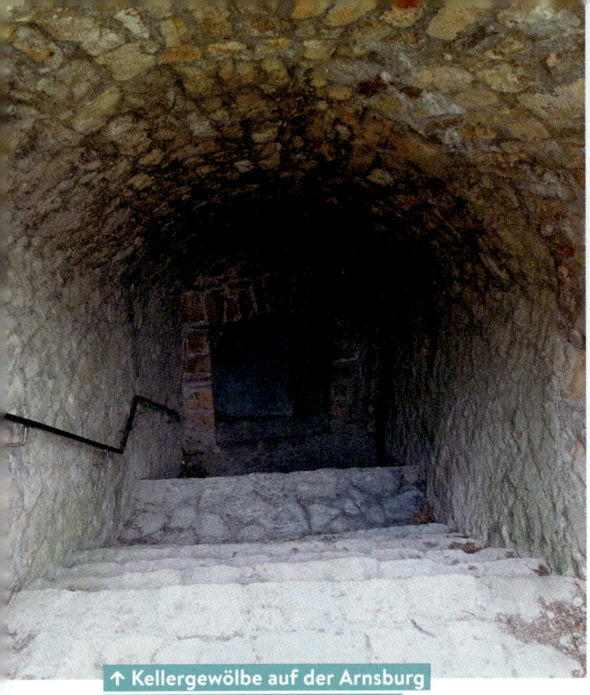

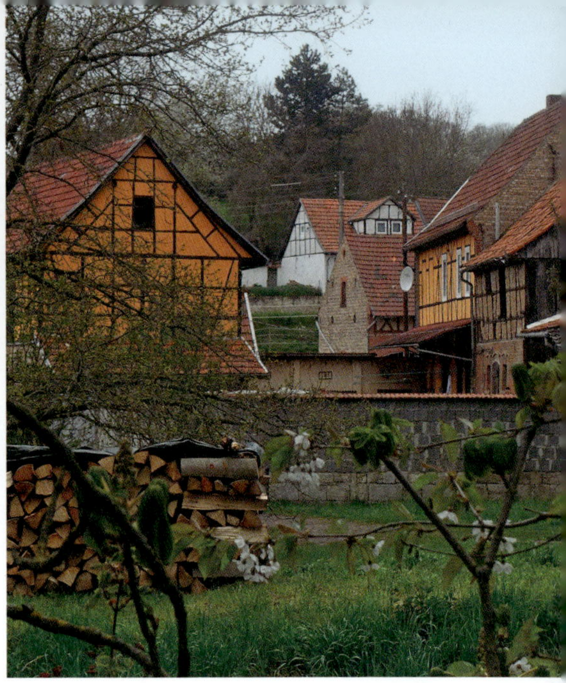

↑ Kellergewölbe auf der Arnsburg
↗ Fachwerkidylle in Günserode

abwärts in Richtung Eingang Ilmental. An der Kreuzung mit einer **2 Hütte** bleiben wir geradeaus bergab.

Eine enge Linkskehre führt hinab zu einer T-Kreuzung am Waldrand, 130 Meter vor der Wippertalstraße. Hier wandern wir rechts, aber schon nach zehn Metern an der Gabelung links am Waldrand entlang. Bald ist links unten an der Straße die ehemalige Kapellenmühle zu sehen. Etwa 200 Meter nach der Kapellenmühle gehen wir an der Gabelung nicht zur Straße hinunter, sondern rechts und bleiben vorerst auf fast gleicher Höhe. Unser Weg steigt dann doch noch an und leitet auf die Weiden über Günserode hinauf. In der Schleife der Wipper vor Günserode kommen wir am Feuerwehrhaus hinunter auf die Wippertalstraße und wandern rechts in den Ort hinein. Das Straßendorf bildet mit seinen Fachwerkhäusern ein denkmalgeschütztes Ensemble. Auf der Straße In der Wiese laufen wir mit der Markierung L links in Richtung Festplatz und auf der **3 Brücke in Günserode** über die Wipper.

ZUR BANK AN DER SCHWEDENSCHANZE

Auf dem Lutherweg wandern wir nach der Brücke in Richtung Rabental links flussaufwärts. Nach 200 Metern geht es an der Gabelung rechts hinauf in Richtung Mühlberg und nach 50 Metern links auf einem Pfad aufwärts. Es folgen schöne Aussichtsplätze mit Blick nach Günserode. Die Wiesen stehen im Mai voller Orchideen und Frühlingsadonisröschen. Das Wippertal ist eines der bedeutendsten Orchideenvorkommen in Thüringen. Das kleine Brandknabenkraut mit der dunklen Spitze ist besonders selten. Abpflücken ist streng verboten. Man muss sich weit hinunterbeugen, um am Brandknabenkraut zu riechen, es riecht nach Schokolade. An einer Fünf-Wege-Kreuzung gehen wir links abwärts und kommen zu einem **4 Pavillon** mit Aussicht in das Wippertal bis Günserode. Nach einer Linkskurve steigen wir an einer Dreifach-Gabelung rechts in dem Hohlweg mit der Markierung grauer Pfeil auf. Die Fahrspur schwenkt schließlich rechts über die Streuobstwiesen hinauf zu einer **5 Bank** am Waldrand. Nach der Bank queren wir zweimal einen Erdwall, der zur sogenannten Schwedenschanze auf dem Konstein gehört. Die keltische Befestigung wird in die Bronzezeit und Eisenzeit datiert. Nach einer weiteren Wiese geht es geradeaus zu einem Aussichtsplatz. Wir müssen aber rechts am Rand der Wiese entlang in Richtung Rabental. An einer Gabelung im Wald steigen wir rechts hinab und weiter auf einem Waldweg abwärts. An einem Picknickplatz laufen wir mit Blick auf die Papiermühle links und am Rand der Straße links zum Parkplatz an der **E Brücke der Wippertalstraße** zurück.

Tipp

STEINRINNE BILZINGSLEBEN

In einem alten Travertin-Steinbruch nahe dem Wipperdurchbruch bei Bilzingsleben wurde eine urmenschliche Siedlungsstätte ausgegraben. Der dort gefundene Homo erectus bilzingslebenensis gehört zu den frühesten Menschenfunden in Mitteleuropa. Das Museum mit vielen Artefakten steht direkt über der Fundstätte (www.steinrinne-bilzingsleben.com).

INFO

Leicht | **11,1 km** | **300 Hm** | **3.00 Std.**

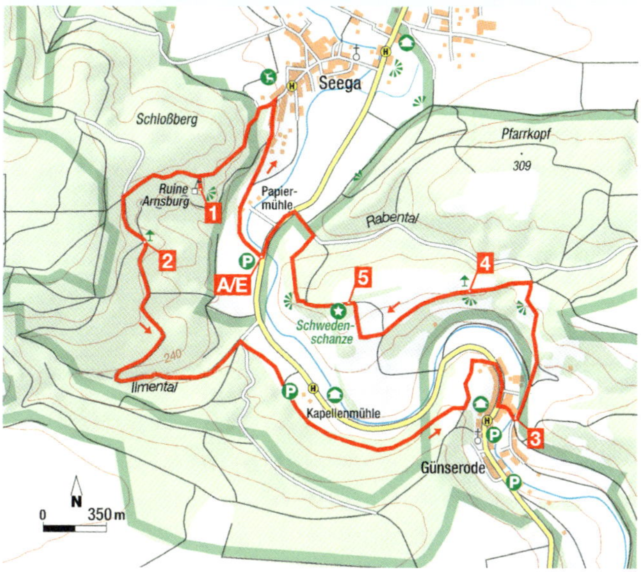

TOURENCHARAKTER

Leichte, meist sonnige Wege und Pfade durch Wälder und Wiesen, im Ortsgebiet auf Straßen. Feste Wanderschuhe mit griffigen Sohlen sind angebracht.

AUSGANGS-/ENDPUNKT

Parkplatz Brücke L 2290 zwischen Seega und Günserode, GPS 51°18‘55.3“N 11°01‘52.6“E (165 m)

ANFAHRT

ÖPNV: Mit der Bahn nach Heldrungen und mit dem Bus Linie 491 und 492 nach Günserode
Auto: Auf der A 71 Ausfahrt 4 Kölleda und auf der B 85, B 86 und L 2290 zur Brücke

GEHZEITEN

Brücke Wippertalstraße–Arnsburg 0:35 Std.–Hütte 0:15 Std.–Brücke Günserode 1:05 Std.–Pavillon 0:25 Std.–Bank 0:20 Std.–Brücke Wippertalstraße 0:20 Std.

EINKEHR

Waldgaststätte Cleric, Zum Pförtchen 21, 06578 Bilzingsleben, Tel. 036375/503 71, www.waldgaststaette-bilzingsleben.de
Restaurant Café Schwan, Erfurter Straße 9, 06567 Bad Frankenhausen, Tel. 034671/56 56 55, www.schwan-badfrankenhausen.de

KARTE

56 Südliches Harzvorland

INFORMATION

Schlossstraße 13, 06567 Bad Frankenhausen, Tel. 034671/717 17, www.bad-frankenhausen.de

ZUR BURGRUINE HANSTEIN

Sagenhafte Burg und Aussichten über der Werra

Die Burgruine Hanstein gilt als eine der größten und schönsten Burgruinen Mitteldeutschlands. Der Nordturm ist ein guter Aussichtspunkt mit Blick über das Eichsfeld am Dreiländereck Hessen-Niedersachsen-Thüringen bis zum Hohen Meißner im Süden und Brocken im Nordosten.

5

Aussicht zur Burg Hanstein

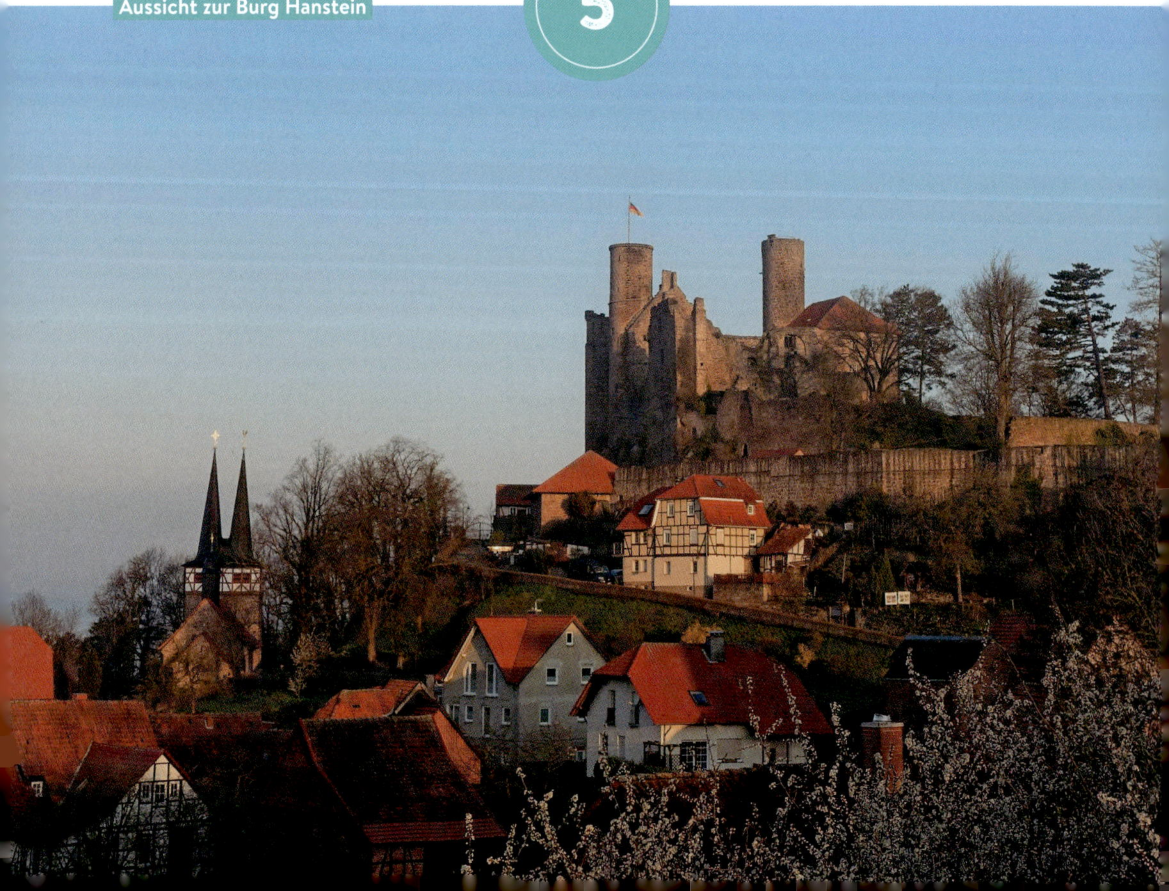

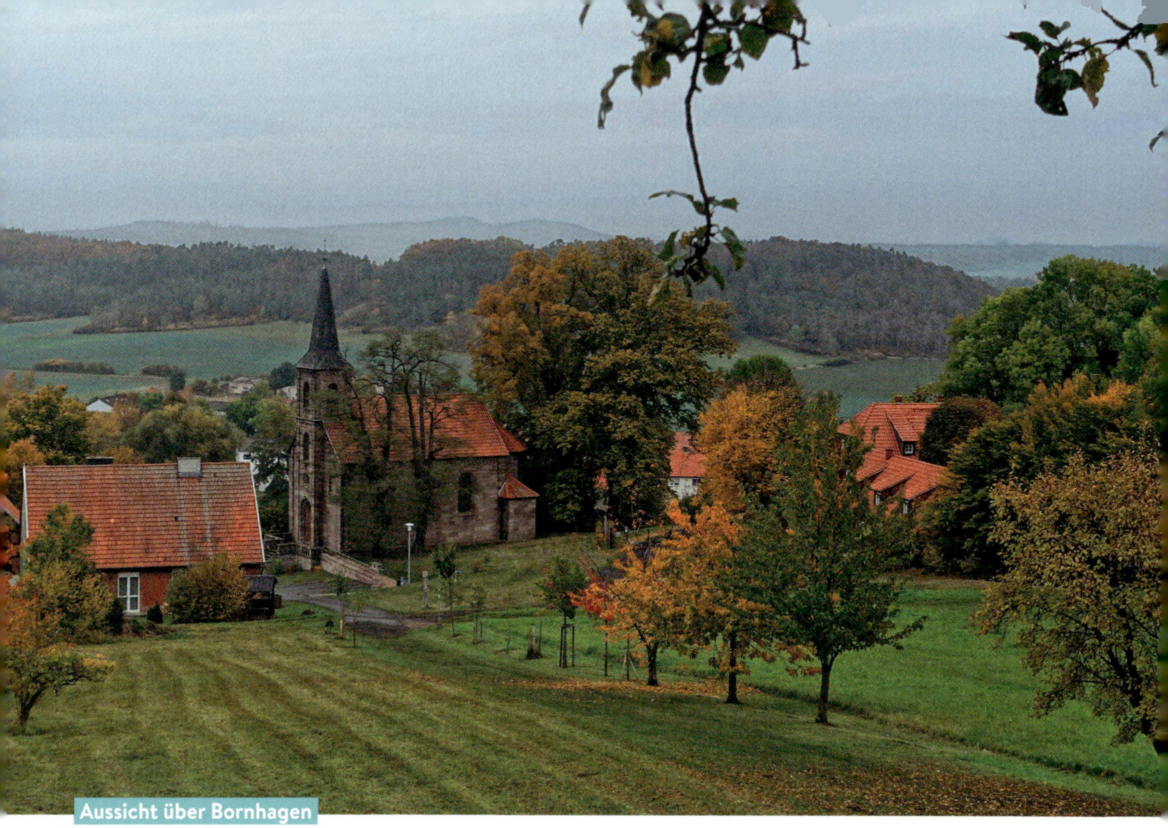

Aussicht über Bornhagen

Die Landschaft an der Werraschleife beim Stockmacherdorf Lindewerra im Naturpark Eichsfeld-Hainich-Werratal war schon immer Grenzregion und mit Festungen und Burgen gesichert. Die Wanderung verläuft von der Werraschleife entlang der alten Grenze hinauf zur Burgruine und über die Teufelskanzel zurück.

ZUM LINDEWERRABLICK Vom Parkplatz an der **A Werrabrücke** in Lindewerra beginnen wir die Wanderung auf der Straße Am Rasen nach Nordosten parallel zur Werra flussabwärts. Auf der Kirchstraße gehen wir rechts zur kleinen Barockkirche aus dem 18. Jahrhundert. Sie birgt einen Flügelaltar aus dem Jahr 1500 und eine barocke Orgel. Nördlich der Kirche steht rechts neben dem Haus mit der Nummer 24 das älteste Gebäude des Dorfs. Das Sandsteingebäude war einst eine Kemenate, ein beheizbarer adliger Wohnsitz aus dem 15. Jahrhundert.

Wir gehen wieder zur Werra und setzen unseren Weg auf der Straße Am Rasen fort. An einer dreifachen Weggabelung am Zufluss eines Bächleins bleiben wir auf dem mittleren Weg aufwärts und laufen an der T-Kreuzung nach 250 Metern links über die Grenze nach Hessen. An Abzweigen steigen wir immer aufwärts in das Naturschutzgebiet Harthberg. Der vielstämmige Niederwald entstand durch regelmäßiges Abschneiden der Eichen zur Gewinnung von Lohrinde zum Gerben. Die Wurzelstöcke trieben wieder aus und konnten zu Spazierstöcken verarbeitet werden. Das Stockmacherhandwerk entwickelte sich seit dem 19. Jahrhundert zu einem blühenden Gewerbe, das in Lindewerra bis heute überlebt hat. Der nach Süden ausgerichtete Hang auf Buntsandstein trägt heute einen Traubeneichenwald. Die Bedingungen sind Wärme, Trockenheit und Nährstoffarmut. Hier wachsen Trauben- und Stieleichen, Hainbuchen, Winterlinden,

Tipp

DIE TEUFELSKANZEL-SAGE

Die Hexen auf dem Brocken hatten mit dem Teufel gewettet, er solle einen großen Felsen auf den Hohen Meißner tragen. Doch der Felsen wurde ihm unterwegs zu schwer und er wollte sich etwas ausruhen. Die Hexen fanden ihn schlafend und verspotteten ihn. Weil der Teufel die Wette verloren hatte, stob er davon und der Felsen blieb als Teufelskanzel liegen.

Elsbeeren und Wildbirnen. Die Strauchschicht besteht aus Habichtskrautarten, Färber-Ginster, Zypressen-Wolfsmilch, Steinsame, Berg-Segge und Platterbse. Schmetterlinge laben sich an den Blüten. Wer Glück hat, sieht den Rotmilan kreisen und hört die Nachtigall rufen. Im Naturschutzgebiet müssen wir in spitzem Winkel rechts auf dem Rücken hinauf und erreichen den **1 Lindewerrablick**. Lindewerra liegt idyllisch an der Werraschleife.

An der Teufelskanzel

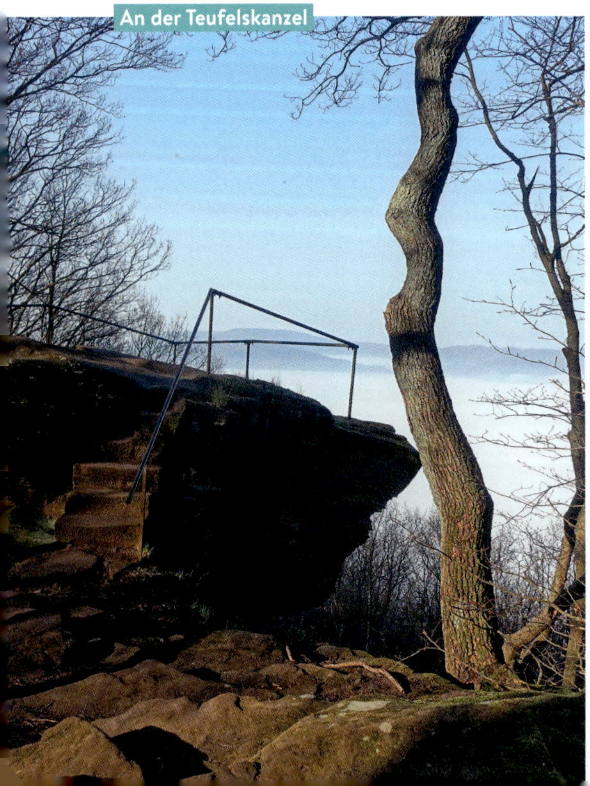

ZUR BURG HANSTEIN Wir steigen auf dem Kolonnenweg mit den Betonplatten aufwärts, dann begleitet uns auf der linken Seite der Friesenbach, der den **2 Burgweiher** füllt. Nach dem Weiher steigen wir an der Kreuzung rechts an dem Pavillon vorbei aufwärts und sehen schon die Burg Hanstein. An einer Kreuzung zwischen Weiden müssen wir links und bleiben dann nach dem ersten Haus geradeaus auf dem Gehweg zur Kirche Sankt Marien aus dem 13. Jahrhundert. Teile der Innenausstattung gehen auf das 14. Jahrhundert zurück. An der Kirche vorbei geht es auf der Treppe aufwärts und dann rechts wieder zur Hansteinstraße und links hinauf. An der T-Kreuzung beginnt nach links die Zufahrt zur Burg. Rechts ist liebevoll ein historischer Weinberg und Kräutergarten angelegt. Die **3 Burg Hanstein** wurde erstmals im Jahr 1070 urkundlich erwähnt. Die heutigen Gemäuer entstanden im 14. Jahrhundert und wurden im Dreißigjährigen Krieg teilweise zerstört (www.burgruine-hanstein.de). Vom Turm ist die Burg Ludwigstein zu sehen, die 1415 errichtet wurde, um die Raubritter auf der Burg Hanstein in Schach zu halten (www.burgludwigstein.de).

ZUR TEUFELSKANZEL Von der Burg schlendern wir auf der Hansteinstraße hinunter und biegen in Rimbach rechts zum Parkplatz der Burg Hanstein. Das Panorama auf die Burg Hanstein und über den Ort Rimbach ist überwältigend. Nach dem Parkplatz ist noch ein Aussichtsplatz mit mehreren Bänken. Hier wandern wir links in Richtung Teufelskanzel mit der Markierung T. Nach drei Kilometern sehen wir rechts oben im Wald die Berghütte Teufelskanzel und steigen an der Kreuzung hinauf zum Aussichtspunkt **4 Teufelskanzel**. Wenn das Tal nicht im Nebel, liegt ist tief unten die Werraschleife bei Lindewerra zu sehen. Am Horizont stehen die Hügel des Nordhessischen Berglands. Die Berghütte Teufelskanzel existierte schon 1882 und der Dichter Theodor Storm schrieb über sie. Der Biergarten ist im Sommer ein angenehmer Rastplatz.

ZUR WERRABRÜCKE An der Südseite der Hütte gehen wir auf dem Steig mit dem Radsymbol des Eichsfeldwanderwegs steil hinunter. Der Weg leitet über den Dorfberg hinab zur Bushaltestelle in Lindewerra. Dort geht es zunächst links und dann rechts am Stockmachermuseum vorbei zur **E Werrabrücke** zurück.

INFO

TOURENCHARAKTER

Leichte, meist schattige Wege und Pfade durch Wälder und Wiesen, im Ortsgebiet auf Straßen. Festes Schuhwerk ist angebracht.

AUSGANGS-/ENDPUNKT

Parkplatz Werrabrücke, Straße zur Einheit, 37318 Lindewerra, GPS 51°18‘46.9“N 09°56‘43.8“E (140 m)

ANFAHRT

ÖPNV: Mit der Bahn nach Bad Soden-Allendorf und mit dem Bus Linie 13 nach Lindewerra
Auto: Auf der A 38 Ausfahrt 3 Friedland und auf der B 27 nach Lindewerra

GEHZEITEN

Werrabrücke–Lindewerrablick 1:00 Std.–Burgweiher 0:25 Std.–Burg Hanstein 0:15 Std.–Teufelskanzel 1:00 Std.–Werrabrücke 0:50 Std.

EINKEHR

Berghütte Teufelskanzel, Rothenbach 142, 37318 Gerbershausen, Tel. 036081/612 37, www.teufelskanzel.de
Gaststätte Zur alten Stockmacherei, Am Rasen 14, 37318 Lindewerra, Tel. 036087/97 08 03, www.zur-alten-stockmacherei.de
Klausenhof, Friedensstraße 28, 37318 Bornhagen, Tel. 36081/614 22, www.klausenhof.de

Leicht | **10,8 km** | **400 Hm** | **3.30 Std.**

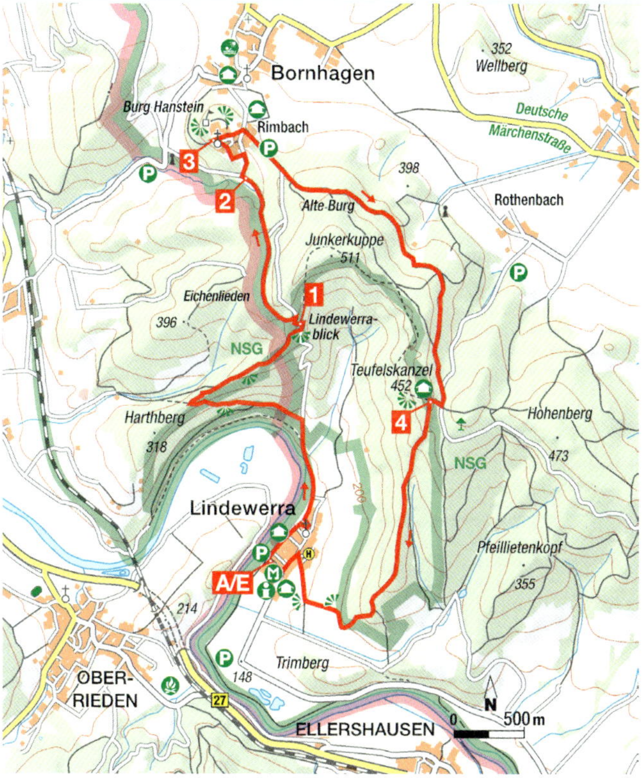

KARTE

53 Nördliches Eichsfeld

INFORMATION

Straße zur Einheit 2, 37318 Lindewerra, Tel. 0173/282 48 81

ZUM KLOSTER HÜLFENSBERG

Christliches Ausharren am Grünen Band

Jahrzehntelang war der Grenzstreifen eine beklemmende Einrichtung für die Menschen der Region. Gleichzeitig entwickelte sich in dem unbetretbaren Bereich ein Rückzugsgebiet für bedrohte Tiere und Pflanzen. Wallfahrten auf den Hülfensberg sind seit dem Spätmittelalter bekannt.

6

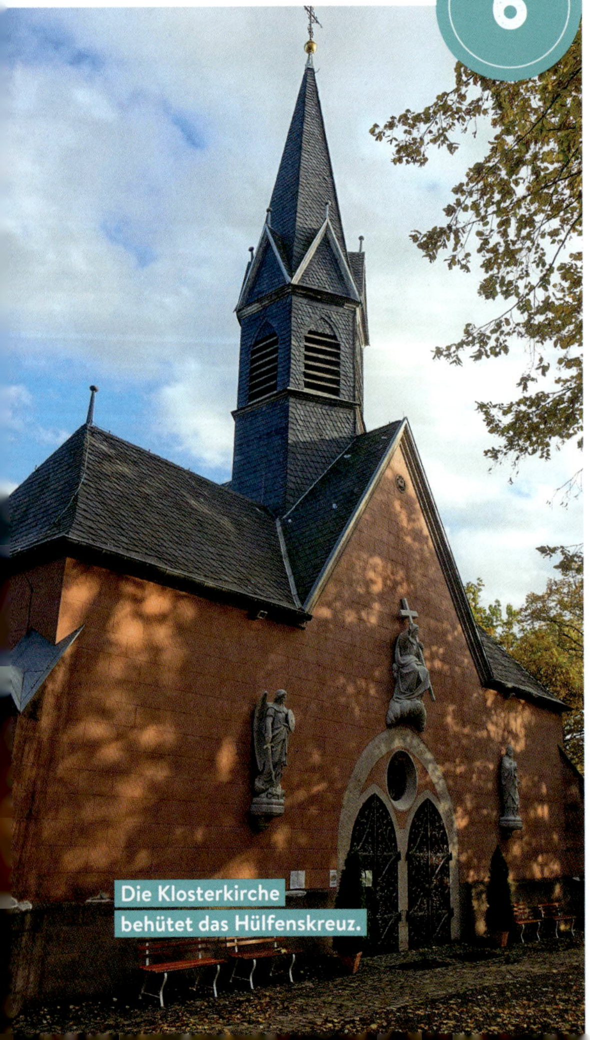

Die Klosterkirche behütet das Hülfenskreuz.

AUF DEN HÜLFENSBERG Vom **A** **Parkplatz Stationsweg** am Ortsschild Geismar wandern wir nach Süden durch den Tunnel aufwärts und erleben alle Stationen des Kreuzwegs. Fast ganz oben überqueren wir den Parkplatz nach links und steigen rechts auf dem Gehweg auf den **1** **Hülfensberg** hinauf. Hier gibt es seit dem 14. Jahrhundert ein Kloster. Wallfahrer kommen wegen des romanischen Hülfenskreuzes aus dem 12. Jahrhundert hier herauf. An der Südspitze des Plateaus schauen wir ins Werratal und sehen die Städte Wanfried und Eschwege. Auf dem Hülfensberg wird eine germanische Kultstätte vermutet.

ZUM KOLONNENWEG Auf der asphaltierten Straße gehen wir vom Hülfensberg hinab, bleiben jedoch in der ersten Kehre geradeaus in dem Hohlweg abwärts. Weiter unten zeigt der Wegweiser nach Bebendorf geradeaus. Ebenso bleiben wir an einem zweiten Abzweig geradeaus. Der breite Schotterweg bringt uns zu einem großen **2** **Feldkreuz an der Landstraße K 115**, die wir überqueren. Über Felder erreichen wir den **3** **Kolonnen-**

weg, der die ehemalige Grenze und den Todesstreifen der DDR markiert.

ZUM PARKPLATZ STATIONSWEG Wir wandern auf dem Kolonnenweg rechts hinauf und biegen vor einem **4 Tunnel** rechts ab. Schließlich laufen wir auf der Trasse der ehemaligen militärstrategischen Kanonenbahn, die nach dem Krieg 1870/1871 gegen Frankreich Elsass-Lothringen absichern sollte. Nach einer Hühnerfarm überqueren wir die Landstraße K 115 und steigen am Beginn einer umzäunten Weide rechts hinunter. Es ist wieder der Stationsweg, auf dem wir rechts durch den Tunnel wieder zum **E Parkplatz Stationsweg** zurückkommen.

INFO

TOURENCHARAKTER
Leichte, meist sonnige Wege und Pfade durch Wälder, Wiesen und Felder, im Ortsgebiet auf Straßen. Feste Wanderschuhe mit griffigen Sohlen sind angebracht.

AUSGANGS-/ENDPUNKT
Parkplatz Stationsweg am Ortsschild, Bebendorfer Straße, 73708 Geismar, GPS 51°13‘44.9“N 10°09‘41.2“E (220 m)

ANFAHRT
ÖPNV: Mit der Bahn nach Frankenberg und mit dem Bus Linie 520 nach Geismar
Auto: Auf der A 44 Ausfahrt 79 Waldkappel und auf der B 7, B 452 und B 249 nach Geismar

GEHZEITEN
Parkplatz Stationsweg–Hülfensberg 0:45 Std.–Feldkreuz an der K 115 0:15 Std.–Kolonnenweg 0:15 Std.–Tunnel 0:20 Std.–Parkplatz Stationsweg 0:45 Std.

EINKEHR
Café Zellmann, Rathausstraße 8, 99830 Treffurt, Tel. 036923/802 54, www.lokalfinder-thueringen.de/lokal/cafe-zellmann
Restaurant Burg Normannstein, Burg Normannstein, 1, 99830 Treffurt, Tel. 036923/82 87 44, www.restaurant-normannstein.de

Leicht | 6,3 km | 140 Hm | 2.20 Std.

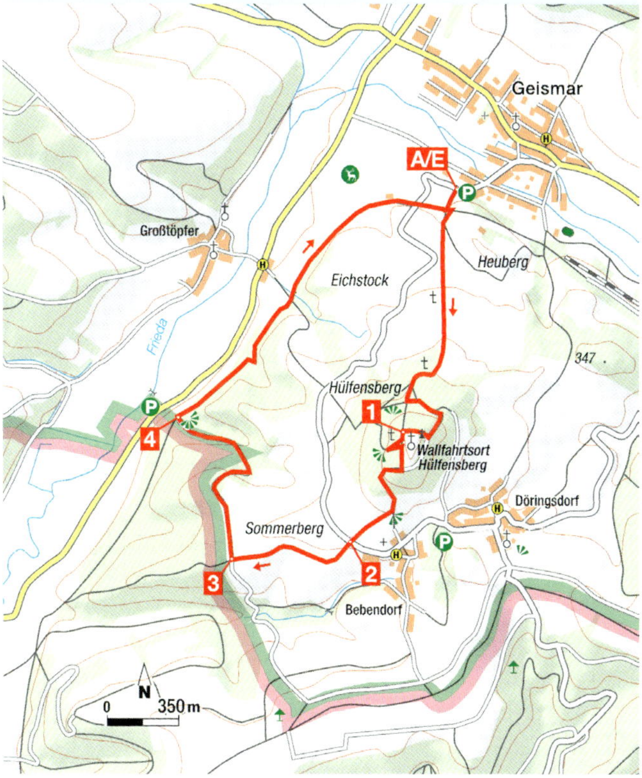

KARTE
54 Südliches Eichsfeld

INFORMATION
Conrad-Hentrich-Platz 1, 37327 Leinefelde-Worbis, Tel. 03605/200 67 60, www.eichsfeld.de

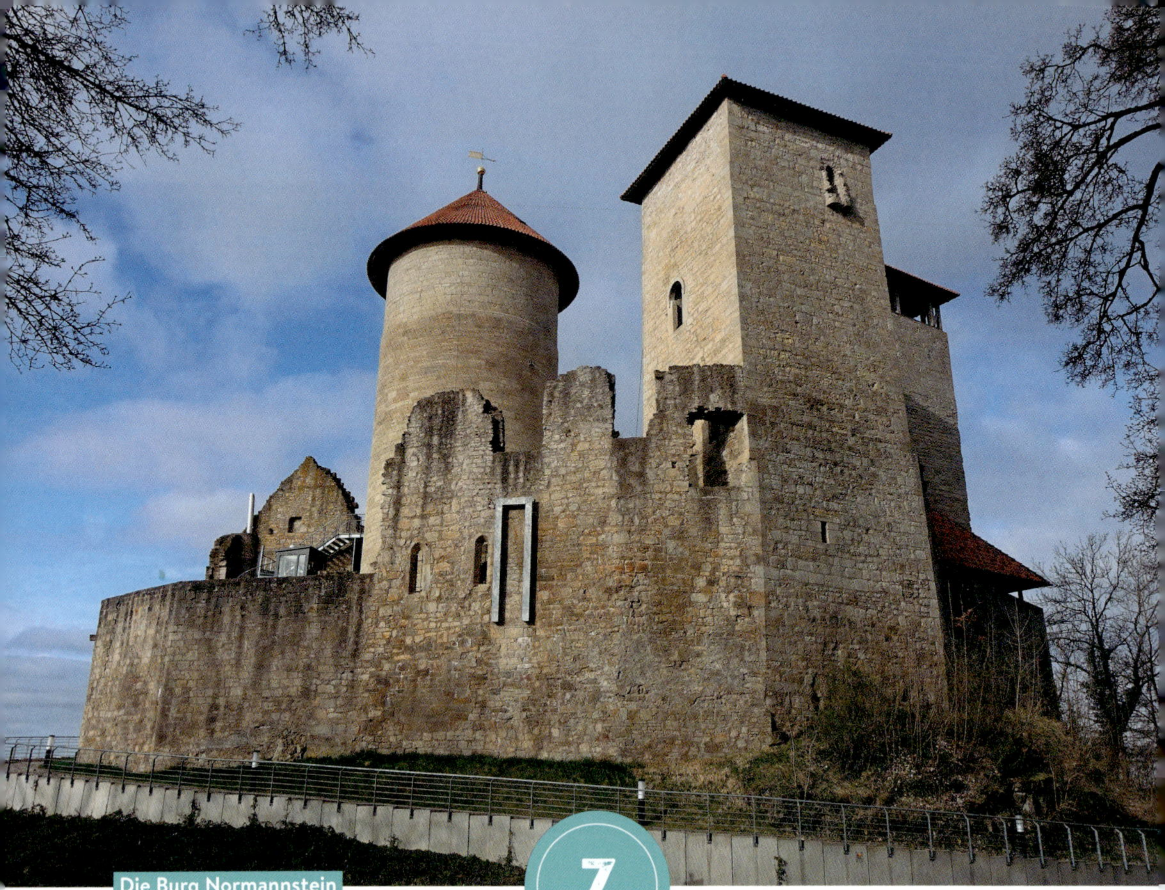

Die Burg Normannstein hat romanische Wurzeln.

7

AUSSICHTEN ÜBER TREFFURT

Fachwerkromantik im verträumten Werratal

Die Werra wird Fluss mit Seele genannt. Ihr Tal beglückt mit landschaftlicher Vielfalt, lieblichen Auen, Felslandschaften, Mischwäldern und charmanten Orten mit pittoreskem Fachwerk. Auf den Talkanten stehen seit Jahrhunderten Wallanlagen und mittelalterliche Burgen.

Mehr als bei anderen Wanderungen an der Werra sollten Wandersleute für diese Tour einen Tag mit guter Fernsicht wählen, denn die Aussichten sind genial und reichen über Treffurt hinaus über das Eichsfeld, nach Hessen zum Hohen Meißner, bis in den Thüringer Wald und zur Rhön. Von der Werra aus ist auch schon die Burg Normannstein über den Dächern der Fachwerkstadt Treffurt zu sehen.

Tipp

FACHWERKTRAUM TREFFURT

250 Fachwerkhäuser im hessisch-thüringischen Baustil prägen den denkmalgeschützten Stadtkern. Stilelemente dieses Fachwerkzweigs sind das Sonnenrad und der Wilde Mann. Das Strebenkreuz Wilder Mann ist eine abstrakte Figur eines Menschen mit gestreckten Armen und gespreizten Beinen. In den Gassen liegen noch die mittelalterlichen Pflastersteine.

ZUR BLAUEN BRÜCKE Vom Parkplatz an der Straße **A Unterm Weiher** an der Werra in Treffurt gehen wir nach Westen in Richtung Brücke flussabwärts und unterqueren die B 250 auf dem Gehweg. Bevor der Gehweg wieder auf die Straße trifft, wandern wir links auf dem Pfad hinunter in die Auwiesen. Wir bleiben immer nahe an der Werra und müssen vielleicht nur einmal bei hohem Fruchtstand um ein Feld ausweichen. Im Naturschutzgebiet Werraaue befinden sich mehrere Weiher, an denen sich Wasservögel beobachten lassen. Die **1 Blaue Brücke** bildete einst die Grenze der DDR und hier befand sich ein Beobachtungsturm. Auf der anderen Seite der Werra ist hoch oben der Heldrastein zu sehen, auf dem sich eine geheimnisvolle keltische Festung befindet. Auch dort oben war ein Beobachtungsposten der DDR-Truppen.

↓ Das Renaissance-Fachwerkrathaus am Marktplatz

↘ Besonders schönes Fachwerkhaus in Treffurt

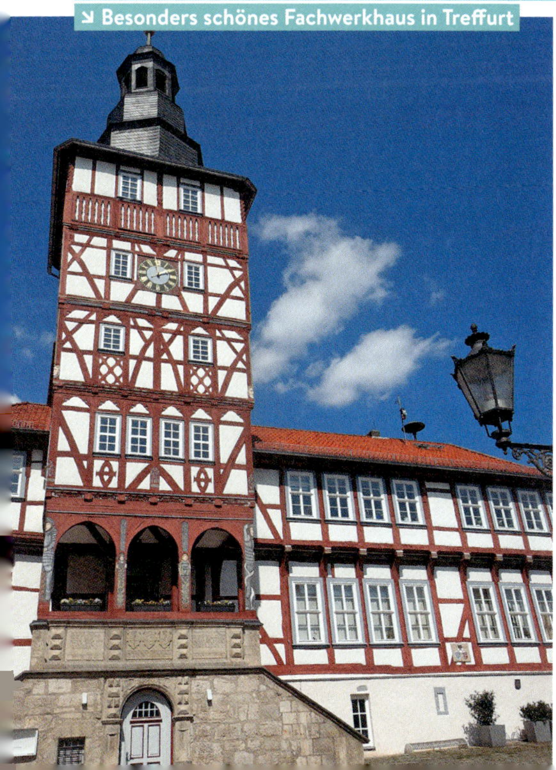

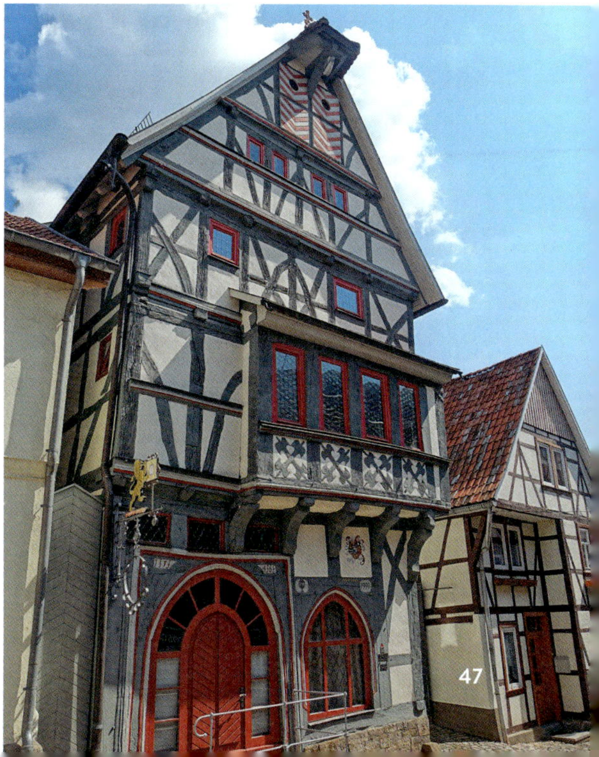

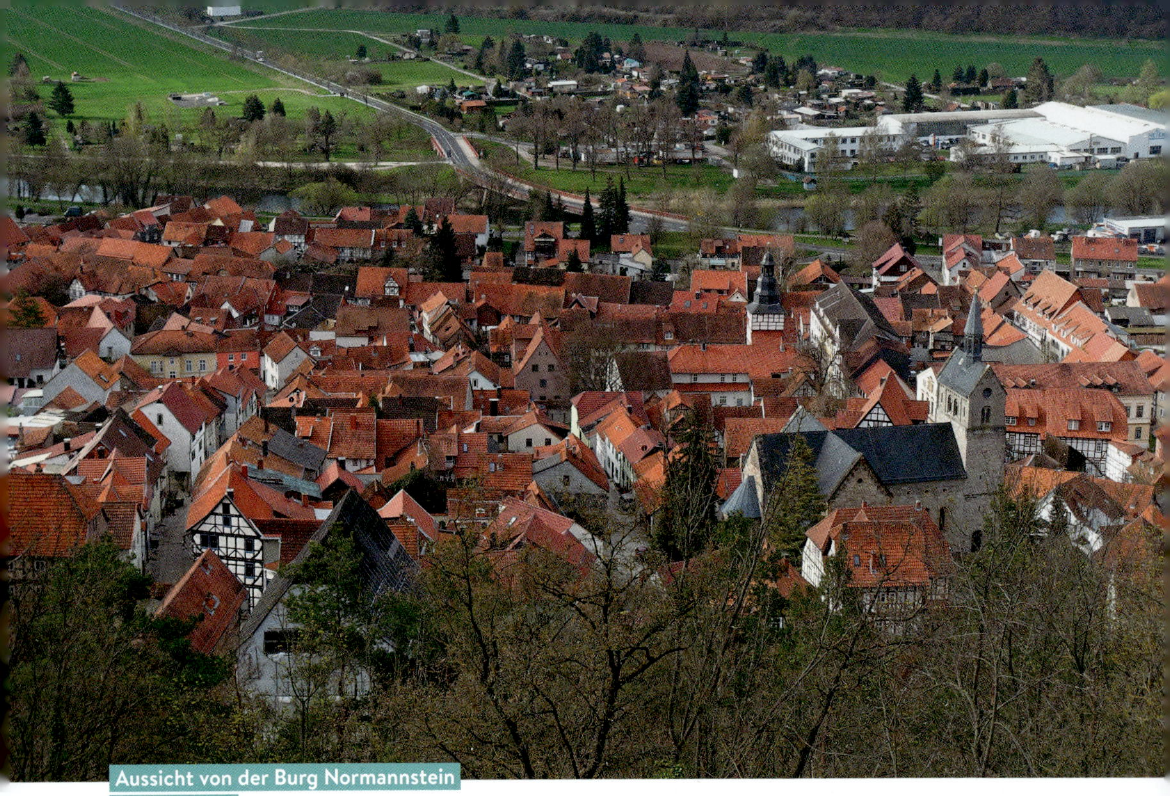

Aussicht von der Burg Normannstein über Treffurt

ZUR ADOLFSBURG Wir bleiben auf dem Weg an der Werra, der sich aber gleich vom Fluss entfernt. 50 Meter nach einem Steg über einen Graben gehen wir rechts auf dem Pfad über die großen Wiesen. Wir bewegen uns entlang der Grenze zwischen Hessen und Thüringen nahe dem Grünen Band. Schließlich geht der Wiesenpfad geradeaus in einen Feldweg über und an einer T-Kreuzung müssen wir auf dem Asphaltsträßchen rechts, das sich in einer Linkskurve fortsetzt. An einem Abzweig geht es rechts zu einem **2 Tunnel**. Danach sind wir wieder in Thüringen und steigen rechts auf den ehemaligen Bahndamm hinauf und bleiben geradeaus über eine Kreuzung. Fast am Ende der Gewächshäuser einer Gärtnerei wandern wir vor dem Haus mit der Nummer 35 links und überqueren die B 250 in die Straße Zur Liete. An der Feuerwehr müssen wir auf der Friedrich-Ebert-Straße rechts und an der nächsten Kreuzung links hinauf. Am letzten Haus geht es rechts und gleich wieder links und dann auf einer Fahrspur und dann auf dem Sträßchen links hinauf in Richtung Adolfsburg. Oben im Wald kommen wir an eine Kreuzung und wandern rechts und nach zehn Metern rechts auf dem Adolfsburgstieg mit der Markierung gelbes A und T3 hinauf. Am höchsten Punkt steht auf der schwindelerregenden Felswand ein Pavillon mit toller Aussicht. Hier stand einst die **3 Adolfsburg**, eine hölzerne Belagerungsburg des deutschen Königs Adolf von Nassau gegen die Burg Normannstein.

ZUR BURG NORMANNSTEIN Nun geht es abwärts und an einer hundertjährigen Kirschplantage bleiben wir mit der Markierung T3 geradeaus. Der Pfad quert eine Asphaltstraße schräg und führt genau zur **4 Burg Normannstein**. Die romanische Anlage wurde im 11. Jahrhundert erbaut. Sie schützte die Stadt Treffurt, die ihren Namen von den drei Furten in der Werra herleitet. Heute trägt der große Viereckturm eine Aussichtsplattform und es gibt eine Ausstellung in der Burg.

ZUM MARKTPLATZ Auf der Westseite der Burg steigen wir auf dem Serpentinenweg in Richtung Treffurt hinab und gehen an der kleinen Marienkirche rechts auf der Kirchstraße weiter. Am Straßenschild Kirchplatz geht es mit der Markierung rotes Quadrat rechts hinunter an der Bonifatiuskirche vorbei, die aus dem 13. Jahrhundert stammt. Nach einer Treppe kommen wir über die Puschkinstraße und sind dann links am **5 Marktplatz** vor dem berühmten Renaissance-Fachwerkrathaus aus dem 16. Jahrhundert. Nach dem Marktplatz schlendern wir auf der Kirchstraße hinunter. Treffurt ist ein Fachwerktraum. Das wunderschön sanierte Fachwerkhaus mit der Nummer 31 wurde 1546 erbaut. Am Ende der Kirchstraße geht es auf der Egon-Bahr-Straße links und dann rechts auf der Straße Werrarain hinunter zum Parkplatz **E Unterm Weiher** zurück.

INFO

TOURENCHARAKTER

Leichte, meist sonnige Wege und Pfade durch Wälder, Wiesen und Felder, im Ortsgebiet auf Straßen. Feste Wanderschuhe mit griffigen Sohlen sind angebracht.

AUSGANGS-/ENDPUNKT

Parkplatz Unterm Weiher, 99830 Treffurt, GPS 51°08'04.3"N 10°14'21.6"E (175 m)

ANFAHRT

ÖPNV: Mit der Bahn nach Eisenach und mit dem Bus Linie 170 nach Treffurt

Auto: Auf der A 7 Ausfahrt 39 Eisenach-West und auf der B 7 und B 250 nach Treffurt

GEHZEITEN

Parkplatz Unterm Weiher–Blaue Brücke 0:50 Std.–Tunnel 0:25 Std.–Adolfsburg 1:15 Std.–Burg Normannstein 0:15 Std.–Marktplatz 0:15 Std. –Parkplatz Unterm Weiher 0:10 Std.

EINKEHR

Restaurant Burg Normannstein, Burg Normannstein, 1, 99830 Treffurt, Tel. 036923/82 87 44, www.restaurant-normannstein.de

Café Zellmann, Rathausstraße 8, 99830 Treffurt, Tel. 036923/802 54, www.lokalfinder-thueringen.de/lokal/cafe-zellmann

Leicht	10,3 km	210 Hm	3.10 Std.

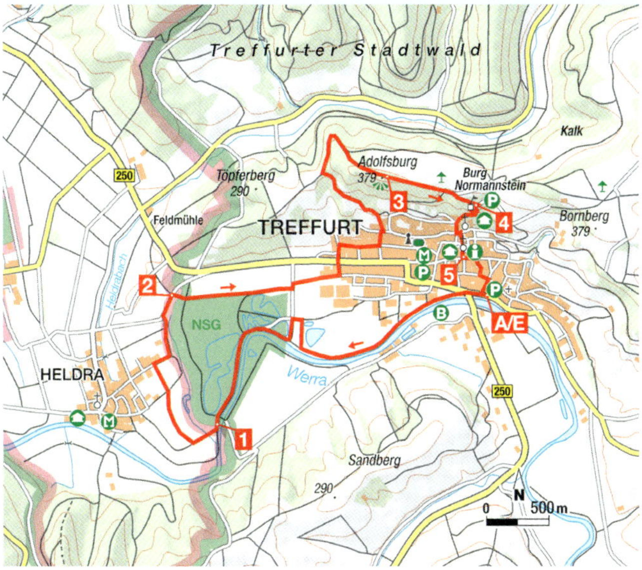

KARTE

54 Südliches Eichsfeld

INFORMATION

Puschkinstraße 3, 99830 Treffurt, Tel. 036923/515 42, www.treffurt.de

CREUZBURG IM WERRATAL

Orchideen, romanische und gotische Prachtbauten

Burg und Stadt Creuzburg an der Werra sind voller Geschichte und Überlieferungen. Der Sage nach errichtete der Mönch Bonifatius an Stelle der heutigen Burg ein Kreuz. Elisabeth von Thüringen bewohnte die Burg, Luther und Goethe waren hier zu Gast.

8

Ensemble der Siebenbogenbrücke und Liboriuskapelle

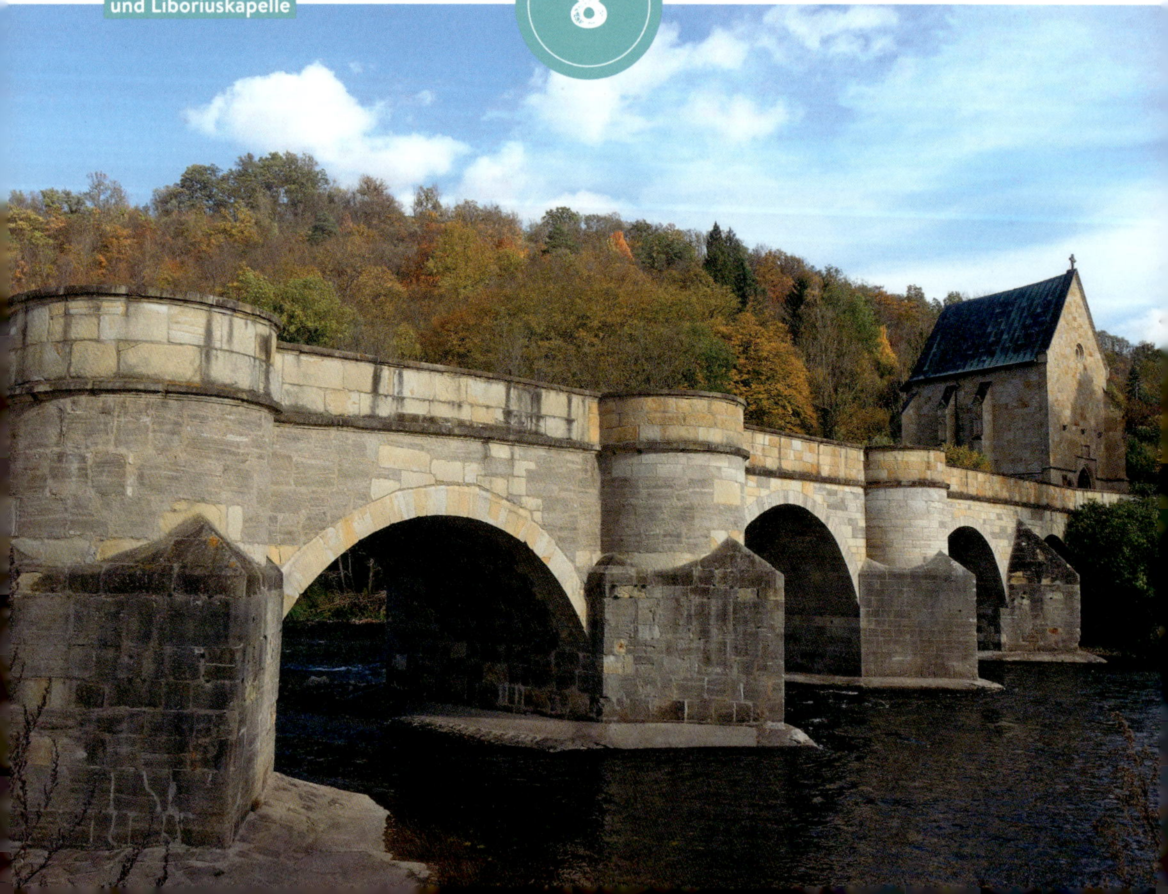

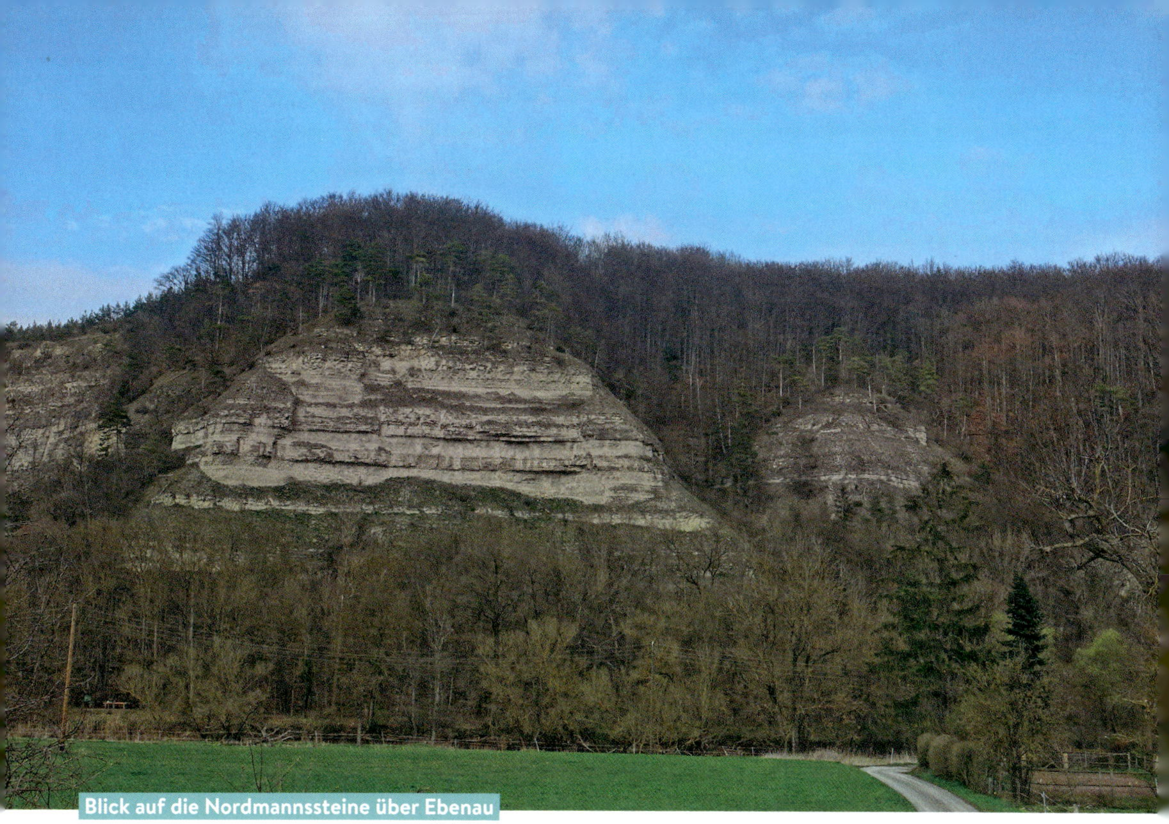

Blick auf die Nordmannssteine über Ebenau

Die beste Jahreszeit für diese Wanderung ist der Mai, denn neben schöner Flusslandschaft der Werra erleben die Wanderer blühende Orchideen in den Magerrasen. Die Aussicht von den Muschelkalkfelsen der Ebenauer Köpfe im Durchbruchstal der Werra ist immer zu genießen. Schon zu Beginn der Wanderung können wir architekturgeschichtliche Leckerbissen genießen. Die gotische Liboriuskapelle mit bedeutenden Fresken wurde 1499 erbaut und entwickelte sich zu einem Wallfahrtsort. Die 86 Meter lange Werrabrücke entstand bereits im Jahr 1223 und ist eine der ältesten Natursteinbrücken Deutschlands.

ZUR FAHRRADBRÜCKE Vom Parkplatz wandern wir an der **A Liboriuskapelle** rechts vorbei und an der Weggabel rechts aufwärts nach Nordosten auf dem Weg »Rund um den Brückenberg«. Oben an der Wiese können wir nach rechts einen Abstecher zur **1 Aussicht Werrabrücke** machen. Wieder zurück gehen wir rechts weiter und nach 70 Metern an der Gabelung links durch die schönen Obststreuwiesen hinunter. An einer Kreuzung in einem Graben bleiben wir in einem Waldrand geradeaus und schwenken an einer T-Kreuzung links zur Werra hinunter. Auf dem **2 Werrawanderweg** geht es rechts weiter, immer am Fluss entlang. Auf der rechten Seite leuchten die Muschelkalkwände der Nordmannssteine durch die Bäume. Erst auf der modernen **3 Fahrradbrücke** können wir die Werra überbrücken.

ZUR BURG CREUZBURG Auf der Trasse der ehemaligen Bahnlinie kommen wir zu einem Parkplatz vor Ebenau und überqueren die Landstraße in Richtung Ebenauer Köpfe mit der Markierung grünes Quadrat bergauf. Der Blick zurück zeigt die Wände der Nordmannssteine über Ebenau. Bei einem Picknickplatz nach einem Zaun biegen wir auf

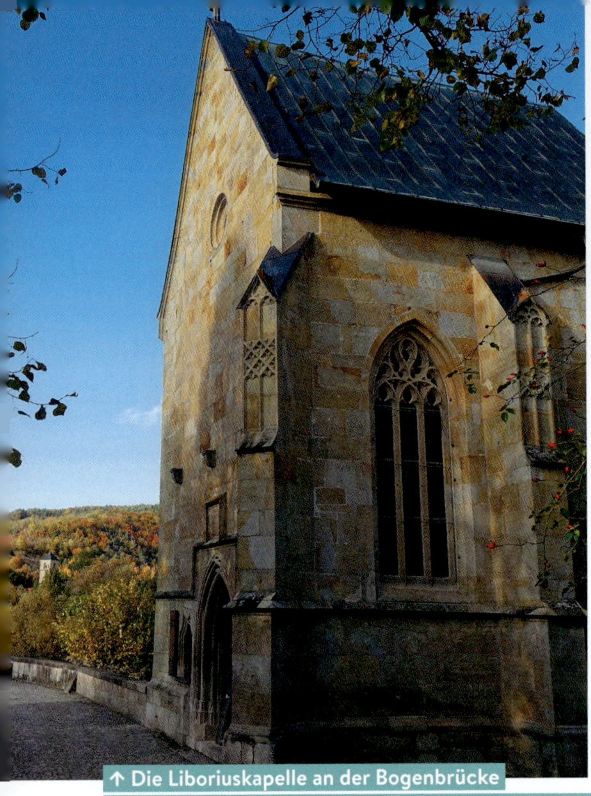

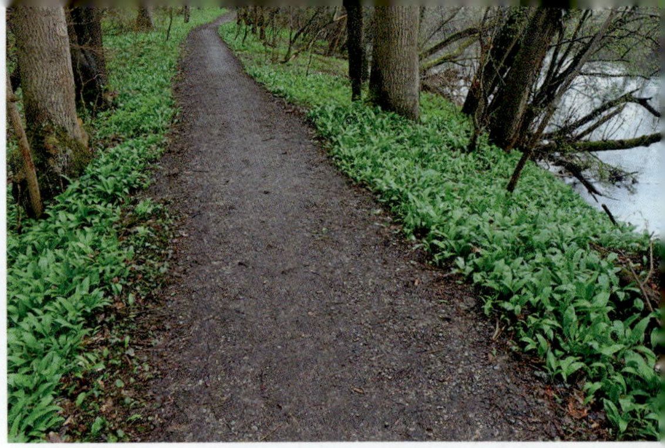

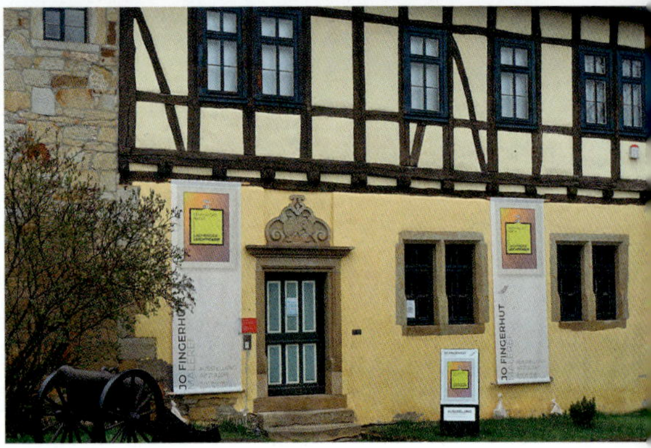

↑ Die Liboriuskapelle an der Bogenbrücke
↗ Mit Bärlauchduft auf dem Werrawanderweg unterwegs
→ In der Creuzburg

den Pfad nach links in Richtung Ebenauer Köpfe. Die offenen Flächen bilden Kalkmagerrasen mit seltenen Pflanzen. Hier wachsen Helm- und Purpur-Knabenkraut, Stattliches Knabenkraut und sogar Kleine Spinnen-Ragwurz. Von hier oben bieten sich Panoramablicke über das Werratal und Creuzburg. An einem **4 Picknickplatz** mit Gedenktafel können wir eine Rast einlegen.

An einem Waldrand bleiben wir geradeaus in Richtung Wisch und müssen weiter oben an einer T-Kreuzung links über die Hochfläche. Am Punkt »Kranichflug« wandern wir auf dem Lutherweg in Richtung Creuzburg links hinunter. An einer Gabelung am Waldrand gehen wir rechts und gleich wieder links in den Wald hinein. An einer Gabelung im Wald bleiben wir links und an einer folgenden T-Kreuzung gehen wir rechts in Richtung Gruft. Wir sind im Naturschutzgebiet Wisch und genießen die Aussicht über Creuzburg. Die private **5 Gruft** wurde nie fertiggestellt, ist aber jetzt eine nützliche Wochenstube für Mausohr-Fledermäuse. Diese Fledermäuse und auch die Kleine Hufeisennase kommen auch in den Höhlen der Felswände in den Ebenauer Köpfen vor. Wir müssen zurück bis zur T-Kreuzung im Wald und dann rechts hinunter. Wir bleiben nun immer auf dem breiten Weg abwärts und biegen erst vor dem Haus mit der Nummer 8 links in die Scherbdaer Straße ein. Unten laufen wir auf der Bahnhofstraße rechts und dann links zur **6 Burg Creuzburg** hinauf. Sie wurde Ende des 12. Jahrhunderts erbaut und zählt somit zu den großen romanischen Burganlagen Deutschlands. Die Heilige Elisabeth von Thüringen lebte als Landgräfin von Thüringen auf dieser Burg. Im Burghof fasziniert die riesige 500 Jahre alte Sommerlinde, die einiges an Geschichte gesehen hat.

ZUR LIBORIUSKAPELLE Wir gehen auf gleichem Weg von der Burg zurück und auf der Bahnhofstraße rechts zur Nikolaikirche aus dem Jahr 1210. Beachtenswert ist der romanische Chor. Nach der Kirche geht es rechts und dann rechts diagonal über den Plan mit dem großen Brunnen aus dem 16. Jahrhundert. Auf der Eisenacher Straße geht es weiter nach Süden bis kurz vor der B 7 und dann links auf dem Gehweg zur wunderschönen, siebenbogigen Werrabrücke und **E Liboriuskapelle** auf der anderen Seite der Werra.

Tipp

MUSEUM IN DER CREUZBURG

In der Creuzburg lebte im 13. Jahrhundert die Heilige Elisabeth. Das Museum auf der Burg zeigt im Wohnturm die Kemenate Elisabeths und eine Ausstellung zur Geschichte ihres Lebens. Weitere Teile der Sammlungen befassen sich mit dem Musikgelehrten Praetorius, der Geschichte der Burg und der Stadt. Es gibt auch ein Foltermuseum (www.creuzburg-online.de).

INFO

TOURENCHARAKTER

Leichte, meist sonnige Wege und Pfade durch Wälder, Wiesen und Felder, im Ortsgebiet auf Straßen. Feste Wanderschuhe mit griffigen Sohlen sind angebracht.

AUSGANGS-/ENDPUNKT

Parkplatz Liboriuskapelle, Eisenacher Straße, 99831 Creuzburg, GPS 51°02‘56.7“N 10°15‘09.0“E (190 m)

ANFAHRT

ÖPNV: Mit der Bahn nach Eisenach und mit dem Bus Linie 170 nach Creuzburg
Auto: Auf der A 4 Ausfahrt 39 Eisenach-West und auf der B 7 nach Creuzburg

GEHZEITEN

Liboriuskapelle–Aussicht Werrabrücke 0:15 Std.–Werrawanderweg 0:30 Std.–Fahrradbrücke 0:30 Std.–Picknickplatz 0:35 Std.–Gruft 0:35 Std.–Burg Creuzburg 0:25 Std.–Liboriuskapelle 0:20 Std.

EINKEHR

Hotel Restaurant Creuzburg, Burgberg 1, 99831 Amt Creuzburg, Tel. 036926/713 04, www.burg-creuzburg.de
Klostergarten Creuzburg, Klosterstraße 34, 99831 Amt Creuzburg, Tel. 036926/903 00, www.klostergarten-creuzburg.de

Leicht | **10,2 km** | **260 Hm** | **3.10 Std.**

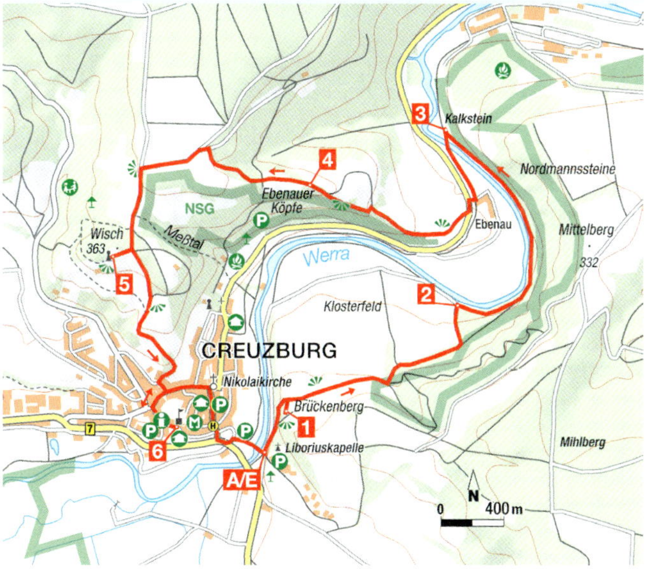

KARTE

54 Südliches Eichsfeld

INFORMATION

Auf der Burg, 99831 Amt Creuzburg, Tel. 036926/980 47, www.creuzburg-online.de

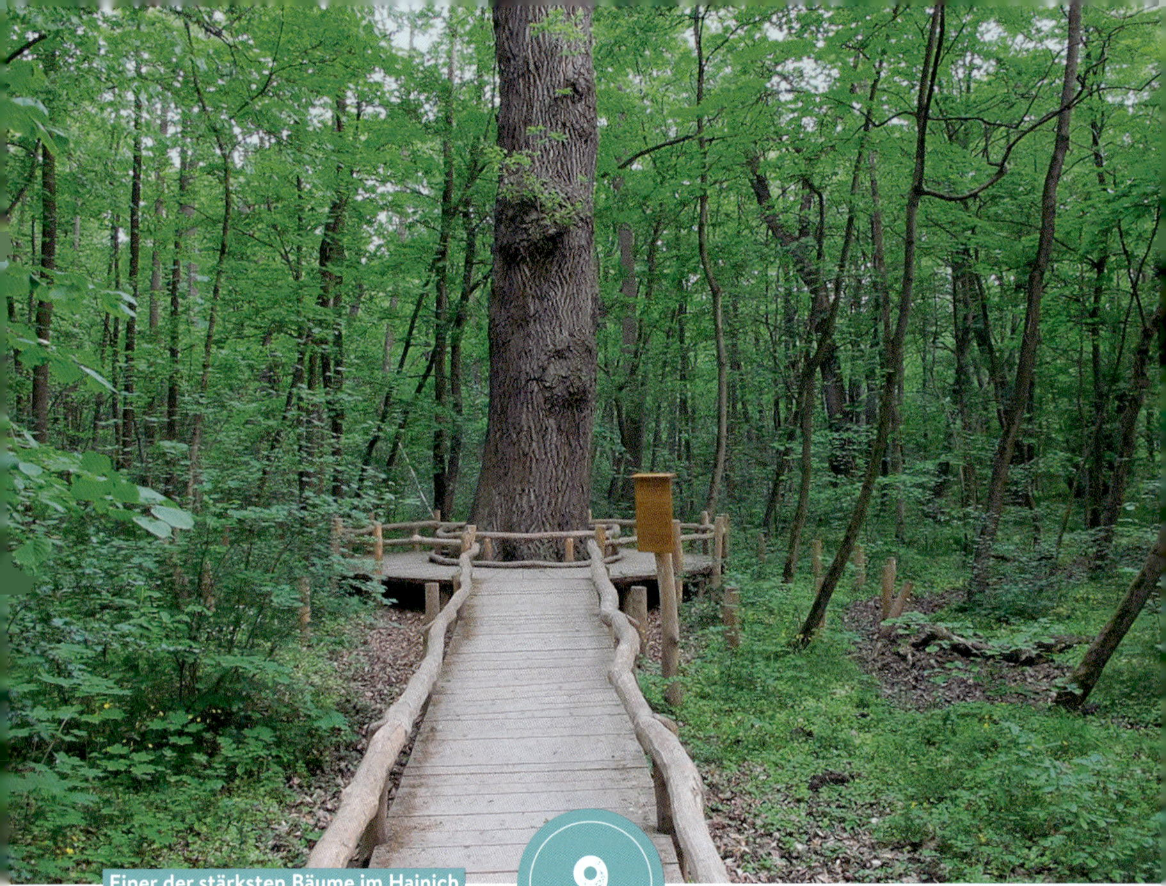

Einer der stärksten Bäume im Hainich

9

DIE KELTEN IM HAINICH

Mystischer Pfad in die Zeit der Ahnen

Der Hainich ist das größte kompakte Laubwaldgebiet Deutschlands. Das Gebiet stellt sich heute als Urwald mitten im Land und als UNESCO-Welterbe dar. Reste von Wüstungen, Handelswegen und keltischen Spuren führen in die geheimnisvolle Vergangenheit.

Der Hünenteich am Germanischen Kultpfad ist zwar keine historische Stätte, aber hier wird die germanische Lebenswelt mit ihren Kultstätten im Urwald ausgemalt. Die Kultstangen, Pfahlgötzen und Altarplätze entsprechen denen, die im Opfermoor-Museum bei Niederdorla gefunden wurden. Auf alle Fälle stellt der Hünenteich einen wichtigen Lebensraum für Bergmolche und andere Amphibien und für wasserliebende Pflanzen dar.

ZUM HÜNENTEICH Vom Ende des Parkplatzes an der **A Fuchsfarm** wandern wir auf dem Hünenteichweg mit dem Froschsymbol nach Südwesten. An einer T-Kreuzung, 20 Meter vor einem Brunnen geht es rechts über ein Asphaltsträßchen und durch hohen Buchenwald zum **1 Hünenteich**. Der im Hainich seltene Weiher füllte sich in einem Erdfall des Kalksteinuntergrunds. Der Lebensraum Hünenteich ist ein Tummelplatz verschiedenster Amphibien.

Tipp

OPFERMOOR NIEDERDORLA

Im Zuge des Torfabbaus stieß man auf eine Kultstätte, die von der Hallstattzeit (6. Jh. v. Chr.) bis weit nach Christi Geburt genutzt wurde. Dabei wurden Altarplätze, Kultstangen und Pfahlgötzen gefunden. Zu sehen ist auch eine historisch nachempfundene Germanensiedlung (Schleifweg 11, 99986 Vogtei-Niederdorla, Tel. 03601/75 60 40, www.opfermoor.de.

ZUR BETTELEICHE Vor dem Hünenteich gehen wir auf dem Germanischen Kultpfad am Ufer links entlang. In der Folge sind Altarplätze, geheimnisvolle Kultstangen und Pfahlgötzen im Abbild der im Opfermoor bei Niederdorla gefundenen Gegenstände aufgestellt. Die mystische Welt der Germanen begleitet uns und wir kommen auch an

↓ Am Hünenteich im Hainich

↘ An der Fuchsfarm

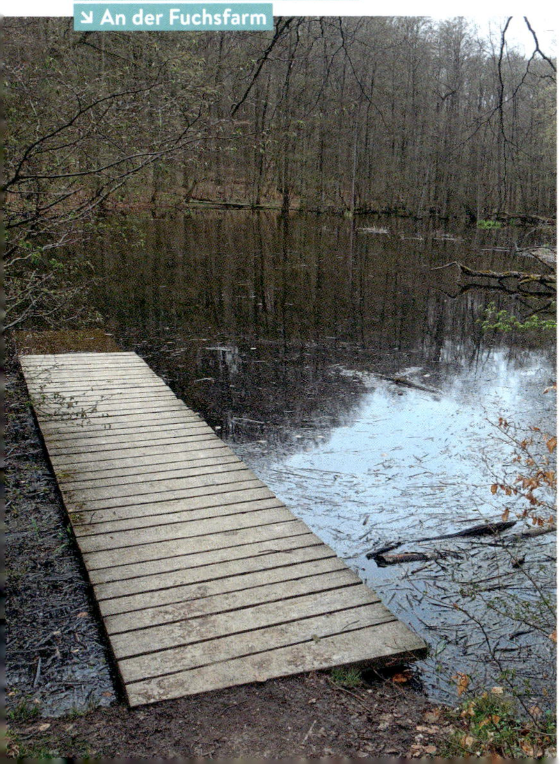

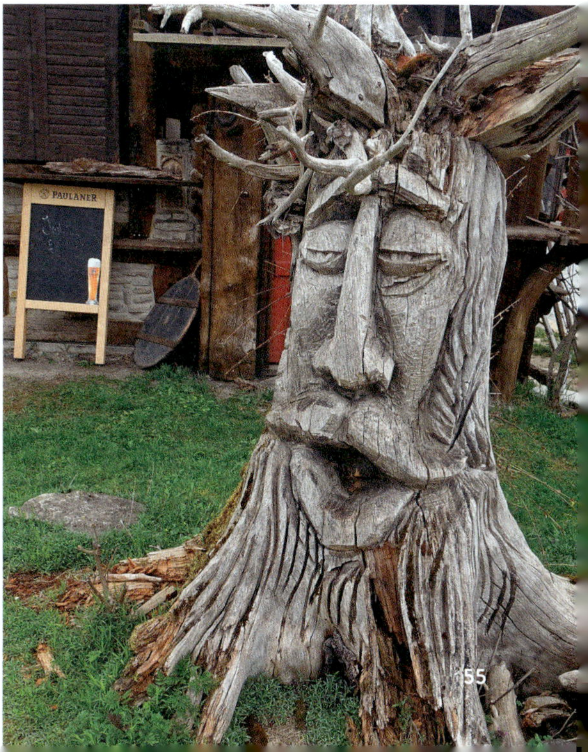

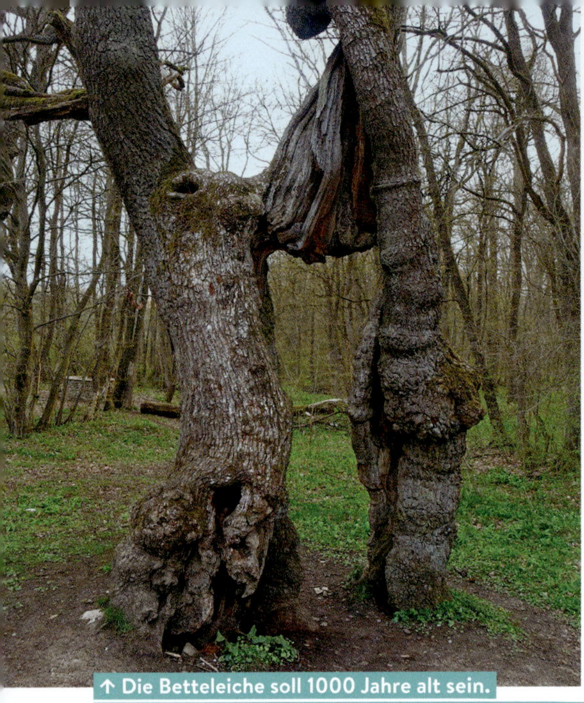

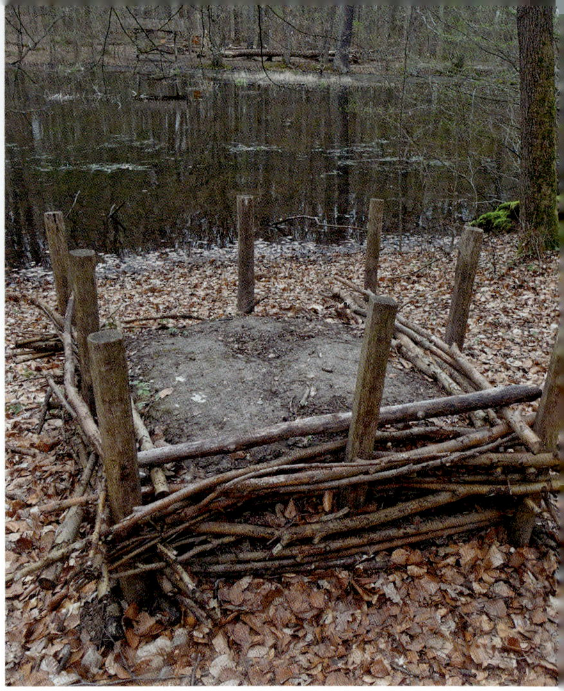

↑ Die Betteleiche soll 1000 Jahre alt sein.
↗ Nachempfundener keltischer Opferaltar am Hünenteich

der Hüneburg vorbei, einem Erdwall, der aber auch aus dem frühen Mittelalter stammen könnte. Nach einem Bohlenpfad gehen wir rechts und der Wald öffnet sich. Auf der Forststraße kommen wir links zur Umweltbildungsstation und zum **2 Wildkatzen-Kinderwaldspielplatz** mit Picknickplätzen. Wir bleiben auf der Forststraße nach Südwesten in Richtung Betteleiche oder benutzen den Gehweg, der rechts parallel zur Forststraße verläuft. Bald begleitet uns auch das Symbol des Lutherweges durch die weiten Offenland-Flächen. An dem Picknickplatz Triftchaussee wandern wir halb rechts und an einer T-Kreuzung rechts weiter zum Wegweiser **3 Eiserne Hand**. Dies ist der ausgefallenste und älteste Wegweiser im Nationalpark Hainich. Im Jahr 1554 wurde dieser Wegweiser in einem Amtsbuch erstmals urkundlich erwähnt. Die einzelnen Finger wiesen einst den Händlern und weisen heute den Wanderern den Weg zu verschiedenen Orten rund um den Hainich. Das Original ist in Mülverstedt ausgestellt. 30 Meter nach der Eisernen Hand führt rechts ein Pfad über einen Steg zum Ihlefelder Kreuz aus dem 15. Jahrhundert. Es ist das älteste Flurdenkmal im Hainich. Auf der Vorderseite ist eine Jagdszene mit einem Bären zu erkennen. Möglicherweise kam hier ein Jäger bei der Bärenjagd zu Tode. Bis zur berühmten **4 Betteleiche** ist es nur noch einen Kilometer weit. Sie soll 1000 Jahre alt sein. Bettelmönche sollen in den Stamm eine Vertiefung für die Gaben geschlagen haben, was möglicherweise den kuriosen Wuchs bewirkt hat. Die Betteleiche ist das Wahrzeichen des Hainich.

ZURÜCK ZUR FUCHSFARM Auf gleichem Weg wandern wir zurück an der **3 Eisernen Hand** vorbei. An der Weggabelung geht es links Richtung Kammerforst und an der nächsten Gabelung mit dem Picknickplatz Triftchaussee bleiben wir geradeaus. Nach 400 Metern schwenken wir auf den Pfad nach rechts ein. Es ist der Saugraben-Wanderweg mit dem Wildschweinsymbol, der in vielen Kurven, auf und ab im Brunsttal nach Nordosten in Richtung Fuchsfarm führt. In diesem Bereich ist der alte Buchen-Urwald besonders urwüchsig. Hier unterliegt der Nationalpark keiner Nutzung und die Baumriesen dürfen umfallen und für Pilze, Insekten und Höhlenbrüter neuen Lebensraum bilden. An einem Abzweig an einer Bank bleiben wir geradeaus auf dem breiten Weg. An der Infotafel der Fuchsfarm, die hier einst betrieben wurde, gehen wir halb rechts auf dem kleinen Weg weiter. Am Parkplatz **E Fuchsfarm** wartet schon eine rustikale Brotzeit auf die Wanderer.

Tipp

WILDKATZENGEHEGE HÜTSCHERODA

Im Nationalpark Hainich leben scheue Wildkatzen, die im Wald kaum ein Besucher zu sehen bekommt. Im Wildkatzengehege stehen die Gäste Auge in Auge mit Wildkatzen und Luchsen (Wildkatzenscheune Schloßstraße 4, 99820 Hörselberg-Hainich, Tel. 036254/86 51 80, www.wildkatzendorf.com).

INFO

Leicht | **13,8 km** | **210 Hm** | **4.00 Std.**

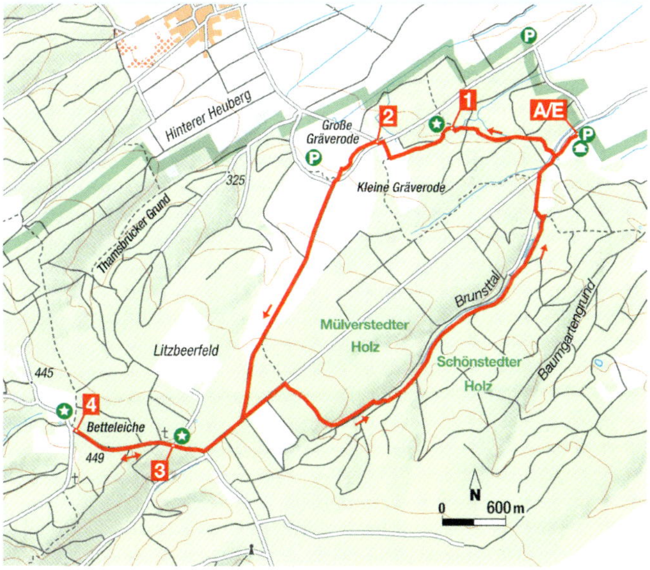

TOURENCHARAKTER

Leichte, meist schattige Wege und Pfade durch Wälder. Feste Wanderschuhe mit griffigen Sohlen sind angebracht.

AUSGANGS-/ENDPUNKT

Parkplatz Fuchsfarm, Triftchaussee, 99986 Mülverstedt, GPS 51°06'39.7"N 10°28'19.1"E (260 m)

ANFAHRT

ÖPNV: Mit der Bahn nach Eisenach und mit dem Bus Linie 160 und 154 nach Mülverstedt
Auto: Auf der A 4 Ausfahrt 40a Eisenach-Ost und auf der B 84 und L 1042 zum Parkplatz Fuchsfarm

GEHZEITEN

Fuchsfarm–Hünenteich 0:25 Std.–Wildkatzen-Kinderwaldspielplatz 0:15 Std.–Eiserne Hand 1:00 Std.–Betteleiche 0:20 Std.–Eiserne Hand 0:20 Std.–Fuchsfarm 1:40 Std.

EINKEHR

Gasthaus zum Braunen Hirsch, Straße der Einheit 12, 99986 Kammerforst, Tel. 036028/301 14, www.hainich-hotel.de

Brotzeit Fuchsfarm, Trift Chaussee, 99947 Mülverstedt, Tel. 036022/15 98 41

KARTE

54 Südliches Eichsfeld – Hainich – Werratal

INFORMATION

Am Schloß 2, 99947 Weberstedt, Tel. 036022/98 19 50, www.kultur-liebt-natur.de

HINWEIS

Weitere Informationen unter www.nationalpark-hainich.de

WANDERUNG ZU DREI BURGEN

Die unvergleichlichen Drei Gleichen

Das Burgenensemble im Thüringer Burgenland trägt drei sagenhafte Burgen, denn jede dieser äußerlich ungleichen Festungen ist mit dunklen Sagen behaftet. In etwa gleich gut ist an den Burgen die gute Aussicht über das Thüringer Burgenland.

10

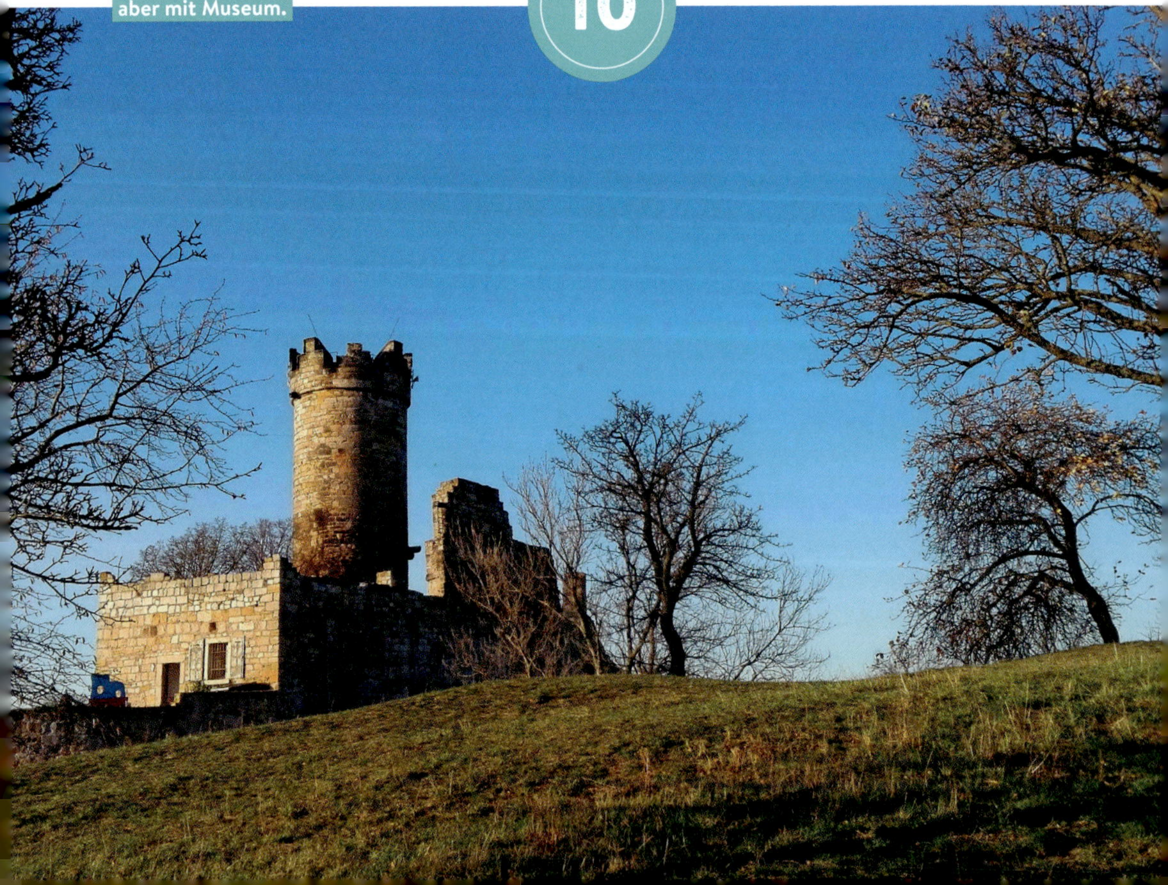

Die Mühlburg ist eine Ruine aber mit Museum.

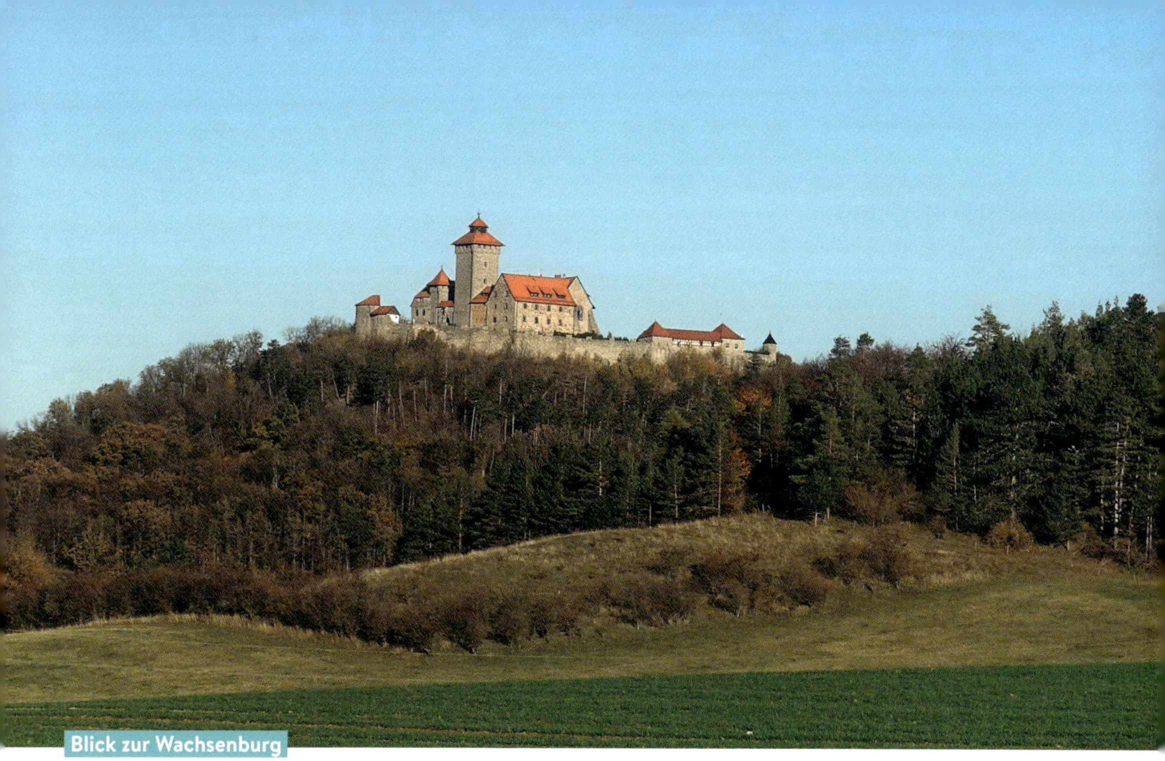

Blick zur Wachsenburg

Die Mühlburg und die Burg Gleichen sind nur noch Ruinen, aber die Wachsenburg bleibt als Hotel und Restaurant lebendig. Der Kugelblitz, der im Jahr 1231 nach einer Legende alle drei Burgen gleichzeitig in Brand gesetzt haben soll, war angeblich für die Bezeichnung Drei Gleichen ausschlaggebend.

AUF DIE MÜHLBURG Vom Parkplatz in der **A Töpfersgasse** in Mühlberg, dem wahrscheinlich ältesten Dorf Thüringens, starten wir nach Süden in den Ort hinein. Am Ende der Straße biegen wir rechts in die Haarhäuser Straße und an der Kreuzung links in die Thomas-Müntzer-Straße. Am Parkplatz vor dem Restaurant Schützenhof gehen wir auf der Burgstraße aufwärts und am Parkplatz vor dem Wasserbehälter links auf dem Treppenweg immer bergan zur **1 Mühlburg** hinauf. Die Entstehung der Burg soll auf das Jahr 531 zurückgehen. Sie diente dem Schutz der alten Handelsstraße zwischen Erfurt und Nürnberg. Der Niedergang der Burg fällt in die Zeit des Dreißigjährigen Kriegs. Auf dem Hügel vor der Burg sind die Grundmauern der Radegundiskapelle aus dem 12. Jahrhundert zu sehen.

AUF DIE WACHSENBURG Der Weg zur Wachsenburg verläuft auf dem Kamm der Schloßleite, wobei es zwei Wege sind, die sich wieder treffen. Die Spur erweist sich als Grenzweg mit Grenzsteinen, auf denen das Mainzer Rad und die Jahreszahl 1777 eingemeißelt sind, denn das Land gehörte seit dem 12. Jahrhundert dem Erzbistum Mainz. Schließlich leitet der Weg hinauf auf eine Anhöhe mit einem überdachten Picknickplatz mit dem Namen Wachsenburgblick. Hier laufen wir auf dem asphaltierten Geh- und Radweg in Richtung Holzhausen weiter. An einer Kreuzung in einer Senke bleiben wir geradeaus auf dem Erdweg in Blickrichtung Wachsenburg steil aufwärts über die Wiese. Am Waldrand steigen wir geradeaus auf einem kleinen Pfad nach oben zum Aussichtspunkt Gleichentalblick. Von hier aus sind die Mühlburg und die Burg Gleichen zu

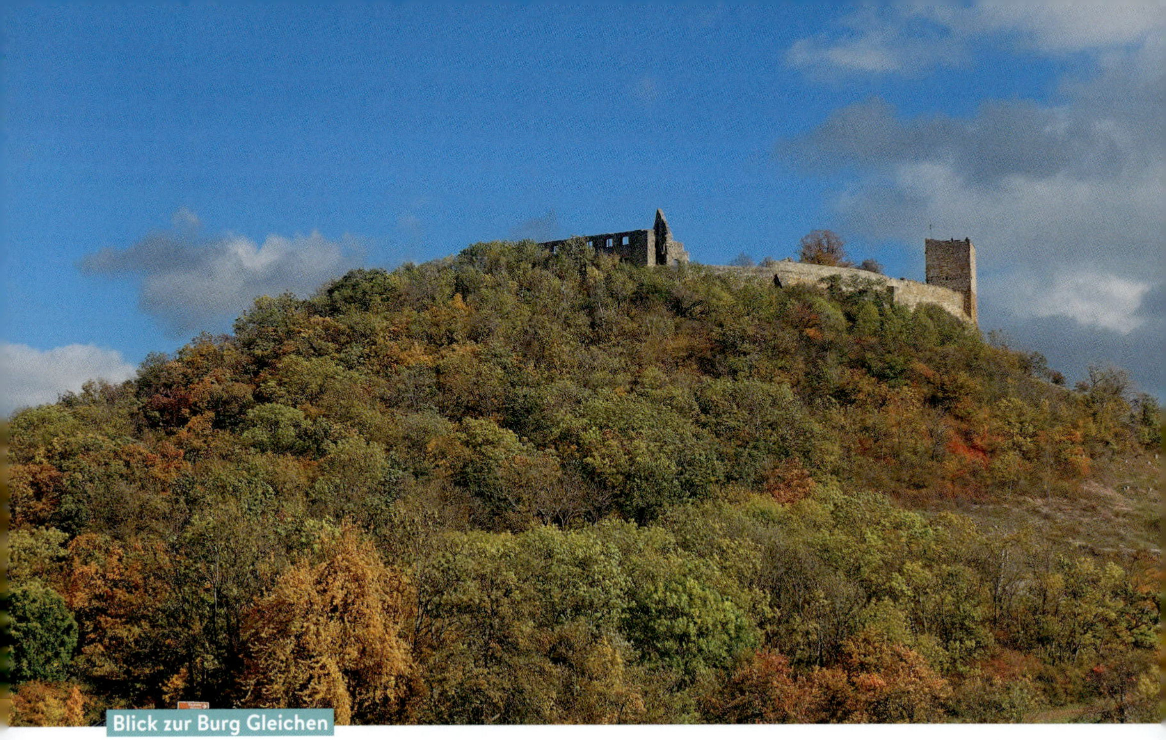

Blick zur Burg Gleichen

sehen. Die kahlen Badlands entstanden durch Erosion. Auf der Asphaltstraße oder auf dem steileren Schotterweg steigen wir zur **2 Wachsenburg** hinauf. Die Burg wurde im 10. Jahrhundert errichtet und im Dreißigjährigen Krieg stark beschädigt, aber im 17. Jahrhundert wiederaufgebaut. Der 93 Meter tiefe Brunnen stammt aus dieser Zeit. Heute befindet sich in der privaten Burg ein Hotel und Restaurant. Die Burg ist ein beliebtes Wanderziel und auch zugänglich.

AUF DIE BURG GLEICHEN Von der Wachsenburg geht es über den Aussichtspunkt auf gleichen Wegen wieder abwärts. Unterhalb des Aussichtspunkts bleiben wir geradeaus in Richtung Alabasterbruch und an der Gabelung am Grundstück mit einem Bienenstand rechts auf dem Erdweg hinunter. An der Kreuzung in der Senke mit dem asphaltierten Radweg gehen wir nun rechts und dann in einem kurzen Abstecher rechts hinauf in den **3 Alabasterbruch**. Wir erfahren auf der Informationstafel, dass Alabaster eine Form des Gipses ist. Der weitere Weg verläuft idyllisch im Waldrand. An einem Wegweiser in freiem Feld geht es rechts und am nächsten Wegweiser links und dann wieder rechts, jeweils in Richtung Gräfenbrunnen. An einer T-Kreuzung müssen wir nach links an dem Weiher vorbei, der aus einem Torfstich entstand. Der **4 Gräfenbrunnen** ist eine Karstquelle, die im Mittelalter die Wasserversorgung der Burg Gleichen bildete. Dafür hatten Lastesel zu sorgen. Höchstens mit einem Rucksack beladen machen wir uns von der Quelle geradeaus auf den Weg in Richtung Burg Gleichen. Nach der Autobahn kommen wir zur Gaststätte Freudenthal, die einst ein Vorwerk der Burg Gleichen war. Hier wenden wir uns neben der Straße nach links und dann auf dem Weg aufwärts zur **5 Burg Gleichen** aus dem 11. Jahrhundert. Sie sollte ebenfalls die Handelsstraße zwischen Erfurt und Nürnberg schützen. Auf der Burg Gleichen spielt die Sage vom Grafen mit zwei Frauen, wovon heute noch ein Bett für drei Personen zeugen soll.

ZUR TÖPFERGASSE Auf dem Weg von der Burg können wir an einem Abzweig mit weißen Pfeilen an den Bäumen links zur Straße hinuntersteigen. Am Schild für den Gustav-Freitag-Weg gehen wir links genau in Blickrichtung Mühlburg. Der Weg schwenkt nach rechts und bald geht es unter der Autobahn hindurch. Gleich nach dem Tunnel wandern wir links in Richtung Sportschießanlage. Dann biegen wir rechts ab und kommen hinter der Tankstelle vorbei direkt zum Parkplatz **E Töpfergasse** in Mühlberg zurück.

Tipp

DER MÜHLBERGER SPRING

Der Spring ist eine Karstquelle, die früher sieben Mühlen mit Wasser versorgte. Die Herkunft des Wassers lässt sich nicht ergründen. Die Quelle friert nie zu und hält das ganze Jahr eine Temperatur von 8 °C. Eine Sage erzählt, eine Nixe wohne in der Quelle und der Spring versiege bei bevorstehendem Unglück (Am Spring 2, 99869 Mühlberg).

INFO

Leicht | **12,8 km** | **280 Hm** | **4.00 Std.**

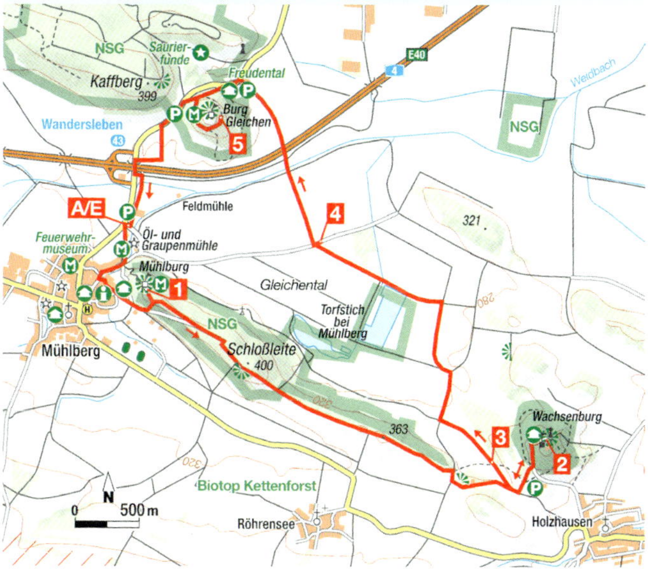

TOURENCHARAKTER

Leichte, meist sonnige, bei Nässe aber matschige Wege durch Wälder und Felder, im Ortsgebiet auf Straßen. Feste Wanderschuhe mit griffigen Sohlen sind angebracht.

AUSGANGS-/ENDPUNKT

Parkplatz Töpfersgasse, 99869 Drei Gleichen, GPS 50°52'21.3"N 10°49'48.1"E (275 m)

ANFAHRT

ÖPNV: Mit der Bahn nach Gotha und mit dem Bus Linie 870 nach Mühlberg
Auto: Auf der A 4 Ausfahrt 43 Wandersleben und auf der L 2163 nach Mühlberg

GEHZEITEN

Töpfersgasse–Mühlburg 0:10 Std.–Wachsenburg 1:10 Std.–Alabasterbruch 0:15 Std.–Gräfenbrunnen 0:45 Std.–Burg Gleichen 0:50 Std.–Töpfersgasse 0:50 Std.

EINKEHR

Gasthof Weißes Roß, Markt 3, 99869 Drei Gleichen-Mühlberg, Tel. 036256/804 58, www.weisses-ross-muehlberg.de

Restaurant Schützenhof, Burgstraße 5, 99869 Mühlberg, Tel. 036256/850 00, www.pension-schuetzenhof.de

KARTE

63 Zentral-Thüringen

INFORMATION

Thomas-Müntzer-Straße 4 b, 99869 Mühlberg, Tel. 036256/228 46, www.gemeinde-drei-gleichen.de

HINWEIS

Möglichst Wochenenden meiden

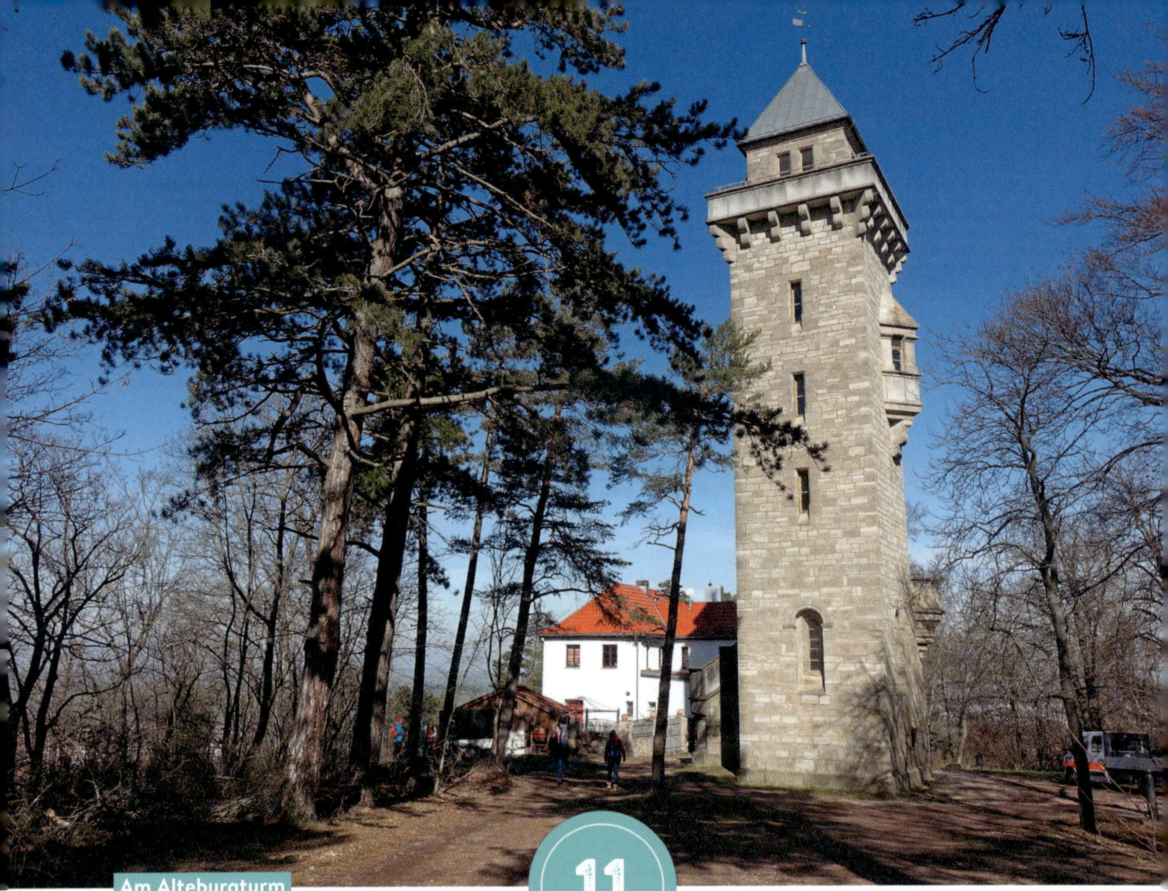
Am Alteburgturm

11

ZUM WALPURGIS-KLOSTER

Mystische Ruine über Arnstadt

Arnstadt ist die älteste Stadt Thüringens und demzufolge mit reicher Geschichte und Sehenswürdigkeiten gesegnet. Außerhalb der Region eher unbekannt sind die im Wald auf dem Walpernberg versteckten, geheimnisvollen Grundmauern des Walpurgisklosters.

Im Mittelalter lag das Walpurgiskloster weitab von der geschäftigen Stadt in der Einsamkeit der Reinsberge. Der Alltag der Ordensschwestern muss ein karges Leben gewesen sein. Heutzutage ist der mystische Platz ein beliebtes Ausflugsziel für die Arnstädter Spaziergänger.

ZUM WALPURGISKLOSTER Am Parkplatz auf dem **A Wollmarkt** orientieren wir uns am Fischtor aus dem 17. Jahrhundert, das einst die Einfahrt in den Schlossgarten war. Gegenüber dem Fischtor verlassen wir den Parkplatz nach Südosten auf der Brücke über die Gera und biegen gleich nach rechts auf den Gehweg ein. Unser Weg setzt sich auf der Straße Am Kupferrasen fort und wir überqueren am **1 Bahnübergang** die Schienen. Nun folgen wir dem Weg zur Fasanerie und kommen an einer Straßengabelung zum Tierpark, an dem wir links hinaufgehen. Vor dem Parkplatz geht es rechts und dann links in Richtung Walpurgiskloster aufwärts durch den Buchenwald. An einer runden Gabelung müssen wir rechts bergan zum ehemaligen **2 Walpurgiskloster**. Vor der Gründung des Klosters um das Jahr 1100 war an dieser Stelle schon eine keltische Festung. Das Kloster wurde 1309 in die Stadt

Tipp

SCHLOSSMUSEUM ARNSTADT

Die weltweit einzigartige Puppenstadt „Mon plaisir" der Fürstin Auguste Dorothea von Schwarzburg-Arnstadt ist ein Vergnügen. Mit fast 400 Figuren werden über 80 Szenen dargestellt. Außerdem sind chinesische, japanische und Meißener Porzellane zu sehen (Schlossplatz 1, 99310 Arnstadt, Tel. 03628/60 29 32, www.kulturbetrieb-arnstadt.de/neuespalais.html).

↓ Alte Papiermühle an der Liebfrauenkirche
↘ Der Schlossturm in Arnstadt

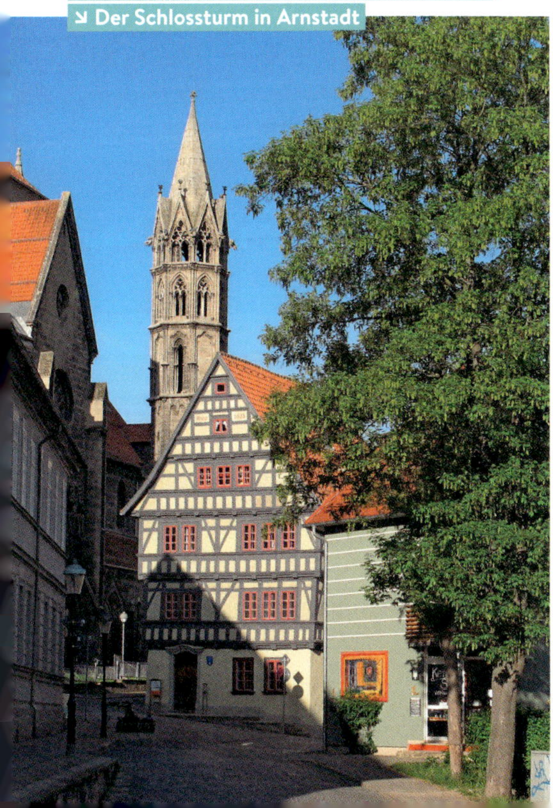

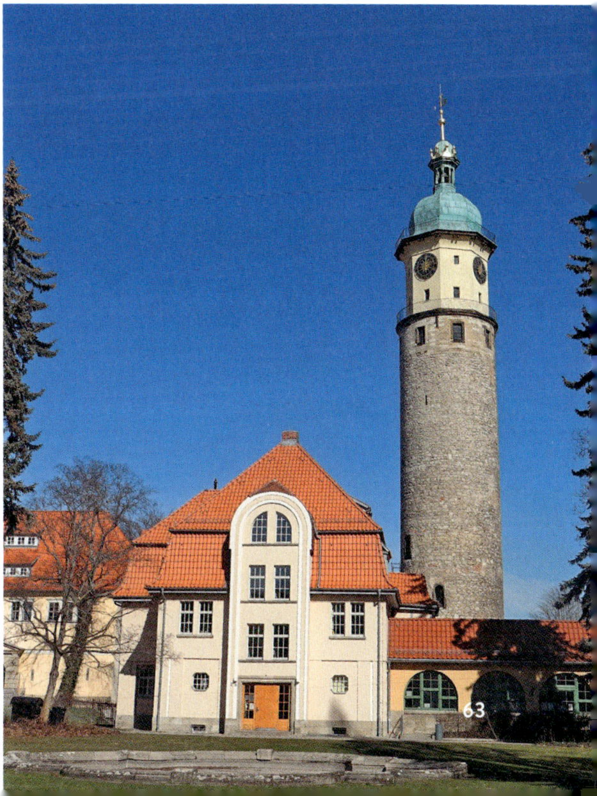

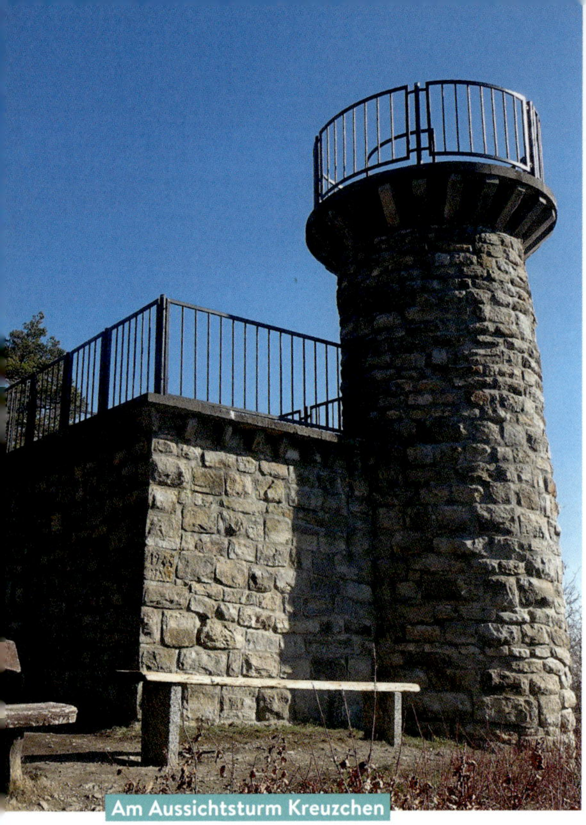

Am Aussichtsturm Kreuzchen

verlegt und die Gebäude wurden abgebrochen. Geblieben ist ein stiller mystischer Ort.

ZUM AUSSICHTSTURM KREUZCHEN Wir gehen den Weg zurück abwärts, aber nun an der runden Gabelung rechts, und kommen im Hopfengrund zum Tierpark hinunter. Nach 150 Metern auf der Straße Weg zur Eremitage gehen wir links auf dem kleinen Bahnübergang über die Schienen, halten uns am Haus Nummer 33 rechts und überqueren auf der Brücke das Flüsschen Gera. Auf dem Lohmühlenweg laufen wir links und ab der Gabelung rechts auf dem Weg zur Triglis-Mühle durch die weiten Talwiesen der Gera. Schließlich fügt sich der Geh-und Radweg in die B 4 ein, an deren Rand wir noch 100 Meter bis kurz vor die **3 Bushaltestelle Siegelbach** laufen.

Noch vor der Bushaltestelle steigen wir rechts entlang der Hecke den Hang hinauf und oben rechts in Richtung Alteburgturm. An zwei Abzweigen bleiben wir jeweils rechts und stoßen auf eine Forststraße, die wir aber sofort wieder nach rechts auf den kleinen Pfad verlassen. Der Aussichtsturm **4 Kreuzchen** bietet einen Ausblick auf die gegenüberliegenden Reinsberge und nach Süden in das Tal der Gera über Siegelbach in den Thüringer Wald.

ZUM AUSSICHTSTURM SCHNECKCHEN
Der Pfad führt uns weiter an der Geländekante des Muschelkalkplateaus Alteburg zwischen Jonastal und Geratal nach Nordosten. Wir kommen vorbei an historischen Orten wie ehemaligen kleinen Steinbrüchen, mittelalterlichen Weinbergen und an der prähistorischen Schwedenschanze, die während der Steinzeit, Bronzezeit und Eisenzeit besiedelt war. Arnstadt war vom 13. bis 18. Jahrhundert einer der bedeutendsten Weinanbauorte Thüringens. Der kuriose Aussichtsturm **5 Schneckchen** erlaubt einen Blick über Teile Arnstadts und in das Tal der Gera.

ZUM ALTEBURGTURM Nun wandern wir immer am Waldrand entlang, an der Straße links aufwärts und vor dem Funkturm rechts zum **6 Alteburgturm**, der bestiegen werden kann. Von oben besteht die schönste Aussicht über Arnstadt.

ZUM WOLLMARKT Vom Turm steigen wir die Treppen hinab und kommen an der Straße zu einem Denkmal, von dem eine weitere Treppe genau zum Neutorturm aus dem 15. Jahrhundert hinabführt. Die Neutorgasse nach dem Turm setzt sich geradeaus in der Kohlgasse fort. Das Haus Kohlgasse Nummer 7 ist die ehemalige Wohnstätte der Musikerfamilie Bach.
Am Ende der Kohlgasse biegen wir rechts auf den Markt mit dem schmucken

Renaissance-Rathaus aus dem 17. Jahrhundert. Gegenüber ist das Bachdenkmal, das den berühmten Musiker wohl in seiner »Lümmel-Zeit« darstellt. Links von den schönen Arkadenhäusern schlendern wir an der Bachkirche vorbei abwärts und laufen am Hopfenbrunnen halbrechts in der Zimmerstraße weiter. Am Ende müssen wir nach links auf den Schlossplatz mit Blick auf den Schlossturm, der auch bestiegen werden kann. Auf der Neideckstraße nach rechts erreichen wir schließlich wieder den Parkplatz auf dem **E Wollmarkt**. Ein längerer Bummel durch die Stadt ist sehr lohnenswert. Schmale pittoreske Gassen, Türme und die herrliche romanisch-gotische Liebfrauenkirche aus dem 12. und 13. Jahrhundert begeistert die Besucher.

INFO

TOURENCHARAKTER
Leichte, meist schattige Wege und Pfade durch Wälder und Wiesen, im Ortsgebiet auf Straßen. Feste Wanderschuhe mit griffigen Sohlen sind angebracht.

AUSGANGS-/ENDPUNKT
Parkplatz Wollmarkt, 99310 Arnstadt, GPS 50°50‘04.2“N 10°57‘15.8“E (275 m)

ANFAHRT
ÖPNV: Mit der Bahn nach Arnstadt
Auto: Auf der A 71 Ausfahrt 14 Arnstadt-Süd und auf der L 1048 zum Wollmarkt

GEHZEITEN
Wollmarkt–Bahnübergang 0:20 Std.–Walpurgiskloster 0:25 Std.–Bushaltestelle Siegelbach 1:00 Std.–Kreuzchen 0:30 Std.–Schneckchen 0:15 Std.–Alteburgturm 0:15 Std.–Wollmarkt 0:25 Std.

EINKEHR
Berggasthaus Alteburg, Alteburg 3, 99310 Arnstadt, Tel. 03628/450 61, www.alteburg-arnstadt.de
Stadtbrauerei Arnstadt, Brauhausstraße 1–3, 99310 Arnstadt, Tel. 03628/60 74 00, www.hotelpark-arnstadt.de

KARTE
63 Zentral-Thüringen

Leicht | 10,9 km | 210 Hm | 3.10 Std.

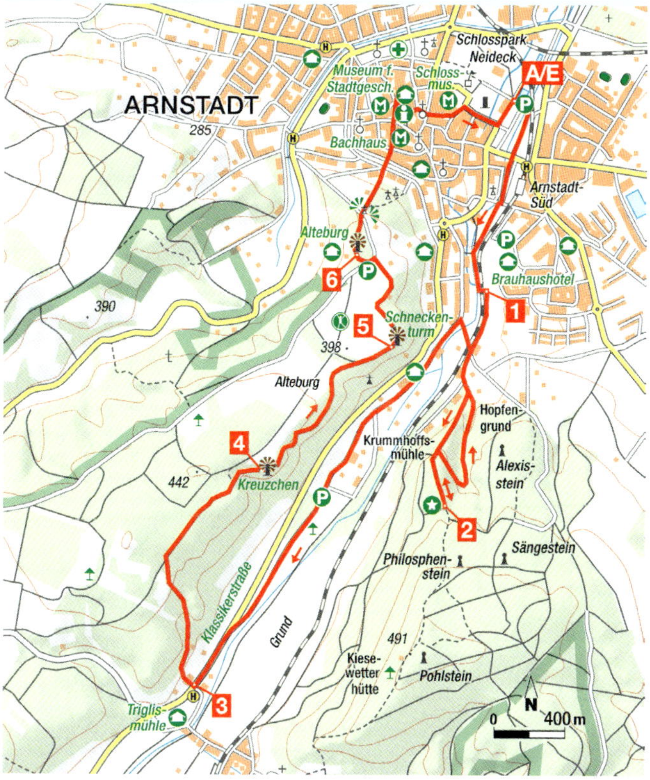

INFORMATION
Markt 1, 99310 Arnstadt, Tel. 03628/60 20 49, www.arnstadt.de

HINWEIS
Möglichst Wochenenden meiden

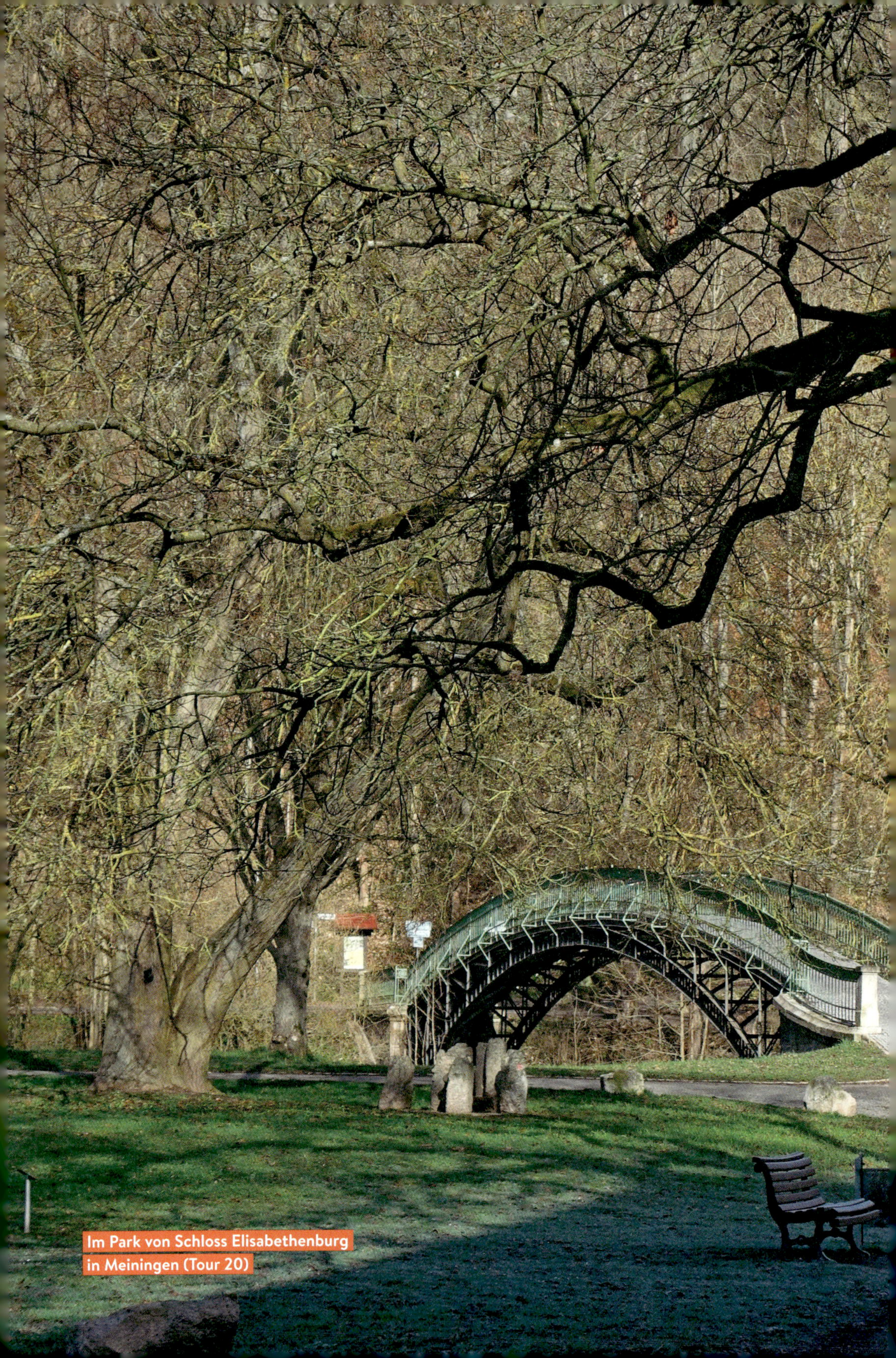

Im Park von Schloss Elisabethenburg
in Meiningen (Tour 20)

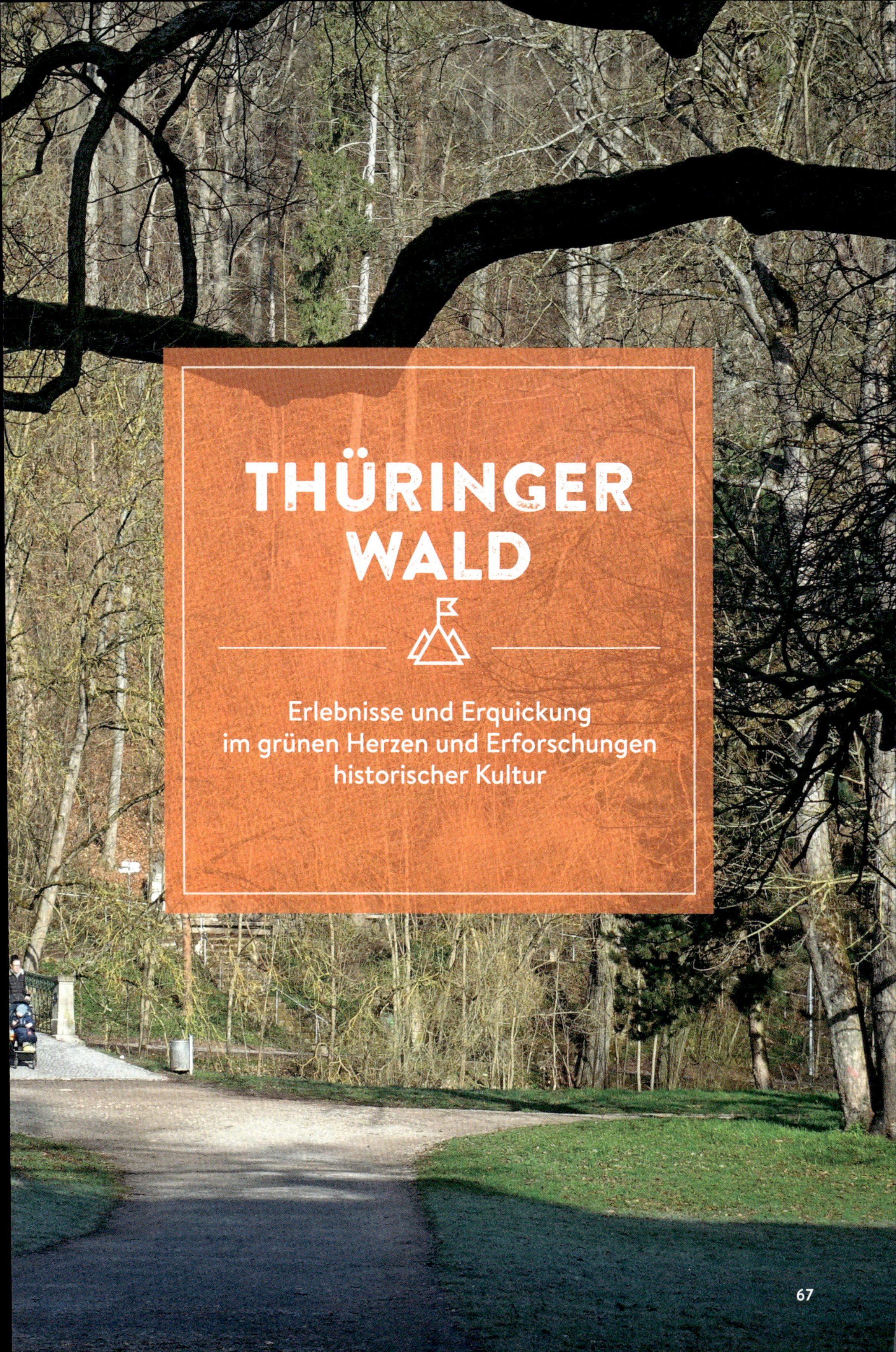

THÜRINGER WALD

Erlebnisse und Erquickung
im grünen Herzen und Erforschungen
historischer Kultur

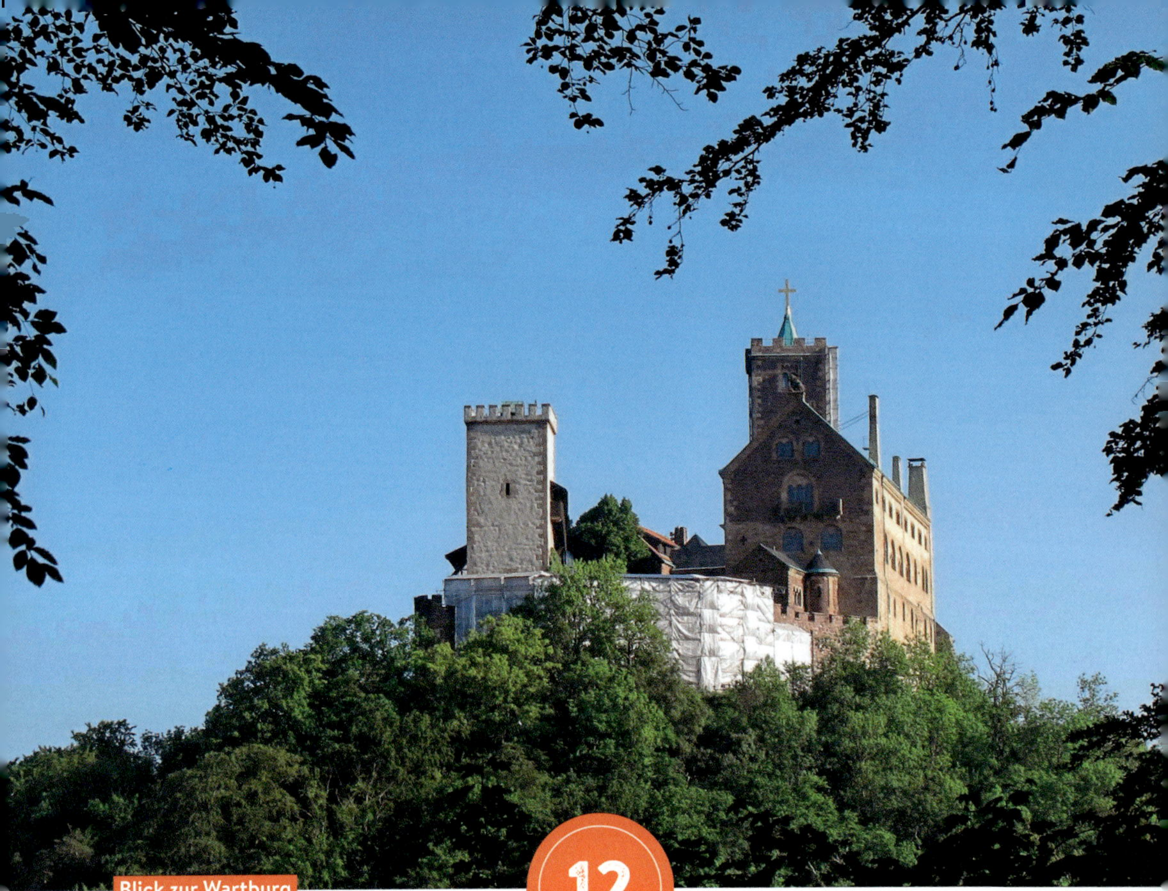

Blick zur Wartburg

12

EISENACHER HÖHEPUNKTE

UNESCO-Weltkulturerbe Wartburg und Drachenschlucht

Die Wartburg gehört zu den Höhepunkten deutscher Kultur. Sie gilt als Geburtsort der Lutherbibel. Die Sage vom Sängerkrieg auf der Wartburg erlangte durch Richard Wagners Tannhäuser Weltruhm. Die Drachenschlucht zählt zu den eindrucksvollsten Geodenkmälern Deutschlands.

Die Altstadt Eisenachs ist sehenswert, die Wartburg sowieso. Die zahlreichen Aussichten am Weg sind einfach fantastisch und die Wanderung durch die wildromantische Klamm wird zum unvergesslichen Erlebnis. 250 Millionen Jahre hatte das Wasser Zeit, die Drachenschlucht und die Landgrafenschlucht in die roten Felsen zu schneiden.

AUF DIE WARTBURG Vom **A Bahnhof** Eisenach beginnen wir die Wanderung auf der Bahnhofstraße nach Westen in Richtung Stadtmitte durch das Nikolaitor. Die beeindruckende Nikolaikirche am Tor ist eine beachtenswerte romanische Basilika. Nach dem Nikolaitor steht auf dem Karlsplatz das Lutherdenkmal. Der Sockel zeigt in Reliefs Stationen seines Lebens. Nach der Bushaltestelle schlendern wir rechts auf der Karlstraße zum Markt mit der Georgenkirche aus dem 12. Jahrhundert und Stadtschloss. In der Georgenkirche wirkten Martin Luther und Johann Sebastian Bach. Im Süden der Kirche steht am Lutherplatz 8 das Lutherhaus. Vom Markt gehen wir auf der Seite des Stadtschlosses auf der Georgenstraße weiter nach Nordwesten zur Stadtbibliothek auf der linken Seite, die im historischen **1 Hellgrevenhof** untergebracht ist. Mit dem Entstehungsjahr 1260 ist es das älteste Bürgerhaus Eisenachs. Hinter dem Hellgrevenhof laufen

Tipp

DER SÄNGERKRIEG

Gemäß einer Sage fand im 13. Jahrhundert auf der Sängerwiese der berühmte Sängerkrieg statt, in dem auch Walther von der Vogelweide und Wolfram von Eschenbach gegeneinander antraten. Richard Wagner schuf aus dieser Vorlage den Tannhäuser. 1847 trafen sich bei einem Sängerfest 28 Chöre mit über 1200 Sängern zu einem erneuten Sängerwettstreit.

↓ Das Lutherdenkmal auf dem Karlsplatz
↘ Am Nikolaitor in Eisenach

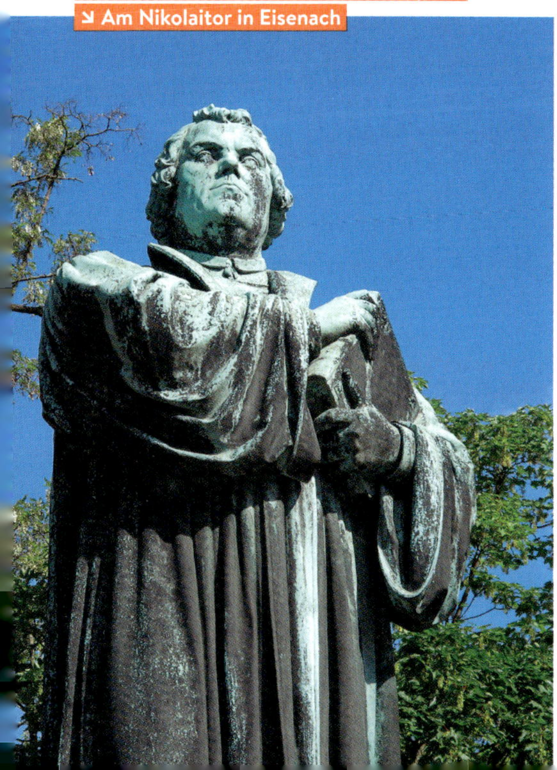

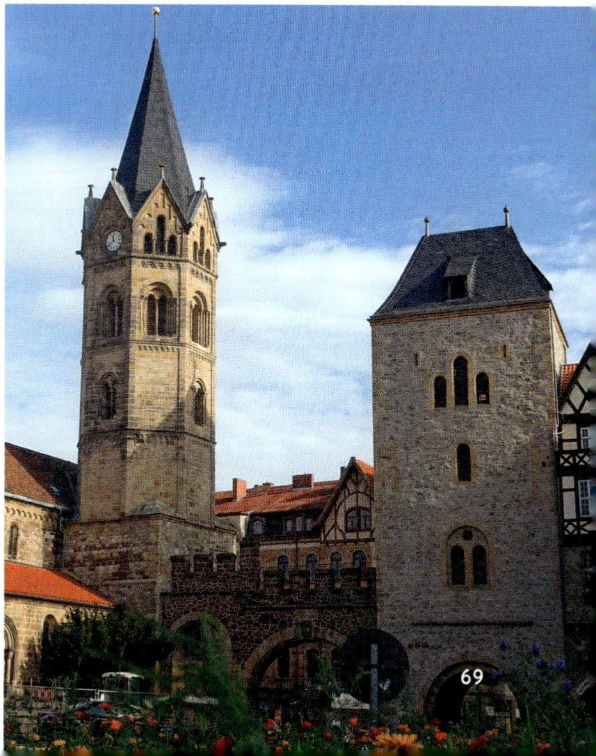

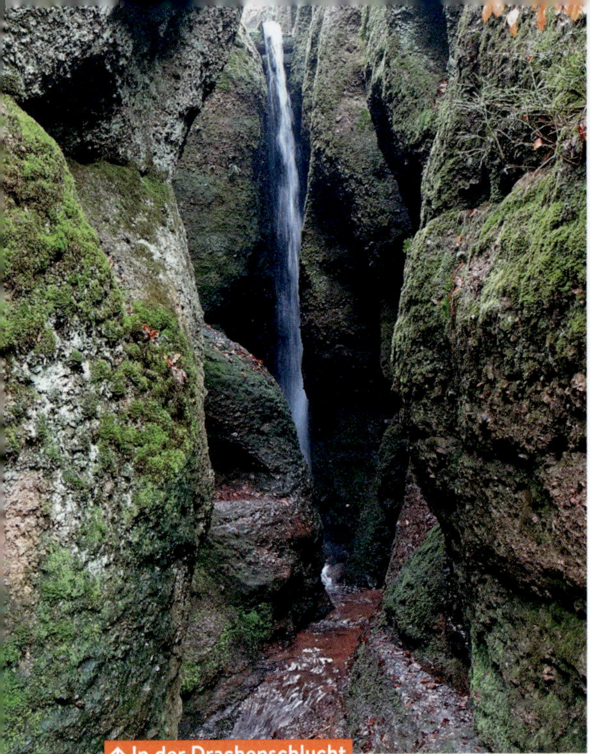

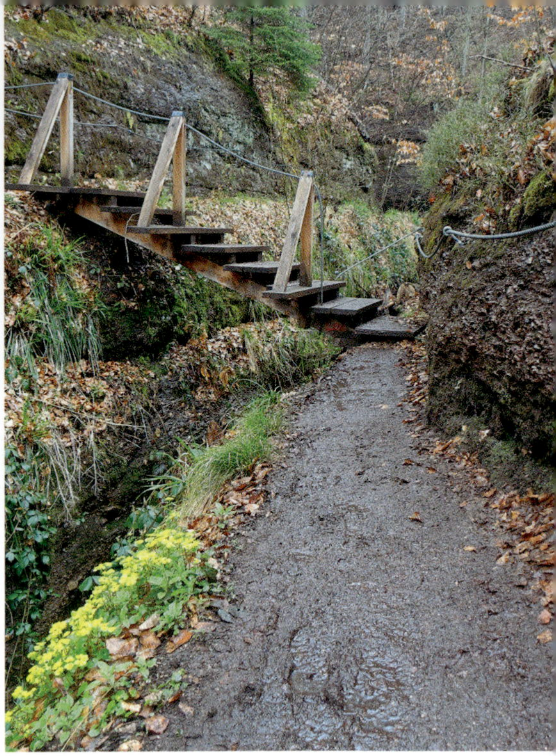

↑ In der Drachenschlucht
↗ In der Landgrafenschlucht

wir an den Resten des Storchenturms und an der Kreuzkirche vorbei nach Südosten. Auf der Straße Schloßberg müssen wir rechts und bleiben in Richtung Wartburg auf dem Lutherweg immer geradeaus aufwärts.
Die **2 Wartburg** wurde um das Jahr 1067 gegründet und gilt als Dreh- und Angelpunkt deutscher Kultur. Das Museum beherbergt Kunstschätze aus acht Jahrhunderten.

ZUR HOHEN SONNE Von der Wartburg halten wir uns auf dem Lutherweg nach Süden in Richtung **3 Sängerwiese** und weiter abwärts zum Eingang der Drachenschlucht an der B 19. Die wildromantische Klamm entstand über Jahrmillionen durch die Kraft des Bachs. Sie verengt sich schließlich bis auf 68 Zentimeter Breite. Die glitzernden Wassertropfen auf den Moosen schaffen magische Stimmungen. Nach drei Kilometern treffen wir oben am Ende der Schlucht auf die Passstraße am Übergang **4 Hohe Sonne**.

ZUM GROSSEN DRACHENSTEIN Am Parkplatz überqueren wir die B 19 und laufen halb links auf der Weinstraße in Richtung Marienblick. Die Weinstraße war im Mittelalter eine bedeutende Handelsstraße zwischen Eisenach und Fulda. Am Marienblick können wir zur Wartburg hinüberschauen. An einer Kreuzung geht es später links zur Landgrafenschlucht hinab, aber zuerst machen wir einen Abstecher rechts hinauf zum Aussichtspunkt auf dem **5 Großen Drachenstein**. Bei guter Sicht ist der Inselsberg zu sehen.

ZUM BAHNHOF Nun also zurück und an der Kreuzung mit der Markierung grüner Punkt fast geradeaus abwärts in die Landgrafenschlucht hinunter. Die Schlucht ist auch sehr beeindruckend, wenn auch nicht so eng wie die Drachenschlucht. Am Ende treffen wir wieder auf die B 19 und laufen parallel dazu nach Nordosten und kommen am

Traditionslokal **6 Phantasie** und am Prinzenteich vorbei. An der großen Kreuzung mit dem Reuterweg und der Kurstraße queren wir die B 19 geradeaus in die Marienstraße zum Frauenplan. An dem Platz stehen links das Bachhaus und das Bachdenkmal. Im Museum finden stündlich Livekonzerte auf historischen Instrumenten statt. Weiter geht es nach Norden auf der Straße Frauenberg über den Johannisplatz, an dessen Ende rechts mit der Nummer 9 das nur 2,05 Meter breite Fachwerkhaus, »Handtuch« genannt, steht. Geradeaus weiter auf der Johannisstraße und wir sind gleich am Karlsplatz, von dem durch das Nikolaitor die Bahnhofstraße zum **E Bahnhof** zurückleitet.

INFO

TOURENCHARAKTER

Leichte, meist schattige Wege und Pfade durch Wälder, im Stadtgebiet auf Straßen. Feste Wanderschuhe mit griffigen Sohlen, Trittsicherheit und etwas Schwindelfreiheit erforderlich

AUSGANGS-/ENDPUNKT

Parkplatz Bahnhof, Bahnhofstraße 35, 99817 Eisenach, GPS 50°58'34.7"N 10°19'52.9"E (215 m)

ANFAHRT

ÖPNV: Mit der Bahn nach Eisenach
Auto: Auf der A 4 Ausfahrt 40a Eisenach-Ost und auf der B 84 und B 19 zum Bahnhof Eisenach

GEHZEITEN

Bahnhof–Hellgrevenhof 0:20 Std.–Wartburg 0:30 Std.–Sängerwiese 0:20 Std.–Hohe Sonne 1:15 Std.–Großer Drachenstein 0:30 Std.–Phantasie 1:00 Std.–Bahnhof 0:45 Std.

EINKEHR

Waldhaus Sängerwiese, Sängerwiese 1, Tel. 03691/20 32 72
Grillhütte Zur Hohen Sonne, 99817 Eisenach-Hohe Sonne
Restaurant Café Bootsverleih Prinzenteich, Mariental 19, 99817 Eisenach, Tel. 03691/21 00 60, www.restaurant-prinzenteich.de

Leicht | 15,7 km | 390 Hm | 4.40 Std.

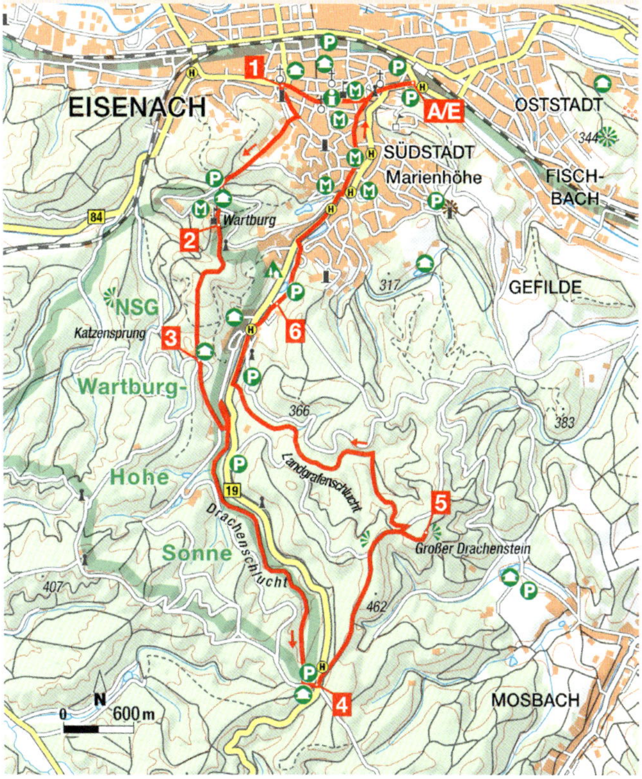

KARTE

55 Westlicher Thüringer Wald

INFORMATION

Markt 24, 99817 Eisenach, Tel. 3691/792 30, www.eisenach.info

HINWEIS

Wochenenden meiden

UM DAS KELTENDORF SÜNNA

Zur keltischen Festung auf dem Öchsenberg

Der Keltenweg um den Dietrichsberg und auf die Basaltkuppe Öchsen erobert den einst wichtigen Wachposten der Kelten. Die Schanze auf dem nördlichsten Gipfel der Rhön überwachte Handelsstraßen und Grenzgebiete. Das Keltendorf zeigt das Leben in der Eisenzeit vor 2600 Jahren.

Nachempfundene Bauten im Keltendorf

13

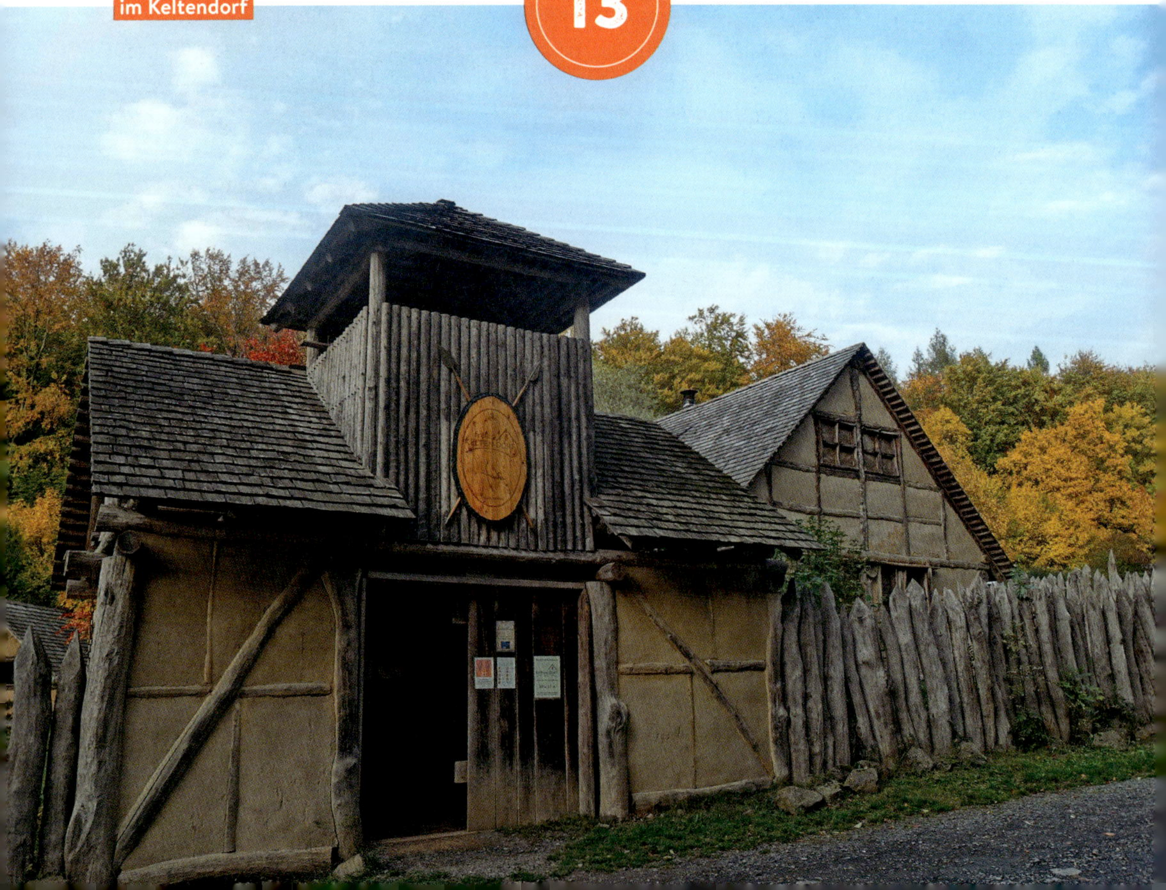

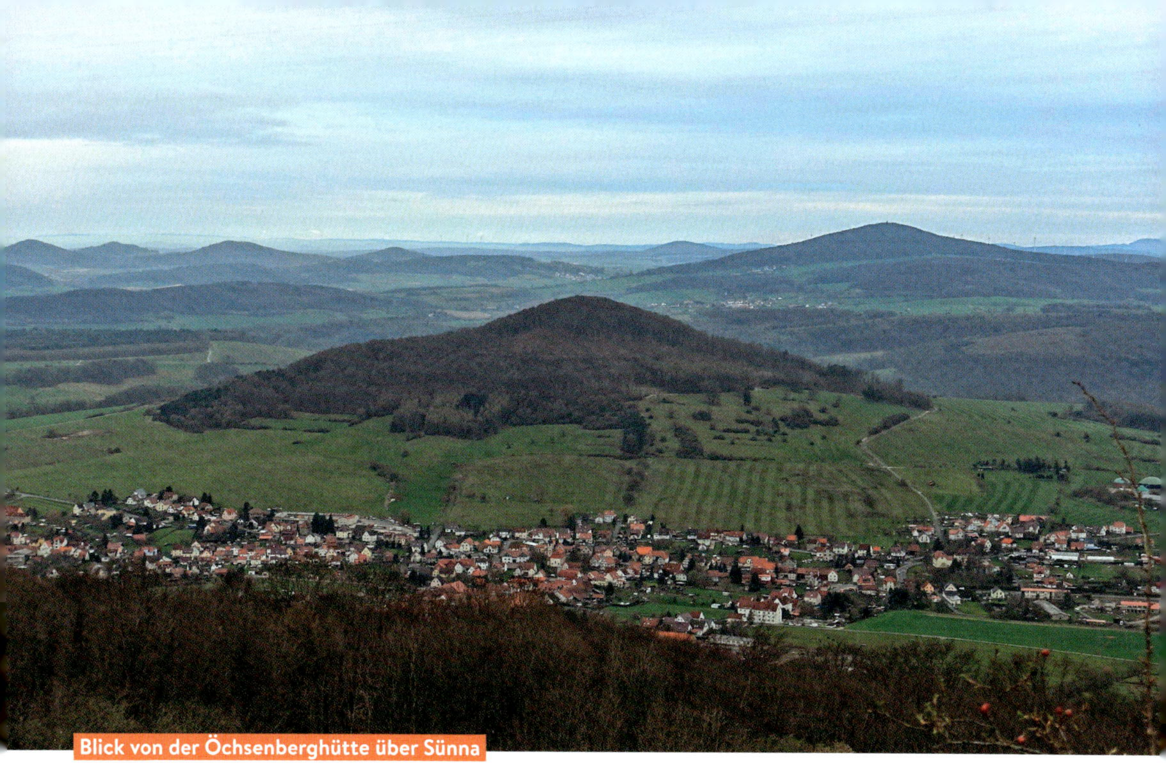

Blick von der Öchsenberghütte über Sünna

Schon die rätselhaften Kelten verwendeten die Basaltsäulen auf dem Öchsenberg, um ihre Wallanlagen zu bauen. Die Befestigung auf dem Öchsen schützte eine keltische Siedlung, die in der Region eine überragende Bedeutung hatte. Heute ist der Öchsen mit seinem keltischen Gipfelkreuz ein Wanderziel mit 360°-Panorama.

ZUR ÖCHSENBERGHÜTTE Vom Parkplatz am **A Wendeplatz** starten wir die Wanderung nach Osten auf der Forststraße am Wasserbehälter vorbei aufwärts in Richtung Öchsenberg. Nach 400 Metern sehen wir rechts unten durch die Bäume das Kelten-Hotel und das Keltendorf, das wir auf dem Rückweg besuchen werden. 300 Meter nach dem Hotel steigen wir an der Kreuzung links in Richtung Paulinenquelle hinauf. Auf einer Forststraße geht es links weiter aufwärts. An einem Picknickplatz ist die **1 Paulinenquelle**, die einzige Quelle am Öchsenberg, die von keltischen Wällen beschützt wurde.

Von der Quelle folgen wir dem Keltenpfad aufwärts, gehen an einer T-Kreuzung rechts hinauf und an einer zweiten T-Kreuzung links bergan in Richtung Öchsenberg-Gipfel. Schließlich erreichen wir in Serpentinen des breiten Wegs des Basaltabbaus auf einer ebenen Fläche die **2 Öchsenberghütte**. Das Beste an dem Platz ist die Aussicht nach Westen auf Sünna und den Ulsterberg dahinter. Weiter links stehen die Kuppen der Rhön, das sogenannte Hessische Kegelspiel und weiter rechts die riesige Kalihalde bei Hattdorf. Noch weiter rechts sind im Hintergrund die Kalihalde Wintershall und die sehenswerte historische Stadt Vacha. Der gesamte Gipfelbereich des Öchsenbergs ist vom Basaltabbau geprägt. Vor mehr als elf Millionen Jahren durchbrach der Vulkan die Buntsandsteinschichten und bildete den glockenförmigen Berg aus. Der Vulkanschlot mit seinen markanten Basaltsäulen trat durch Verwitterung an die Oberfläche. Vor 2500 Jahren bauten die Kelten auf dem Öchsenberg eine der größten befestigten Siedlungen

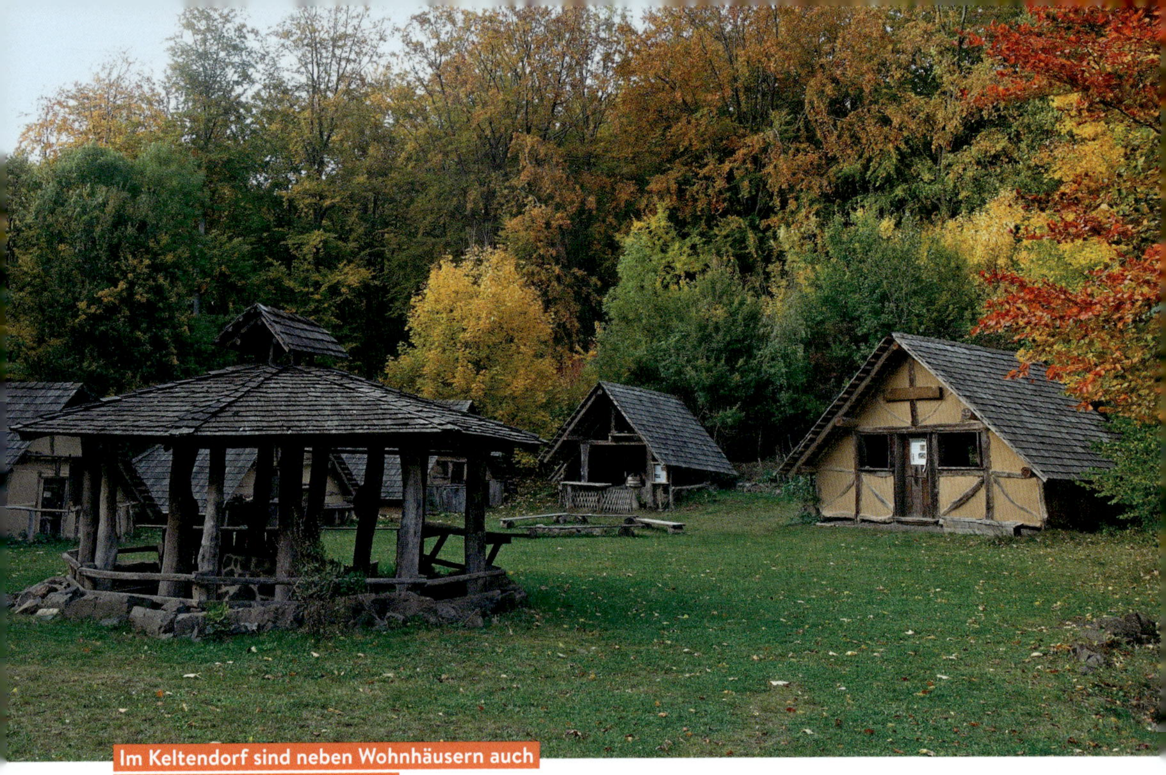

Im Keltendorf sind neben Wohnhäusern auch Werkstätten nachempfunden.

überhaupt und nutzten die Basaltsäulen zum Bau der Wälle, die dann durch den Basaltabbau weitgehend abgetragen wurden.

ZUR GROSSEN BASALTBRUCHWAND Natürlich steigen wir hinter der Öchsenberghütte noch zum höchsten Punkt mit dem Keltenkreuz hinauf und genießen die Rundumsicht. Dann geht es auf gleichem Weg wieder hinab. Jetzt bleiben wir aber bei der engen Rechtskehre auf dem breiten Weg in Richtung Große Basaltbruchwand abwärts. Fast 500 Meter nach der Kehre können wir an einem Picknickplatz einen kurzen Abstecher zum Aussichtspunkt 3 **Basaltbruchwand** machen. Die Felswand aus Basaltsäulen ist faszinierend und lässt einen Einblick in das Innere eines Vulkans zu. Hier wird die Masse des jahrzehntelangen Basaltabbaus sichtbar.

ZUM KELTENDORF Auf dem breiten Weg schlendern wir weiter abwärts. Nach einem Kilometer bleiben wir an einer Kreuzung geradeaus ohne Markierung und ohne Wegweiser bergab. Beachtenswert sind die ausgedehnten Zahnwurz-Buchenwälder, in denen die seltene Türkenbundlilie und Orchideen

Tipp

GEHEIMNISVOLLE KELTEN

Urnengräber beweisen die Existenz der keltischen Kultur in Europa bereits 1250 vor Christus. Die Kelten waren nie ein homogenes Volk. Es waren unabhängige Stämme, deren Sitten und Sprache aufgrund ihres indogermanischen Ursprungs verflochten waren. Heutigen Wissenschaftlern stellt sich die keltische Kultur durchaus immer noch als rätselhaft dar.

vorkommen. Im zeitigen Frühjahr ist der Boden mit Waldbingelkraut bedeckt. Im Rahmen des UNESCO-Biosphärenreservats Rhön wurde der Öchsenberg unter Naturschutz gestellt, denn am Berg leben auch Uhus. Weiter unten erreichen wir einen **4 Picknickplatz** vor freien Wiesen. Vor uns steht der Dietrichsberg, auf dem noch immer Basalt gebrochen wird. Vom Picknickplatz wenden wir uns nach rechts und schlüpfen dann durch das Gartentor des Kelten-Hotels. Über den Parkplatz am Hotel vorbei sind wir am interessanten **5 Keltendorf**. Obwohl das mit Holzpalisaden umgebene Keltendorf historisch nachempfunden ist, stellt es das Leben der Kelten auf anschauliche Weise dar. Durch das Torhaus mit Wehrturm betreten wir den Innenbereich mit Langhaus, Handwerker- und Wohnhäusern und überdachter Feuerstätte (keltenwelt-rhoen.de/erlebnisse/5-das-keltendorf-suenna). Auf der Zufahrtstraße des Hotels kommen wir schließlich zum Parkplatz am **E Wendeplatz** zurück.

INFO

Leicht | **6,4 km** | **230 Hm** | **2.10 Std.**

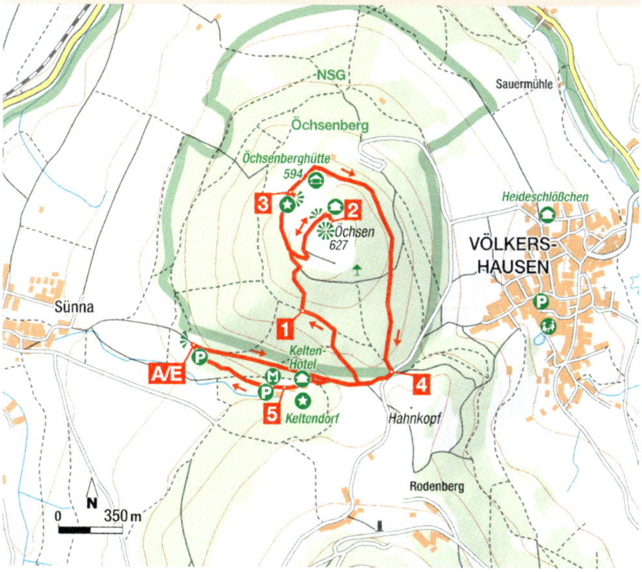

TOURENCHARAKTER
Leichte, meist schattige Wege und Pfade durch Wälder und Ödland. Feste Wanderschuhe mit griffigen Sohlen sind angebracht.

AUSGANGS-/ENDPUNKT
Parkplatz Wendeschleife Goldene Aue, Oechsenbergstraße, 36404 Sünna, GPS 50°47'43.7"N 10°00'58.8"E (375 m)

ANFAHRT
ÖPNV: Mit der Bahn nach Eisenach und mit dem Bus Linie 110 nach Sünna
Auto: Auf der A 4 Ausfahrt 33 Friedewald und auf der B 62 und L 2604 nach Sünna

GEHZEITEN
Wendeplatz–Paulinenquelle 0:35 Std.–Öchsenberghütte 0:25 Std.–Basaltbruchwand 0:20 Std.–Picknickplatz 0:30 Std.–Keltendorf 0:10 Std.–Wendeplatz 0:10 Std.

EINKEHR
Kelten-Hotel, Goldene Aue 1, 36404 Unterbreizbach-Sünna, Tel. 036962/26 70, www.keltenhotel.de

Öchsenberghütte, Rhönklub Vacha, Tel. 036962/210 09, www.rhoenklub-vacha.de (nur Sonn- und Feiertag)

KARTE
52 Vordere Rhön-Thüringische Rhön

INFORMATION
Bahnhofstraße 21, 36404 Vacha, Tel. 036962/26 10, www.vacha.de

VARIANTE
Die Wanderung kann auf den gesamten Keltenweg mit 17 Kilometern erweitert werden.

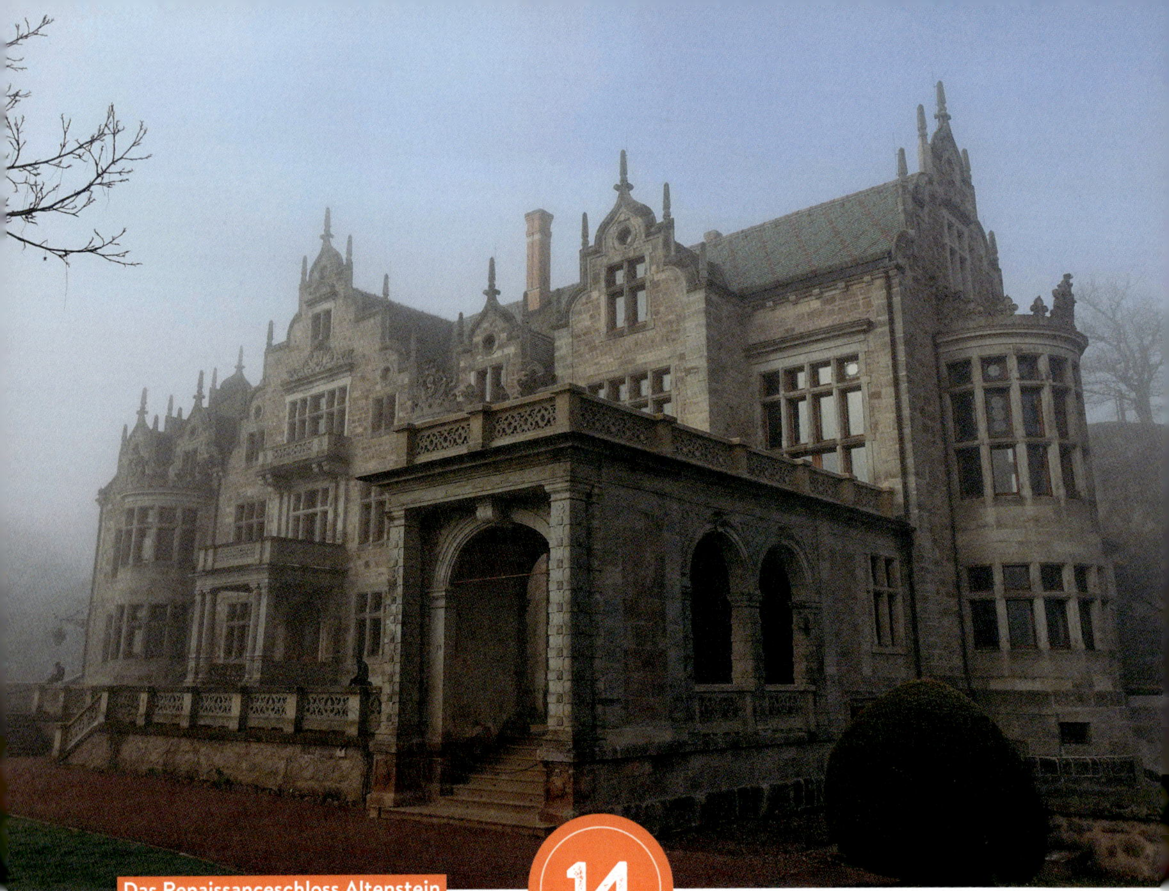

Das Renaissanceschloss Altenstein

14

IM SCHLOSSPARK ALTENSTEIN

Sagenhafte Felsen und Bäume in mystischem Nebel

Zu den Schaustücken um Bad Liebenstein gehört der Landschaftsgarten Altenstein mit seinem Schloss, denn er zählt zu den schönsten Parks in Deutschland. Um 1800 wurden bei der Anlage des Parks vorhandene Felsen und Landschaftselemente romantisch inszeniert.

Im 18. Jahrhundert war das Schloss Altenstein mit dem romantisierten Park die Sommerresidenz der Meininger Herzogsfamilie. Für den Besuch sei ein Tag mit Nebel empfohlen. Überraschende Baumgestalten und Felsen erzeugen mystische Erscheinungen und Stimmungen.

ZUM MORGENTOR Von dem Parkplatz und der **A Bushaltestelle** in Steinbach starten wir auf der Alten Bahnhofstraße nach Norden aufwärts. Am Markt steht links das Steinbacher Messerstübchen, das 700 Jahre Messermacherhandwerk in Steinbach hochhält. Vor dem Messerstübchen gehen wir links in die Straße Steiger und an der Gabelung rechts in die Straße Kallenbach hinauf. Am Pfarrhaus steigen wir die Treppe zur Kirche hoch. Vor der Kirche steht links die Heimatstube, die mit ihren Ausstellungsstücken das kulturelle Gedächtnis Steinbachs ist. Die jetzige Kirche stammt aus dem Jahr 1736. Der Friedhof oberhalb der Kirche gilt als einer der steilsten in Deutschland. Von weiter oben schauen wir über die Dächer Steinbachs. Wir steigen an der Heimatstube wieder hinunter und gehen in der Straße Steiger rechts in Richtung Bad Liebenstein. Auf der Straße Stieg geht es links und vor dem Spielplatz am Kindergarten rechts hinauf. Oben müssen wir auf der kleinen Straße links und nach 40 Metern auf dem

Tipp

DIE STEINBACHER KIRCHE

Die außen schlichte, innen auffallend prächtige Barockkirche in Steinbach wurde im 18. Jahrhundert erbaut. Der Innenraum ist im Stil des Spätbarocks und Rokoko gehalten und erscheint durch Illusionsmalerei reich ausgestattet. Ein Glanzstück ist die Barockorgel aus dem Jahr 1745 (ein Besichtigungswunsch ist anzumelden unter Tel. 036961/71277).

↓ Die Ritterkapelle steht auf einem bizarren Felsen.
↘ Am Aussichtspunkt Morgentau-Plateau

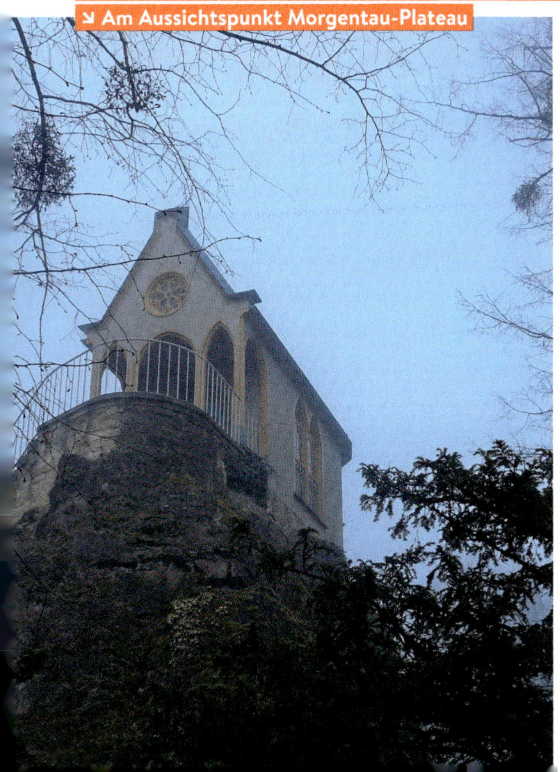

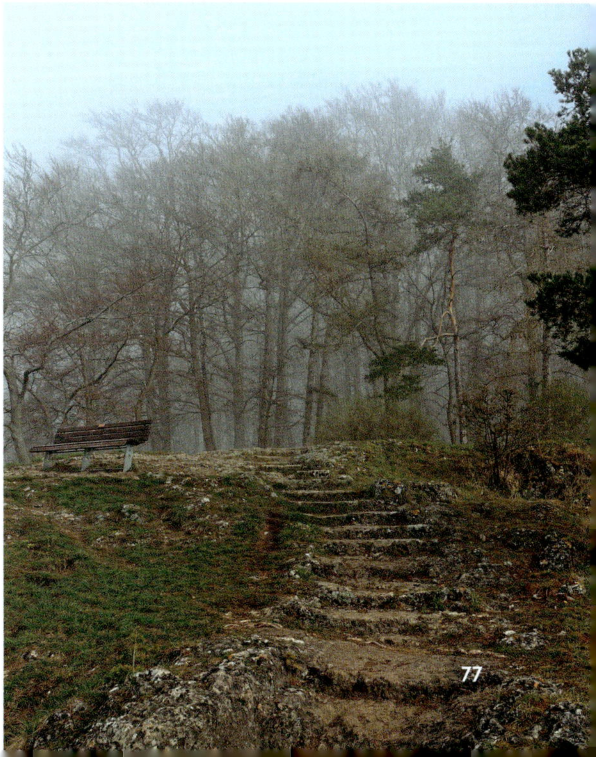

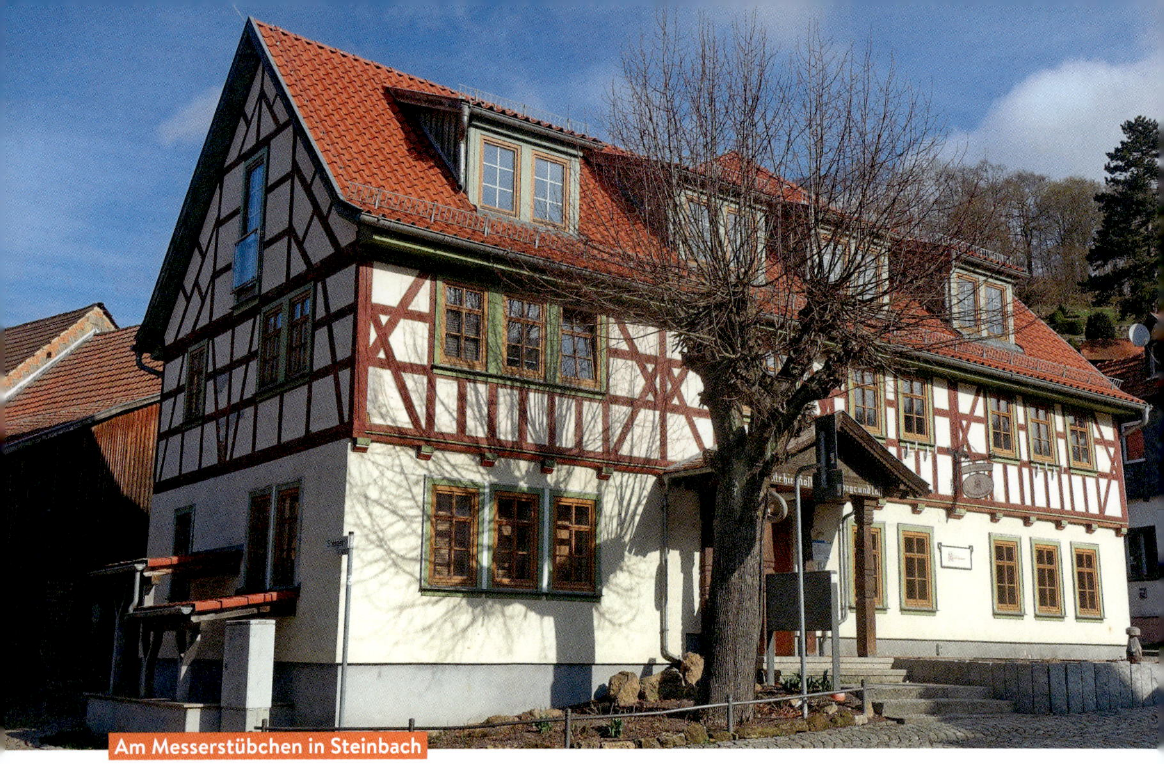

Am Messerstübchen in Steinbach

Treppenweg rechts hinauf zum Parkplatz **1 Steinbachblick** an der Glasbachstraße, der seinem Namen alle Ehre macht. Vom Parkplatz wenden wir uns nach zehn Metern links in Richtung Schloss Altenstein und bleiben immer geradeaus. Der 160 Hektar große Park Altenstein gehört zu den schönsten Landschaftsparks in Deutschland. Er überrascht mit altem Baumbestand, skurrilen Baumfiguren und massiven Zechsteinriff-Felsen. Aus diesen natürlichen Gegebenheiten wurde der romantische Schlosspark gestaltet und mit parkarchitektonischen Besonderheiten ausgestattet. Ein Besuch im Park, während die Sonne mit dem Nebel kämpft, lässt uns besondere mystische Stimmungen erleben. Schließlich biegt der Weg nach links auf das Felsenriff **2 Morgentor**, mit Aussicht über Bad Liebenstein, sofern sich der Nebel gelichtet hat.

ZUM SCHLOSS ALTENSTEIN Der Weg bietet weitere Überraschungen wie den riesigen Felsen Hohler Stein, auf dem ein chinesisches Häuschen errichtet wurde. Kurz danach steht auf der hohen Felsnadel Blumenkorbfelsen ein steinerner Blumenkorb. Schließlich senkt sich unser Weg hinunter zur Zufahrtsstraße, die wir am Ortsschild Altenstein überqueren. Durch das Gartentor betreten wir den inneren Schlosspark und steigen rechts hinauf zum markanten Bonifatiusfelsen. Wir gehen auf der anderen Seite hinunter und befinden uns auf dem Rondell vor dem Schloss, das links unten steht. Das **3 Schloss Altenstein** wurde 1736 im Stil der englischen Spätrenaissance erbaut. Schon die Herzöge von Sachsen-Meiningen erfreuten sich an der Schlosswiese mit Springbrunnen und an den Blumenbeeten, die heute wieder nach historischen Vorlagen gestaltet werden.

ZUM WASSERFALL Rechts vom Schloss gehen wir in Richtung Ritterkapelle abwärts. Der neugotische Bau wurde 1799 auf der steilen Felsenklippe erbaut und diente einer Freimaurerloge als Versammlungsort. Wir wandern auf dem Weg weiter abwärts und an den Häusern von Schweina rechts entlang und bleiben dann immer am Waldrand bis zum Waldteich im Luisenthal mit dem **4 Wasserfall**. Die Sennhütte, der kleine See und der Wasserfall sollten eine Alpenlandschaft darstellen.

NACH STEINBACH ZURÜCK Auf dem Rückweg richten wir uns auf dem ansteigenden Weg nach den Wegweisern Teufelsbrücke und Schloss. Am Schlossrondell gehen wir auf dem linken Weg zum Rundbau hinauf, in dem einst Marstall und Orangerie untergebracht waren. Die Kopfbauten des Rundbaus waren Kavaliershäuschen. Durch das Tor des Rundbaus kommen wir zur Straße und steigen gegenüber der Gaststätte Altenstein auf dem Lutherweg Richtung Steinbach hinauf. Wir bleiben immer geradeaus am Schweizerhaus vorbei und kommen genau zum Parkplatz **1 Steinbachblick**. Auf bekannten Treppenwegen geht es hinunter, wobei wir am Kindergarten links gehen und auf der Straße Steiger rechts bis zur Alten Bahnhofstraße durchlaufen können. Rechts unten sind wir dann am Parkplatz an der **E Bushaltestelle** zurück.

INFO

TOURENCHARAKTER

Leichte, meist sonnige Wege und Pfade durch Parkanlagen, im Ortsgebiet auf Straßen.

AUSGANGS-/ENDPUNKT

Parkplatz Bushaltestelle, Liebensteiner Straße, 36448 Steinbach, GPS 50°49'57.4"N 10°21'47.3"E (385 m)

ANFAHRT

ÖPNV: Mit der Bahn nach Eisenach und mit dem Bus Linie 195 und 41 zur Endhaltestelle Steinbach (www.wartburgmobil.info)
Auto: Auf der A 4 Ausfahrt 40a Eisenach-Ost und auf der B 84 und B 88 nach Steinbach

GEHZEITEN

Bushaltestelle Steinbach–Steinbachblick 0:25 Std.–Morgentor 0:20 Std.–Schloss Altenstein 0:30 Std.–Wasserfall 0:25 Std.–Steinbachblick 0:35 Std.–Bushaltestelle Steinbach 0:15 Std.

EINKEHR

Café Restaurant Altenstein, Altenstein 6, 36448 Bad Liebenstein, Tel. 036961/70 77 33, www.cafe-altenstein.de

Leicht | 11,3 km | 210 Hm | 3.30 Std.

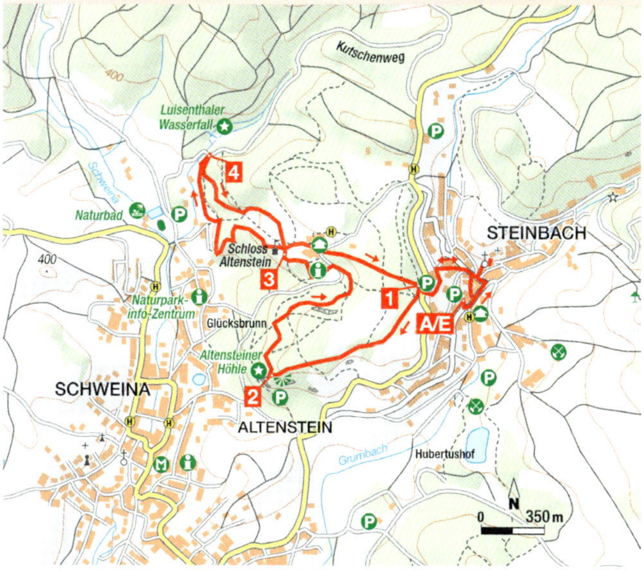

KARTE

55 Westlicher Thüringer Wald

INFORMATION

Herzog-Georg-Straße 16, 36448 Bad Liebenstein, Tel. 036961/693 20, www.bad-liebenstein.de

AUF DEN FALKENBURGSTEIN

Aussicht und sagenhafte Burgen über Seligenthal

Die Wanderung im Thüringer GeoPark bietet Einsichten in die Geologie der Region. Die Gestaltungsprozesse vor 550 Millionen Jahren bis heute werden in der Landschaft deutlich. Rätselhaft und undeutlich ist die Entstehungsgeschichte der abgegangenen Burgen.

15

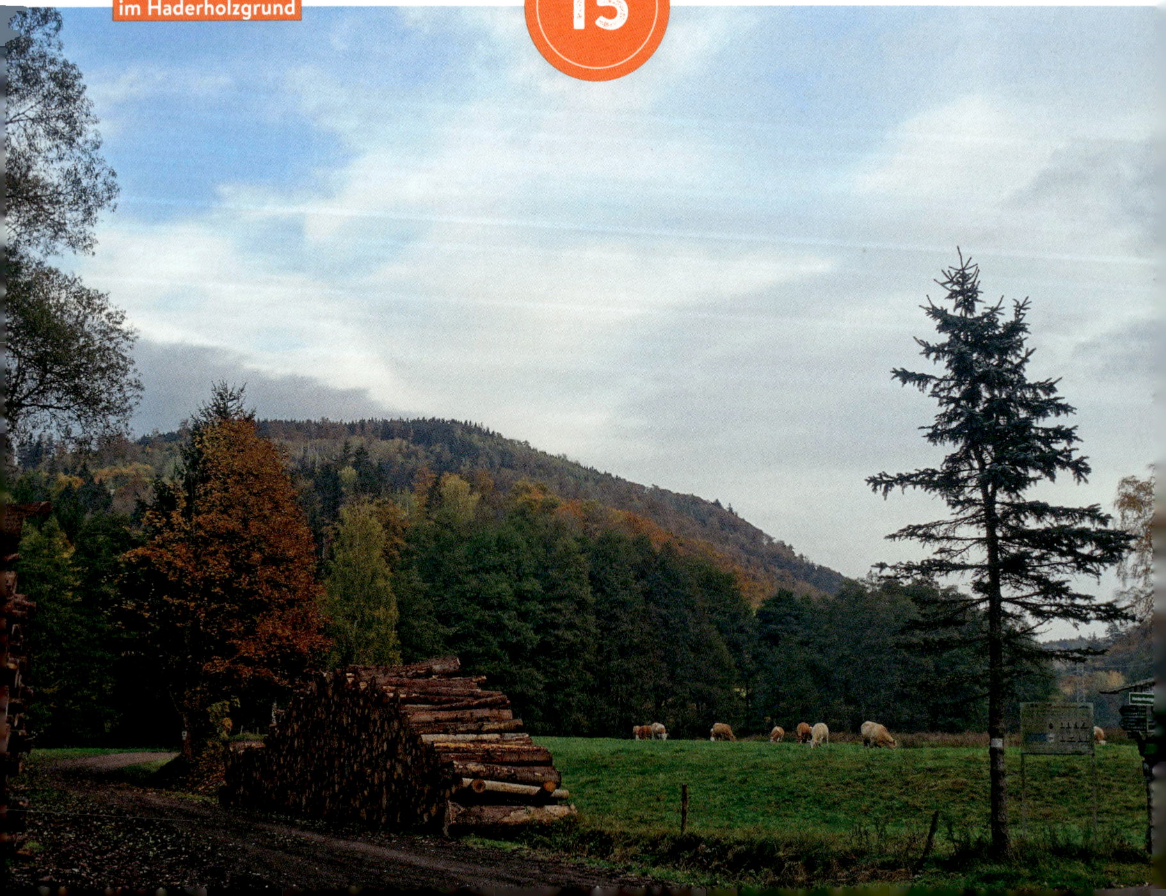

In den Viehweiden im Haderholzgrund

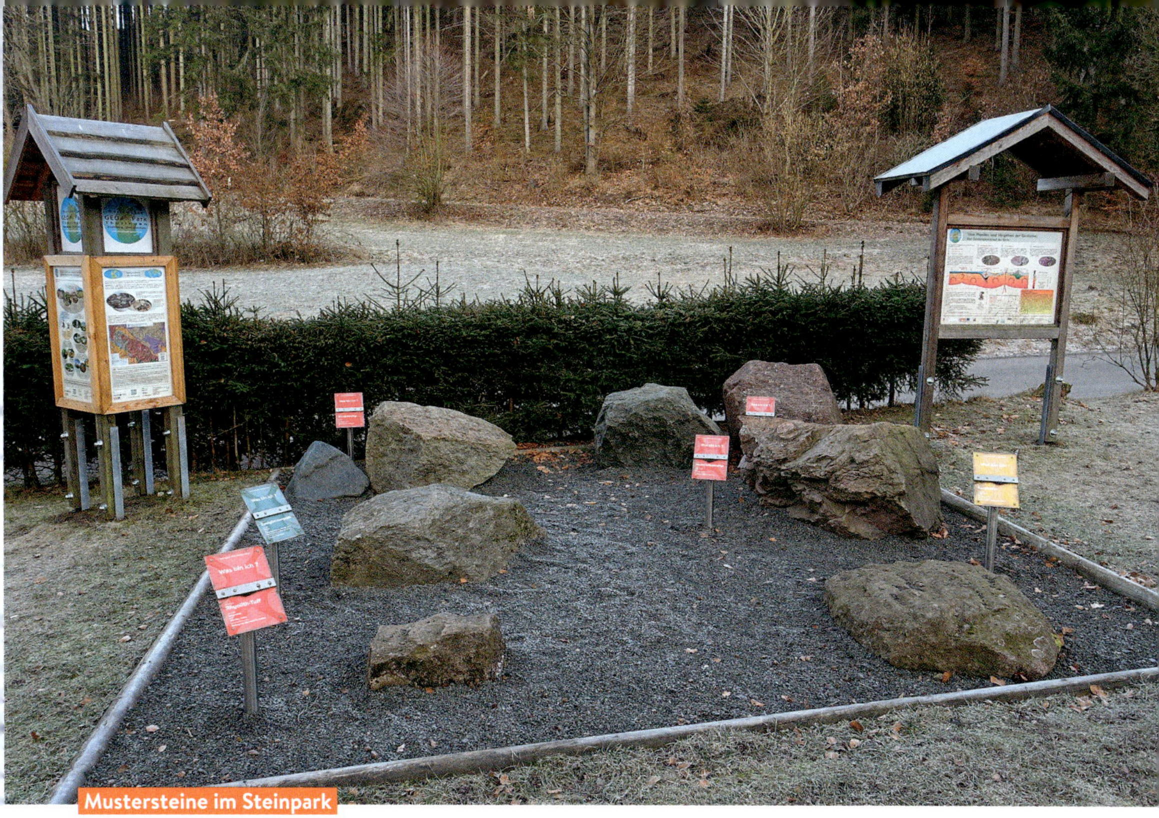

Mustersteine im Steinpark

Die Walddörfer des heutigen Floh-Seligenthal entwickelten sich im Mittelalter als Siedlungen, in denen der Bergbau eine Bedeutung hatte. Das Wandergebiet um den Ort liegt im »GeoPark Inselsberg–Drei Gleichen« und bietet geologisch Interessierten einige Höhepunkte.

ZUM GAKENSTEIN Der **A Wanderparkplatz Am Sportplatz** liegt hinter dem Eisenbahnviadukt der einstigen Bergbaulinie, der heute ein Radweg ist. Wir starten auf der Brücke über den Bach Silge nach Norden und wandern auf der Straße Am Sportplatz nach rechts in Richtung Haderholzstein. Vor einer Starkstromleitung ist rechts der alte Brunnen im Haderholz und ein Steinpark mit Mustern der Gesteine der Region. An einer Gabelung vor den Viehweiden im Haderholzgrund wählen wir den linken Weg. An der nächsten Gabelung laufen wir rechts zu einer dreifachen Weggabelung am **1 Gakenstein**.

AUF DEN HADERHOLZSTEIN Wir gehen auf dem linken Weg in moderater Steigung aufwärts mit der Markierung grüner Punkt in Richtung Gänseecke in das Tal des Weihersbachs. 80 Meter nach dem Picknickplatz Gänseecke steigen wir an der Kreuzung

Tipp

IM GEOPARK THÜRINGEN

Der »GeoPark Thüringen Inselsberg – Drei Gleichen« ist 700 Quadratkilometer groß. Die vorkommenden Gesteine stammen vom Riesenkontinent Pangäa. Im GeoPark wurden 17 Georouten mit verschiedenen Schwerpunkten angelegt. An den Wegen gibt es Steinparks, in denen die verschiedenen Gesteinsarten der Region gezeigt werden (www.geopark-thueringen.de).

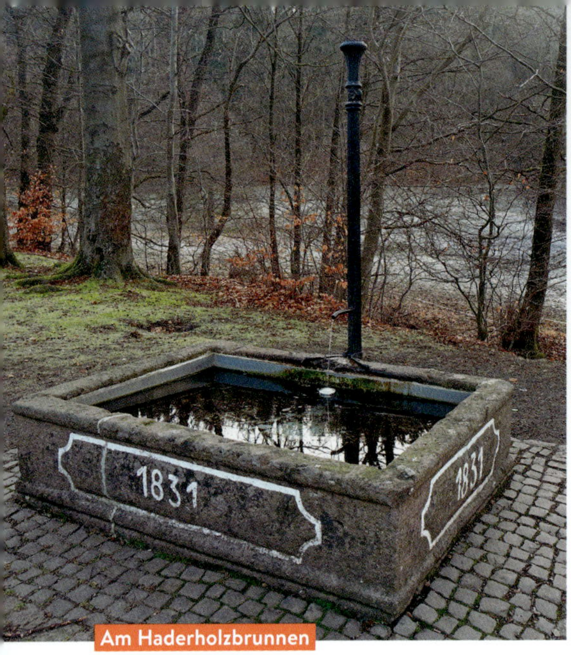

Am Haderholzbrunnen

rechts hinauf und nach 50 Metern in spitzem Winkel links aufwärts. Der riesige Felsen am Weg erweist sich als Haderholzporphyr. Nach dem Felsen halten wir uns rechts hinauf in Richtung Haderholzstein, immer entlang der Schmidts-Bergwiesen. An einer geräumigen Kreuzung auf einem Sattel zieht sich unser Weg rechts in Serpentinen hinauf auf den **2 Haderholzstein**, auf dem die Burgstelle Tamburg nachgewiesen wurde. Bei guter Sicht besteht hier phantastische Aussicht nach Süden, auch auf den Falkenburgstein, unser nächstes Ziel.

Tipp

SAGE VOM HADERHOLZ

Auf dem Falkenburgstein und auf dem Haderholzstein wurde die Existenz von Burgen nachgewiesen. Die Burgherren waren sich nicht gut gewogen. So wollten sie verhindern, dass sich ihre sich liebenden Kinder vereinigten. Schließlich haderten sie auch um ihr Holz. So entstand der Name Haderholzgrund.

ZUR RUINE FALKENBURGSTEIN Auf den Serpentinen steigen wir wieder abwärts bis zur Kreuzung auf dem Sattel und wenden uns mit der Markierung grüner Punkt rechts in Richtung Promenadenweg hinab. Bald rauscht links unten im Tal das Tambacher Wasser. In den steilen Hängen liegt irgendwo die geheimnisvolle Münzhöhle mit dunkler Geschichte. Fast unten im Talgrund müssen wir in spitzem Winkel links und nach 350 Metern ohne Markierung rechts zur **3 Brücke** über das Tambacher Wasser hinunter.

Nach der Brücke wandern wir nach links in Richtung Rennsteig. An einer Kreuzung, 50 Meter gegenüber einer neuen Hütte, bleiben wir ohne Wegweiser auf dem alten Waldweg geradeaus aufwärts. Der Weg endet an der modernen Forststraße, der wir rechts hinauf folgen. 20 Meter vor einem Picknickplatz stoßen wir auf den historischen Handelsweg Hohe Straße und wenden uns nach rechts. Nach 50 Metern ist rechts der große Porphyrfelsen, auf dem einst die Burganlage **4 Falkenburgstein** stand. Die frühgeschichtliche Burg diente dem Schutz der alten Handelsstraße. Zu sehen sind noch der Graben und ein Wall.

ZUR MASSKOPFHÜTTE Auf der Hohen Straße gehen wir mit der Markierung gelber Punkt abwärts und biegen nach 40 Metern links aufwärts in Richtung Maßkopf ab. An der Kreuzung auf einem Sattel bleiben wir links an einer Jagdkanzel vorbei geradeaus auf dem ebenen Weg. An der folgenden Kreuzung gehen wir rechts an der Schranke vorbei in Richtung Wanderhütte Maßkopf und bleiben an der Kreuzung vor dem aufgestellten Felsen geradeaus zur **5 Maßkopfhütte** mit hervorragender Aussicht über Floh-Seligenthal bis in die Rhön. Unten ist unser Ausgangspunkt, der Wanderparkplatz Am Sportplatz, zu sehen.

ZUM WANDERPARKPLATZ AM SPORTPLATZ Nur zehn Meter von der Hütte zurück, steigen wir links auf dem Pfad in Richtung Waldgaststätte Maßkopf hinunter. An der zweiten Bank nehmen wir den Steig rechts abwärts, überqueren eine Forststraße und kommen vor die **6 Waldgaststätte Maßkopf**, die leider geschlossen ist. Weiter abwärts bleiben wir mit Aussicht über Floh-Seligenthal immer auf dem breiten Weg und wenden uns erst an der Höhborn-Quellwiese mit der großen Panoramatafel auf der Friedensstraße in spitzem Winkel rechts hinab. Am Haus mit der Nummer 30 schlendern wir rechts in Richtung Haderholzstein und laufen vor einem Anwesen links über die Wiese schließlich hinunter zum **E Wanderparkplatz** zurück.

INFO

TOURENCHARAKTER

Leichte, meist schattige Wege und Pfade durch Wälder, im Ortsgebiet auf Straßen. Trittsicherheit und feste Schuhe mit griffigen Sohlen erforderlich.

AUSGANGS-/ENDPUNKT

Wanderparkplatz Am Sportplatz, 98593 Floh-Seligenthal, GPS 50°46'08.2"N 10°28'44.9"E (370 m)

ANFAHRT

ÖPNV: Mit der Bahn nach Gotha und mit dem Bus Linie 851 nach Floh-Seligenthal
Auto: Auf der B 19 Ausfahrt Schmalkalden und auf der L 1026 nach Floh-Seligenthal

GEHZEITEN

Parkplatz Am Sportplatz–Am Gakenstein 0:20 Std.–Haderholzstein 1:30 Std.–Brücke 0:40 Std.–Falkenburgstein 0:25 Std.–Maßkopfhütte 0:35 Std.–Waldgaststätte Maßkopf 0:10 Std.–Parkplatz Am Sportplatz 0:10 Std.

EINKEHR

Maßkopfhütte, 98593 Floh-Seligenthal, Tel. 03683/60 81 29
Gaststätte Feldschlößchen, Bahnhofstraße 38, 98593 Floh-Seligenthal, Tel. 03683/60 81 85

Leicht | 11,2 km | 490 Hm | 3.50 Std.

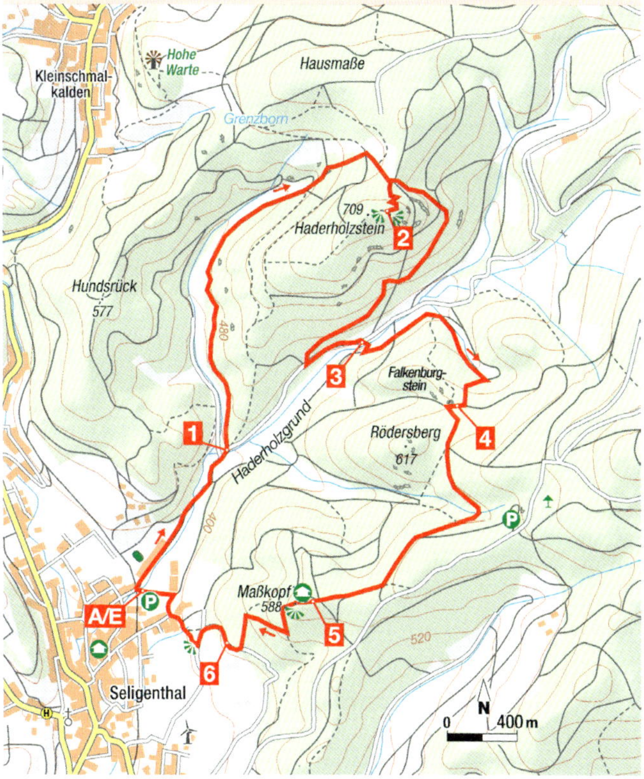

KARTE

58 Zentraler Thüringer Wald, Oberes Werratal

INFORMATION

Bahnhofstraße 4, 98593 Floh-Seligenthal, Tel. 03683/40 88 48, www.floh-seligenthal.de

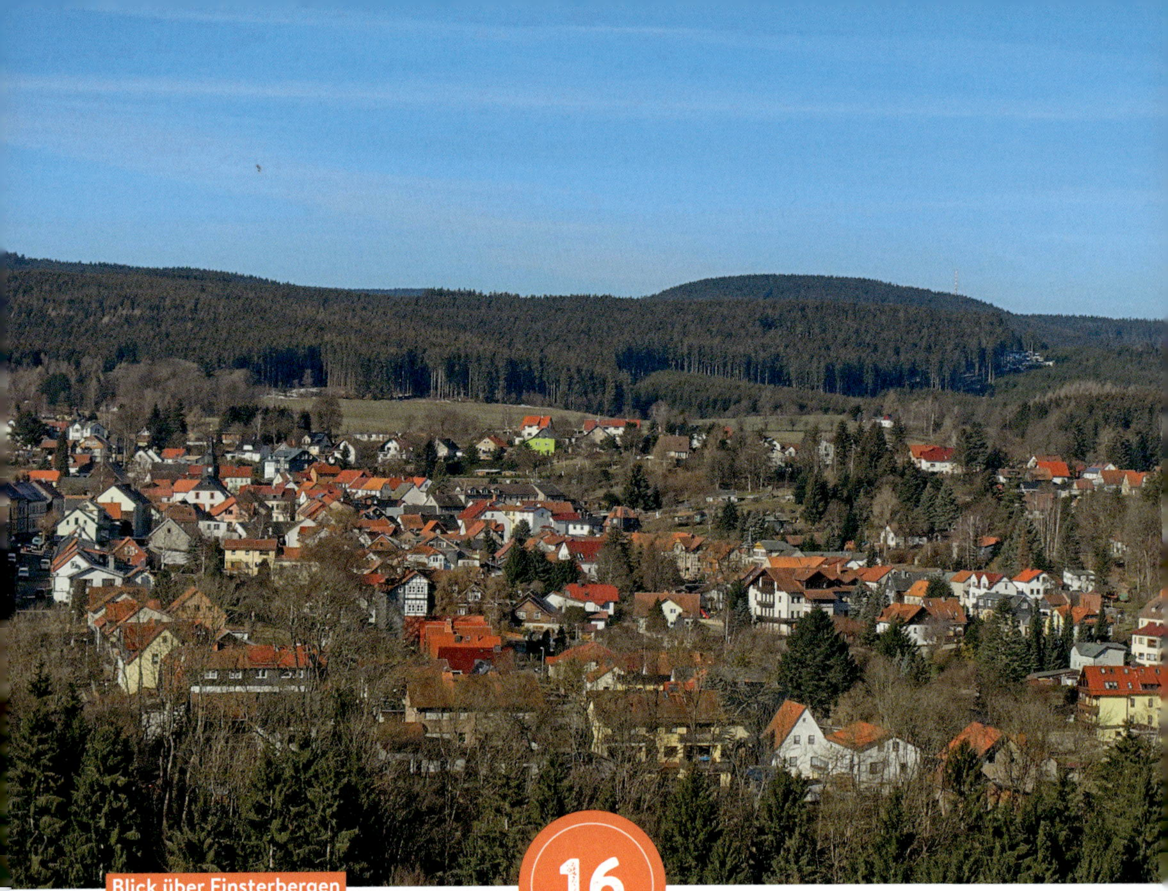

Blick über Finsterbergen

16

WÄLDER UM FINSTERBERGEN

Gang über die unheimliche Totenbrücke

Im 17. Jahrhundert mussten sich die Menschen aus Finsterbergen gegen Wölfe und Bären aus den dunklen, unergründlichen Wäldern wehren, um ungestört dem Bergbau nachgehen zu können. Heute dürfen Wanderer auf sicheren Wegen die dichten Wälder durchstreifen.

Einst ein Klosterdorf auf einer Waldlichtung ist Finsterbergen nicht erst seit heute ein gut besuchter Erholungsort mit Angeboten des sanften Tourismus. Einige Pensionsgebäude stammen noch aus der Gründerzeit um 1900. Die Wanderung um den Ort erlaubt Ausblicke auf Finsterbergen auf der Rodung.

ZUM FREIZEITBAD Vom **A Parkplatz P 2 Am Dorfteich** in Finsterbergen beginnen wir die Wanderung auf der Straße aufwärts nach Norden und gehen auf der Rennsteigstraße rechts. Auf der Straße am Hüllrod müssen wir links 30 Meter aufwärts und steigen vor dem Friedhof rechts auf den Treppen im Wald hinauf bis zum Kurpark Hüllrod. Vor dem Restaurant Hüllrod geht es links und 40 Meter vor Häusern an einer querenden Straße rechts mit der Markierung grüner Punkt in den Wald hinein. An einer Kreuzung laufen wir auf dem zweiten Weg links und kommen an eine T-Kreuzung vor dem **1 Freizeitbad** und wenden uns nach rechts.

Tipp

DER GRENZSTEINVERRÜCKER

Ein Bauer aus Finsterbergen verrückte vor vielen Jahren auf dem Feld einen Grenzstein zu seinen Gunsten. Der Nachbar zerrte ihn vor Gericht und er sollte gehängt werden. Doch im Gefängnis traf den Täter der Schlag, aber am nächsten Tag war sein Leichnam verschwunden. Noch heute soll er als Geist mit einem Grenzstein unter dem Arm umherwandern müssen.

ZUM BRANDLEITETEICH Nach dem Minigolfplatz wandern wir links Richtung Sportplatz und in den Wald hinein. Am Waldrand gehen wir vor der großen Pumpwiese auf der Steinbühlrunde rechts hinab. An zwei Kreuzungen nehmen wir jeweils den linken Weg, sodass wir die Wiese zur Hälfte umrunden. Schließlich verlassen wir die Steinbühlrunde

Der kleine Bach Großer Frosch

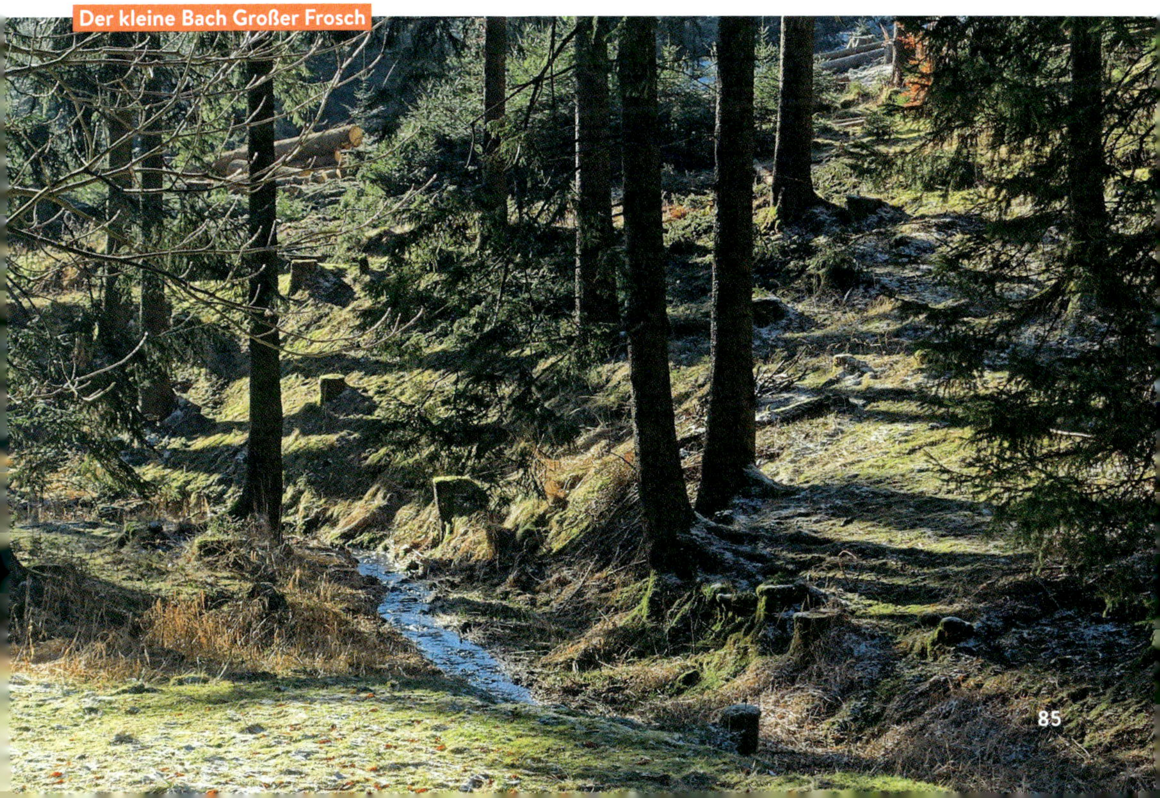

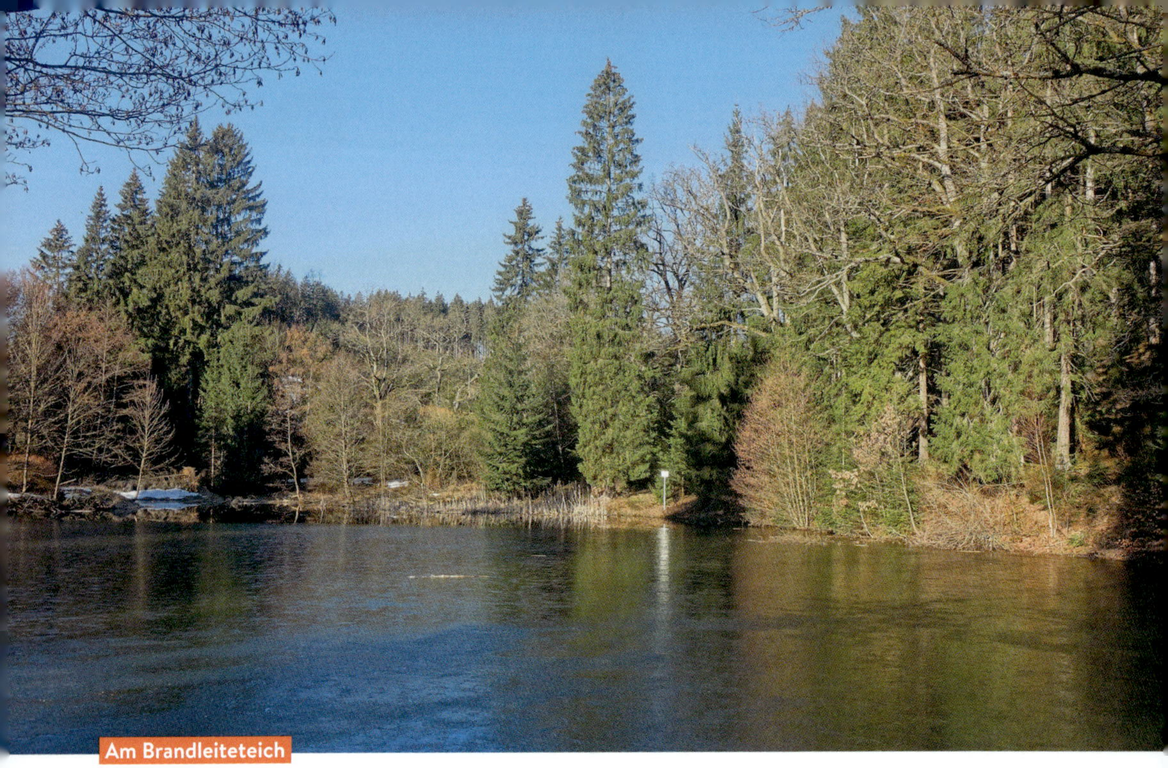

Am Brandleiteteich

geradeaus in die Wiese hinein. An einem Abzweig vor einer einzelnen Birke mit Bank davor inmitten der Wiese gehen wir in spitzem Winkel ohne Wegweiser rechts auf den Wald zu. An einer Weggabelung 100 Meter vor dem Waldrand nehmen wir den linken Weg. Am Waldrand steht dann der Wegweiser Route Spießberghaus und später die Nummer 3. An einer Kreuzung geht es in spitzem Winkel links in Richtung Finsterbergen zu einer Kreuzung vor einem **2 Wasserbehälter**. An der Kreuzung wandern wir rechts in Richtung Kreuz und an der Gabelung links hinunter. An der folgenden T-Kreuzung geht es ohne Wegweiser links hinab und bald plätschert der kleine Bach mit dem kuriosen Namen Großer Frosch rechts neben uns. Am Beginn des ebenen Wegs im Oberen Leinatal bleiben wir am **3 Brandleiteteich** geradeaus. Der kleine Stausee diente ursprünglich der Energiegewinnung für ein Bergwerk und dem dazugehörigen Pochwerk zum Zerkleinern der Erze. Im Leinatal gab es auch Hammerwerke und Sägemühlen.

ZUR BLOCKHÜTTE An der Sängerbrücke bleiben wir geradeaus und gehen erst vor zwei Häusern auf der neuen Brücke über die **4 Leina**. Nach der Brücke folgen wir dem Flüsschen links durch den Leinagrund und

Tipp

DORFMUSEUM FINSTERBERGEN

Im Heimatmuseum Finsterbergen wird das einstige abgeschiedene Leben der Menschen dieses Kloster-, Fuhrmanns- und Puppenmacherdorfs anschaulich dargestellt. Unter anderem ist eine Puppenmacherwerkstatt zu sehen. Ein denkmalgeschütztes Haus aus dem 18. Jahrhundert beherbergt dieses Museum (Rennsteigstraße 28, 99894 Friedrichroda, Tel. 03623/30 61 43).

passieren bald die hohen Sandsteinbänke der Hainfelsen. An einer Kreuzung steigen wir rechts auf dem Forstweg in Richtung Blockhütte hinauf. Weiter oben folgen wir dem Pfad mit der Markierung grüne Linie nach links. An der **5 Blockhütte** auf den Hainfelsen haben wir einen tollen Blick über Finsterbergen.

ZUR TOTENBRÜCKE Wir gehen weiter an der Abbruchkante der Felsen und dann an einer Kreuzung auf dem zweiten Weg links immer geradeaus steil hinunter. Im Tal gelangen wir zur **6 Totenbrücke** über die Leina, die 1857 erbaut wurde. Im Mittelalter gab es in Finsterbergen keine Kirche und keinen Friedhof. Ein Verstorbener musste über die Leina drei Kilometer nach Altenbergen getragen werden. So bekam die Brücke diesen schaurigen Namen. An der Weggabelung nach der Totenbrücke steigen wir halb rechts den Hang hinauf. Am Abzweig nach einer Gitterbrücke geht es links in einer felsigen Bachschlucht aufwärts. Oben laufen wir über die Wiese zu der Anliegerstraße hinauf und kommen rechts zum **E Parkplatz P 2** zurück.

INFO

TOURENCHARAKTER

Leichte, meist schattige Wege und Pfade durch Wälder und Wiesen, im Ortsgebiet auf Straßen. Festes Schuhwerk ist angebracht.

AUSGANGS-/ENDPUNKT

Parkplatz P 2, Am Dorfteich, 99894 Finsterbergen, GPS 50°50‘07.9“N 10°35‘28.9“E (470 m)

ANFAHRT

ÖPNV: Mit der Bahn nach Gotha und mit dem Bus Linie 852 nach Finsterbergen

Auto: Auf der A 4 Ausfahrt 41a Waltershausen und auf der B 88 nach Finsterbergen

GEHZEITEN

Parkplatz P 2 Am Dorfteich–Freizeitbad 0:25 Std.–Wasserbehälter 1:10 Std.–Brandleiteteich 0:25 Std.–Leina 0:20 Std.–Blockhütte 0:35 Std.–Totenbrücke 0:10 Std.–Parkplatz P 2 Am Dorfteich 0:15 Std.

EINKEHR

Café Waldschlösschen, Im Grund 4, 99894 Friedrichroda, Tel. 03623/30 43 55, www.cafewaldschloesschen.de

Leicht | 10,4 km | 240 Hm | 3.20 Std.

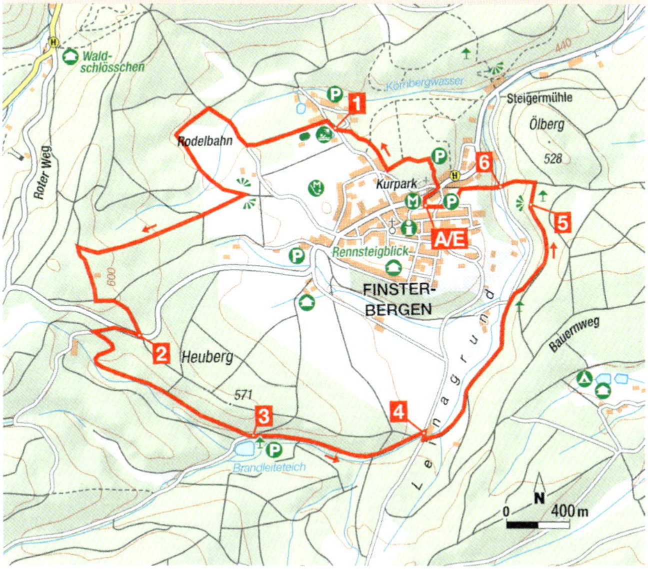

Restaurant Hüllrod, Am Hüllrod 11, 99894 Finsterbergen, Tel. 03623/30 61 75, www.huellrod.de

KARTE

58 Zentraler Thüringer Wald

INFORMATION

Rennsteigstraße 17, 99894 Finsterbergen, Tel. 03623/364 20, www.finsterbergen.de, www.friedrichroda.info

SCHLOSS REINHARDSBRUNN

Das verlorene Paradies in Friedrichroda

Das Schloss Reinhardsbrunn mit nagender Patina ist ein Palast voller Geister der Vergangenheit und der Schlosspark ein magisches Idyll. Die Kristallgrotte in der Marienglashöhle mit Blick in die Geologie des GeoParks gilt als eine der schönsten und größten in Europa.

17

Im Schlosspark Reinhardsbrunn

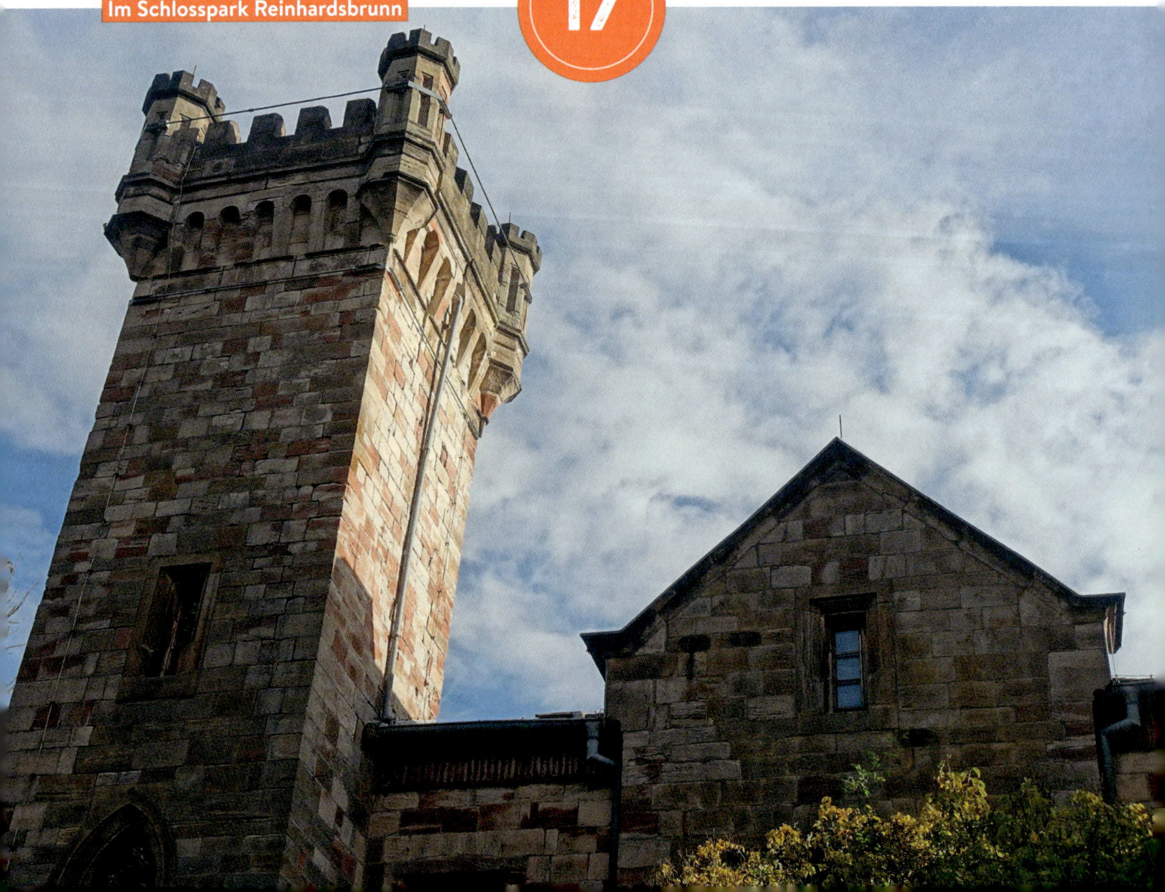

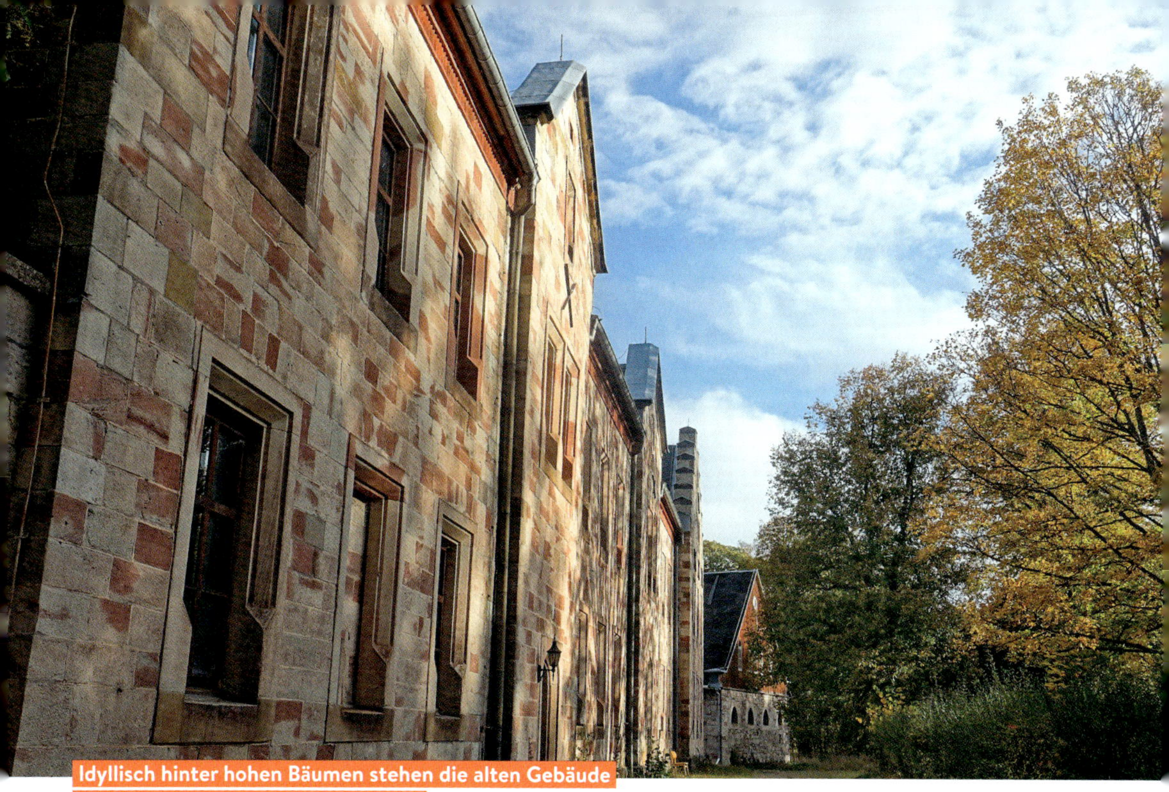

Idyllisch hinter hohen Bäumen stehen die alten Gebäude im Schlosspark von Reinhardsbrunn.

Ruinen sind oft geheimnisvolle Orte, umso mehr, wenn sich dort Ereignisse der Geschichte abgespielt haben. Mystische Pfade führen durch den verträumten Schlosspark, der unbedingt besichtigt werden muss.

ZUR GASTSTÄTTE TANZBUCHE Vom Parkplatz und Haltepunkt **A Marienglashöhle** beginnen wir die Wanderung an der Waldgaststätte Sankt Marien vorbei nach Südwesten zur Marienglashöhle. In dem ehemaligen Gipsbergwerk wurde im 18. Jahrhundert eine Kristallgrotte entdeckt, die heute mit dem Höhlensee ein Besuchermagnet ist (www.marienglashoehle-friedrichroda.de). Noch vor dem Empfangsgebäude zur Höhle steigen wir rechts auf dem Lutherweg aufwärts und schwenken kurz nach der Kreuzung rechts auf den Pfad des Thüringenwegs nach Nordwesten ein. Am Ende des Pfads überqueren wir auf einer Brücke den Bach mit dem Namen Badewasser. An der Hütte am Ende der **1 Langen Wiese** wenden wir uns nach links in Richtung Tanzbuche in den Ungeheurer Grund. Wir sind auf dem historischen Burgweg mit der Markierung gelbes Quadrat und der Bach plätschert und gurgelt uns munter entgegen. An einer Weggabelung

Tipp

DER FROMME KLOSTERBÄCKER

Anstelle des Schlosses Reinhardsbrunn stand einst ein Kloster. Die Sage erzählt, ein Mönch, der für das Backen der Brote zuständig war, vergab unerlaubt Brote an arme Leute. Der Abt fand die Kornkammer leer und stellte den Mönch zur Rede. Der Mönch behauptete, die Kammer sei voll, und der Abt erlebte bei neuer Kontrolle eine wundersam gefüllte Kornkammer.

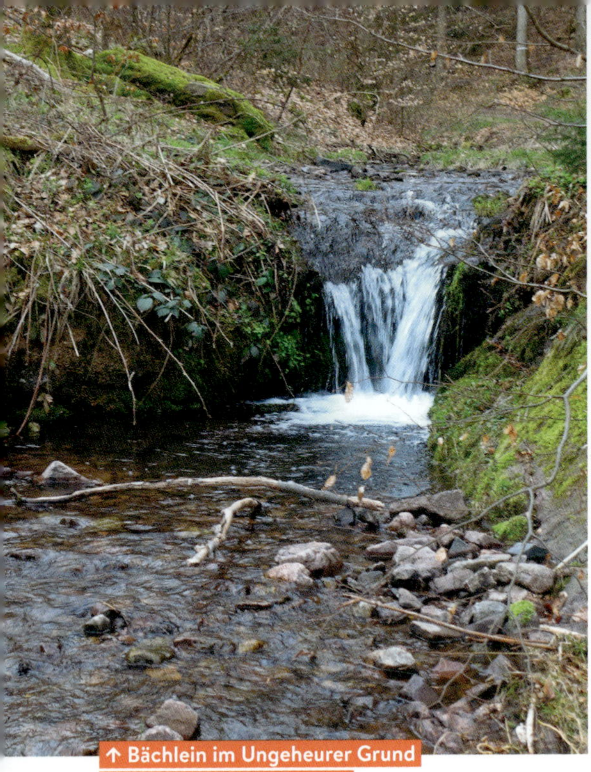

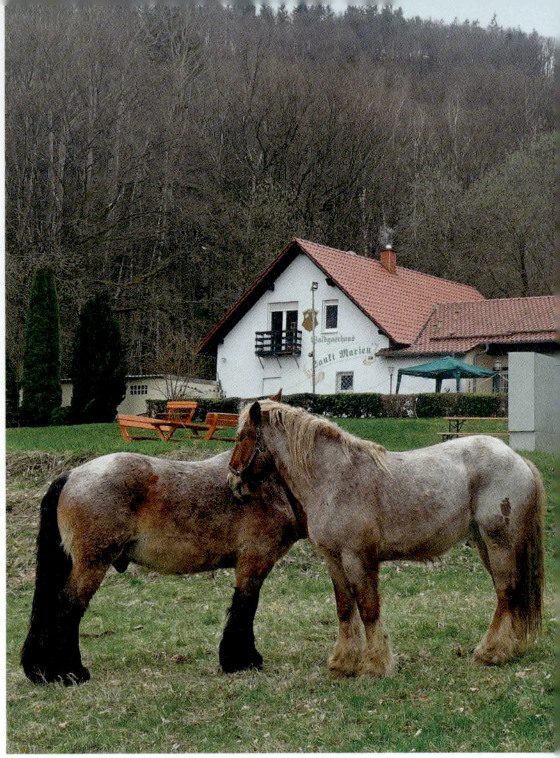

↑ Bächlein im Ungeheurer Grund
↗ An der Marienglashöhle

mit **2 zwei Bänken** bleiben wir auf dem Hauptweg rechts. Nach der Quelle des Bachs folgen wir dem Weg nach rechts und wandern an der nächsten Kreuzung links hinauf. An einer Weggabelung kommen wir links schneller zur Gaststätte **3 Tanzbuche**.

AUF DIE SCHAUENBURG Der Wegweiser schickt uns auf dem Burgweg links in Richtung Friedrichroda. Nach zwei Kilometern folgen wir dem Wegweiser in spitzem Winkel nach rechts in Richtung Mariaquelle und Schauenburg. Die **4 Mariaquelle** war einst die Wasserversorgung der Schauenburg und ist heute ein guter Picknickplatz mit Hütte. An einer Weggabelung geht es links zur **5 Schauenburg** hinauf. Die Burg aus dem 11. Jahrhundert sicherte einst die mittelalterliche Passstraße Burgweg und den Rennsteig. Auf dem roten Porphyrfelsen ist von einer Burg nur noch wenig zusehen, da sie überwiegend aus Holz bestand. Wir schauen im Süden hinunter auf die Passstraße nach Kleinschmalkalden und über die Hügel des Thüringer Walds.

ZUM SCHLOSSPARK Auf der anderen Seite des Burgplatzes steigen wir auf dem Pfad abwärts und nach dem magisch wirkenden Schauenburgweiher führt uns der Pfad rechts wieder zum Burgweg. Wir bleiben immer bergab und nehmen in Friedrichroda an der Straßengabelung die linke, ebene Möglichkeit mit dem Namen Herzogweg, der geradeaus in den fast fünf Hektar großen Kurpark leitet. Eine Besonderheit sind hier die Mammutbäume und viele bunte Rhododendronsträucher. An dem großen Brunnen auf der Terrasse ist rechts auch ein Trinkbrunnen, denn der heilklimatische Kurort Friedrichroda besitzt eine Heilquelle. Die Ludowingerquelle fördert fluoridhaltiges Kalzium-Magnesium-Natrium-Sulfat-Chlorid-Wasser. Vom großen Brunnen auf der Terrasse können wir gleich links über die Treppen hinunter und unten am Bad links vorbei. Wir halten uns nun eng am Zaun des Bads und an den Sportplätzen und bleiben weiter unten an der Gabelung geradeaus. Der Pfad setzt sich in einem Rechtsbogen entlang der Straße fort. An der Kreuzung schlendern wir links an der Schlossmauer entlang zum Kavaliershaus am 6 **Schlosspark** Reinhardsbrunn. An dieser Stelle entstand im Jahr 1085 ein Benediktinerkloster. Nach dessen Zerstörung und Verfall baute Herzog Friedrich Wilhelm I. 1601 ein Amtshaus. Um das Schloss entstand ein romantischer Landschaftspark, in dem heute noch Bäume aus aller Herren Länder stehen. Das Schloss hat bis in unsere Tage eine sehr wechselvolle Geschichte, die noch nicht zu Ende ist.

Vom Eingang zum Park überqueren wir die Straße und laufen auf dem Damm der Talsperre Reinhardsbrunn rechts. An der Schranke sind wir nach links wieder auf dem Lutherweg, der geradeaus über die B 88 zum Parkplatz und Haltepunkt E **Marienglashöhle** zurückführt.

INFO

TOURENCHARAKTER

Leichte, meist schattige Wege und Pfade durch Wälder und Bachtal, im Ortsgebiet auf Straßen. Feste Wanderschuhe mit griffigen Sohlen sind angebracht.

AUSGANGS-/ENDPUNKT

Parkplatz Marienglashütte, 99894 Friedrichroda, GPS 50°51‘53.2“N 10°32‘32.3“E (430 m)

ANFAHRT

ÖPNV: Mit der Bahn nach Fröttstädt und mit der Straßenbahn zum Haltepunkt Marienglashütte
Auto: Auf der A 4 Ausfahrt 41b Gotha-Boxberg und auf der L 1026 nach Friedrichroda

GEHZEITEN

Marienglashöhle–Lange Wiese 0:20 Std.–Zwei Bänke 0:20 Std.–Tanzbuche 1:05 Std.–Mariaquelle 0:45 Std.–Schauenburg 0:10 Std.–Schlosspark 0:50 Std.–Marienglashöhle 0:20 Std.

EINKEHR

Berggasthof Tanzbuche, Auf dem Höhenberg, 99894 Friedrichroda, Tel. 03623/36 99 009, www.tanzbuche.de

Leicht | 12,2 km | 330 Hm | 3.50 Std.

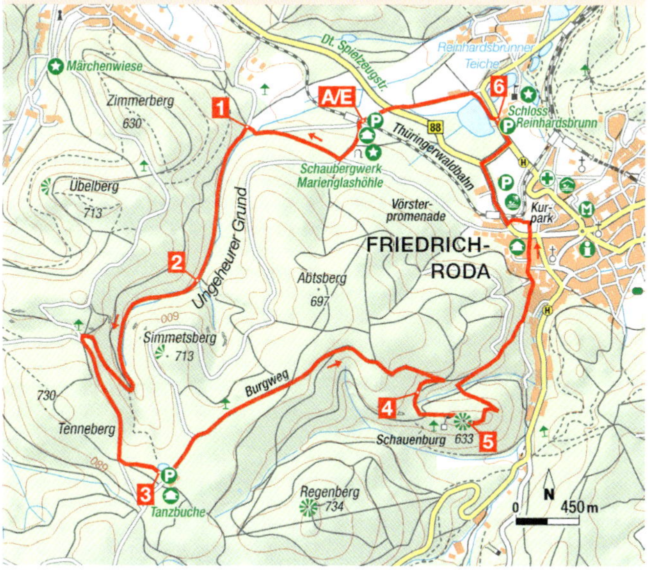

KARTE

55 Westlicher Thüringer Wald

INFORMATION

Hauptstraße 55, 99894 Friedrichroda, Tel. 03623/332 00, www.friedrichroda.info

HINWEIS

Führungen im Schlosspark von Ostern bis Oktober um 15:00 Uhr, außer montags und freitags, Tel. 03623/30 30 98

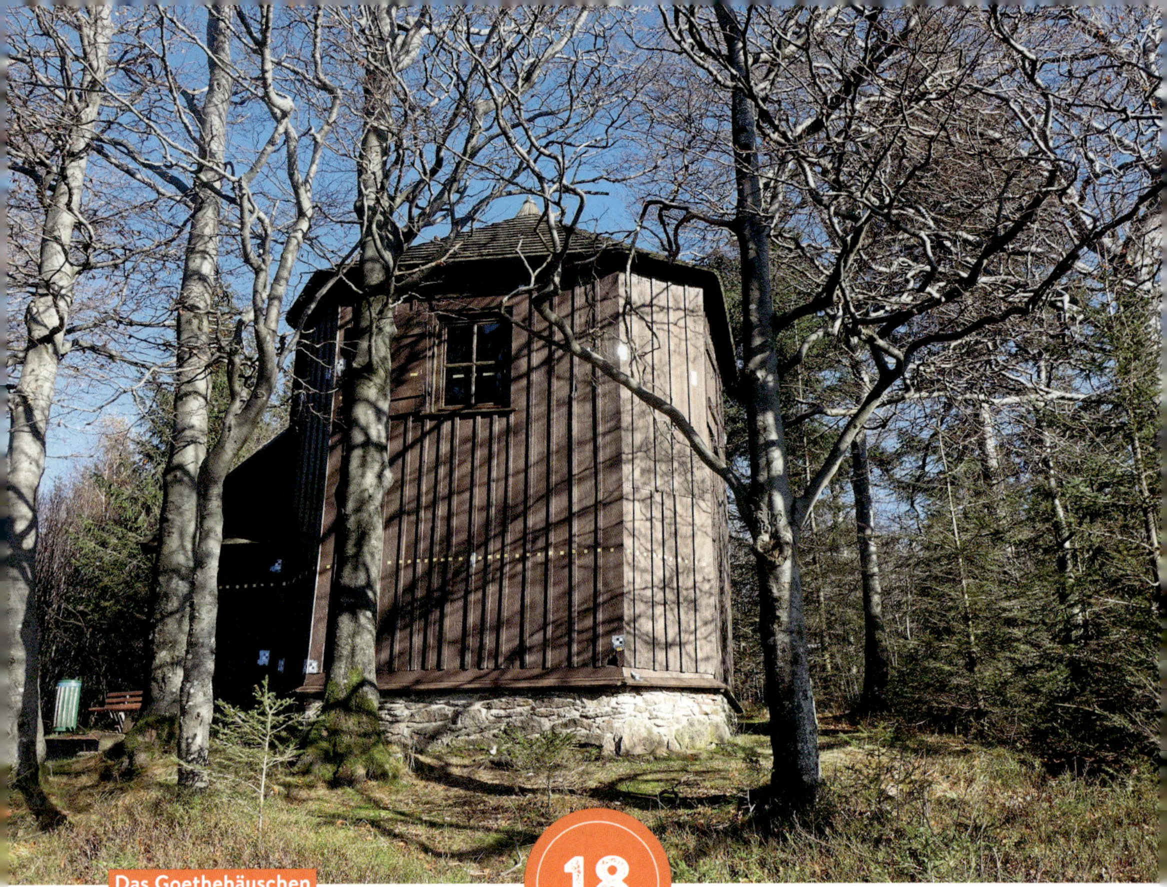

Das Goethehäuschen steht unter Denkmalschutz.

18

GOETHE AUF DEM KICKELHAHN

Auf dem Goethewanderweg über Ilmenau

Über seinen Aufenthalt in Ilmenau schrieb Goethe: »Ilmenau hat mir viel Zeit gekostet, dafür habe ich aber auch … mir eine Anschauung der Natur erworben, die ich um keinen Preis vertauschen möchte.« Das idyllische Ilmtal und die Berge waren für den Dichter Inspiration.

Manebach im idyllischen Ilmtal, Stadtteil Ilmenaus, umgeben ausgedehnte Wälder auf den Bergen des Thüringer Walds. Ilmenau darf sich mit gutem Recht als Goethe-Stadt bezeichnen. Die Wege dieser Wanderung über malerische Höhen, durch ruhige Wälder und Täler sind die Wege Goethes, die er oft gegangen ist.

ZUM GOETHEHÄUSCHEN Vom **A Bahnhof Manebach** starten wir auf der Straße Am Bahnhof nach Nordosten, denn wir müssen unten an der Straße Kammerberg am Bahnübergang über die Schienen. Gleich nach dem ersten Haus gehen wir links hinauf und nach 30 Metern an der Weggabelung auf dem schmalen Weg rechts in Richtung Kickelhahn hinauf. An der Hütte **1 Helenenruh** können wir die Aussicht über Manebach im malerischen Ilmtal genießen. Im 17. Jahrhundert war Manebach noch ein Ort des Steinkohlebergbaus, doch seit dem 19. Jahrhundert kommen immer mehr Feriengäste, die Ruhe und Erholung schätzen. An einer Kreuzung in X-Form bleiben wir mit der Markierung g des Goethewanderwegs geradeaus aufwärts und sind jetzt auf der Alten Handelsstraße Hermannsteiner Weg. Noch zweimal bleiben wir an Kreuzungen in X-Form geradeaus bergauf und gehen dann in einem kurzen Abstecher nach rechts zur

Tipp

HEIMATSTUBE MANEBACH

Die museale Heimatstube erzählt von der Geschichte Manebachs und seiner Bewohner. In dem kleinen Museum sind auch die archäologischen Funde der Burg auf dem Großen Hermannstein zu sehen. Ein Modell zeigt das vermutliche Aussehen der Burg, die einst den Handelsweg im Ilmtal überwachte (im Haus des Gastes, Kalter Markt 5a, Tel. 03677/84 27 68).

In der historischen Jagdanlage

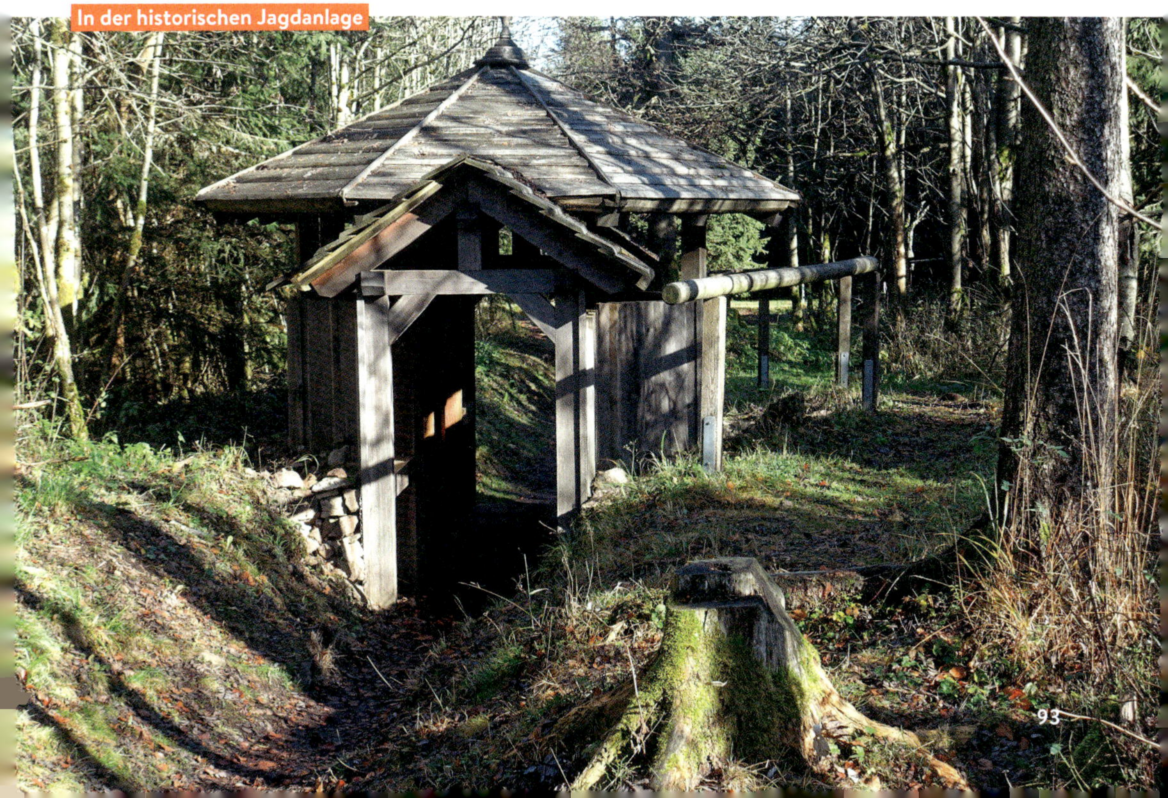

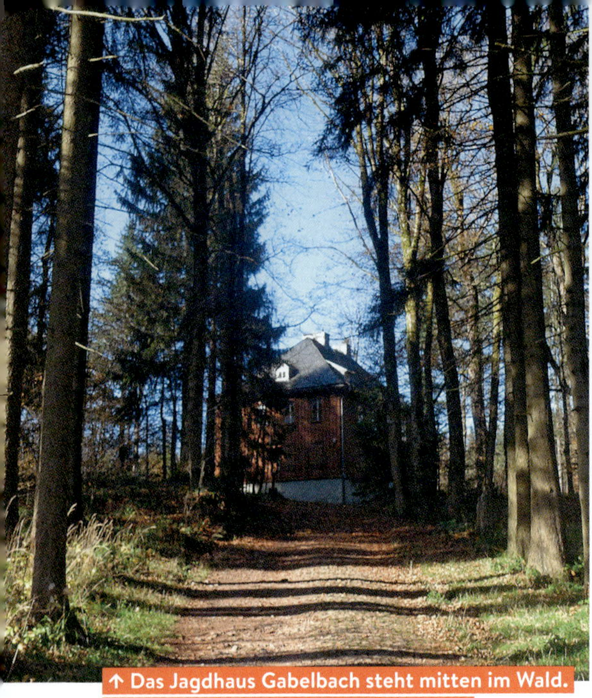

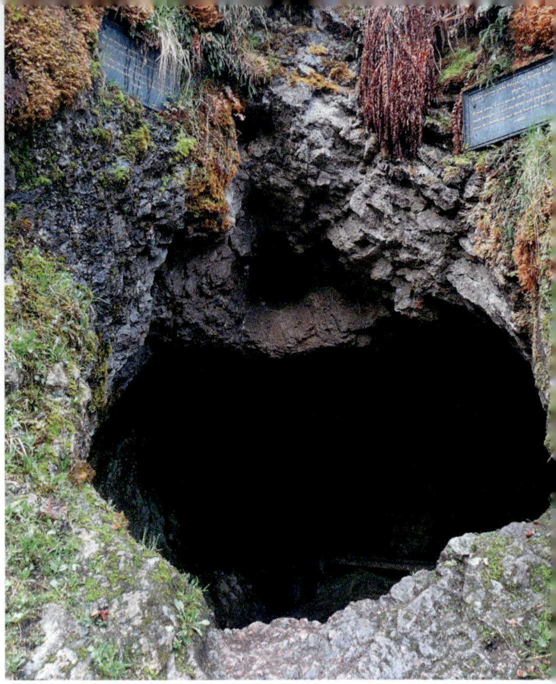

↑ Das Jagdhaus Gabelbach steht mitten im Wald.
↗ Die Höhle am Großen Hermannstein

Höhle im Porphyrfelsen **2 Großer Hermannstein**. In der Höhle verweilte Goethe gerne und oft und verbrachte auch mit Charlotte von Stein hier einen ganzen Tag. Möglicherweise war die Höhle in früherer Zeit Wachlokal für den Zugang zur Burg, denn der gesamte Große Hermannstein war einst mit einer Burg überbaut. Von der anderen Seite ist der Felsen mit Treppen und einer Plattform erschlossen, von der wir auf Manebach im Ilmtal hinunterschauen können. Auf dem Goethewanderweg geht es weiter aufwärts, weiter oben in Serpentinen zum Jagdhaus, das heute wegen seiner kulturgeschichtlichen Bedeutung **3 Goethehäuschen** genannt wird. Die Jagdhütte ließ Herzog Carl August von Sachsen-Weimar errichten. Durch ihn kam Goethe in diese Hütte und schrieb dort das Gedicht »Über allen Gipfeln ist Ruh' …« auf die Wand. Die heutige Hütte ist ein Nachbau, denn die ursprüngliche Hütte ist abgebrannt.

ZUM JAGDHAUS GABELBACH Vom Goethehäuschen gehen wir auf dem kleineren Weg nach Nordosten zur historischen Jagdanlage, die nach dem Vorbild der Anlage am Rieseneck bei Kahla erbaut wurde (Tour 32). Am Sendemast schlendern wir rechts zum 24 Meter hohen **4 Aussichtsturm** auf dem Kickelhahn, der im 19. Jahrhundert erstellt wurde. Vom Turm und von der Aussichtsterrasse haben wir einen herrlichen Blick auf die Höhen des Thüringer Walds. Bei gutem Wetter sind Schmücke und Schneekopf im Westen, der Inselsberg im Nordwesten, die Drei Gleichen (Tour 10) im Norden und der Singerberg (Tour 19) im Nordosten auszumachen.

Vom Aussichtsplatz wandern wir genau nach Süden weiter in Richtung Jagdhaus Gabelbach. Weiter unten treffen wir wieder auf den Goethewanderweg und kommen nach links abwärts zum **5 Jagdhaus Gabelbach**, das 1783 errichtet wurde, um die Jagdgesellschaften des Weimarer Hofs aufnehmen zu können. Vor dem Haus steht das Denkmal für den Dichter Rudolf Baumbach aus Kranichfeld (Tour 29), dessen Lied »Hoch auf dem gelben Wagen« allen gut bekannt ist.

ZURÜCK NACH MANEBACH Vom Denkmal führt der Schwarzbecker Weg in die Himmelsrichtung Nordnordost und umrundet den Kickelhahn mit wenigen Höhenunterschieden nach 2,5 Kilometern bis in den Nordwesten, wobei der Weg am Schluss Auerhahnweg genannt wird. Vom Auerhahn hat der Berg wohl seinen Namen, weil dieser große Waldvogel im Volksmund Gickelhahn oder Kickelhahn genannt wird. Am Ende des Wegs gehen wir links einen Wiesenweg abwärts und treffen auf den Goethewanderweg, den wir heraufgestiegen sind. Rechts abwärts kommen wir wieder an der Hütte **1 Helenenruh** vorbei und sind dann gleich unten am **E Bahnhof Manebach** zurück.

INFO

TOURENCHARAKTER

Leichte, meist schattige Wege und Pfade mit deutlichen Steigungen durch Wälder, im Ortsgebiet auf Straßen. Feste Wanderschuhe mit griffigen Sohlen sind angebracht.

AUSGANGS-/ENDPUNKT

Parkplatz, Am Bahnhof, 98693 Manebach, GPS 50°40'53.1"N 10°51'51.9"E (520 m)

ANFAHRT

ÖPNV: Mit der Bahn nach Manebach
Auto: Auf der A 71 Ausfahrt 16 Ilmenau-West und auf der L 3004 und Schleusinger Allee nach Manebach

GEHZEITEN

Bahnhof Manebach–Helenenruh 0:10 Std.–Großer Hermannstein 0:40 Std.–Goethehäuschen 0:30 Std.–Aussichtsturm 0:10 Std.–Jagdhaus Gabelbach 0:20 Std.–Helenenruh 1:10 Std.–Bahnhof Manebach 0:10 Std.

EINKEHR

Berghütte Kickelhahn, Tel. 03677/20 20 34
Railroad Steakhaus, Am Bahnhof 1, 98693 Manebach, Tel. 03677/469 71 40
Waldgasthof Schöffenhaus, Schöffenhaus 1, 98693 Manebach, Tel. 03677/64 21 32, www.waldgasthof-schoeffenhaus.de

Leicht | 9,3 km | 400 Hm | 3.10 Std.

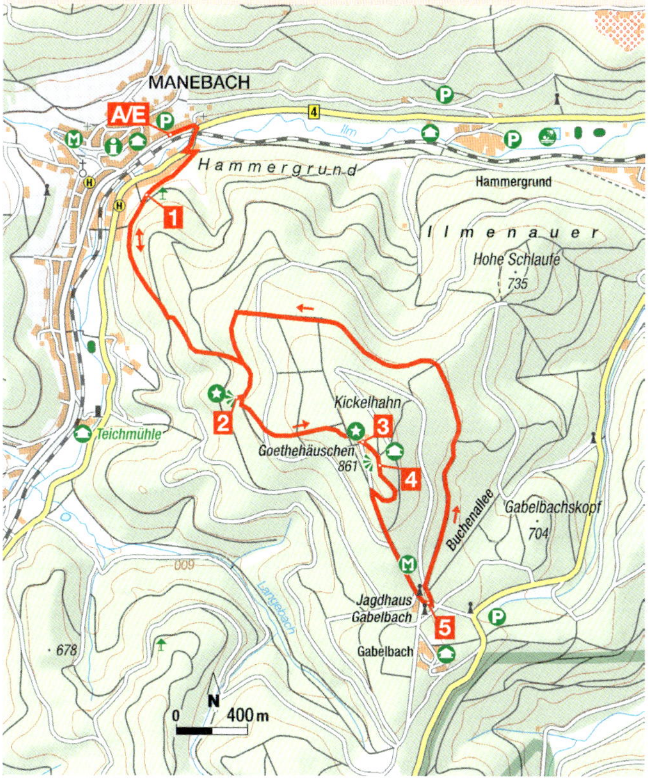

KARTE

58 Zentraler Thüringer Wald

INFORMATION

Kalter Markt 5, 98693 Manebach, Tel. 03677/84 27 68, www.ilmenau.de

NACH PAULINZELLA

Vom Singer Berg zur magischen Kirchenruine

Friedrich Schiller und Johann Wolfgang von Goethe besuchten bereits vor 200 Jahren die brillante Kirchenruine Paulinzella. Ab dieser Zeit verbreitete sich die Kunde von der Schönheit dieser romanischen Ruine und zog in der Epoche der Romantik weitere Besucher an.

19

Auch als Ruine ist Paulinzella wunderschön.

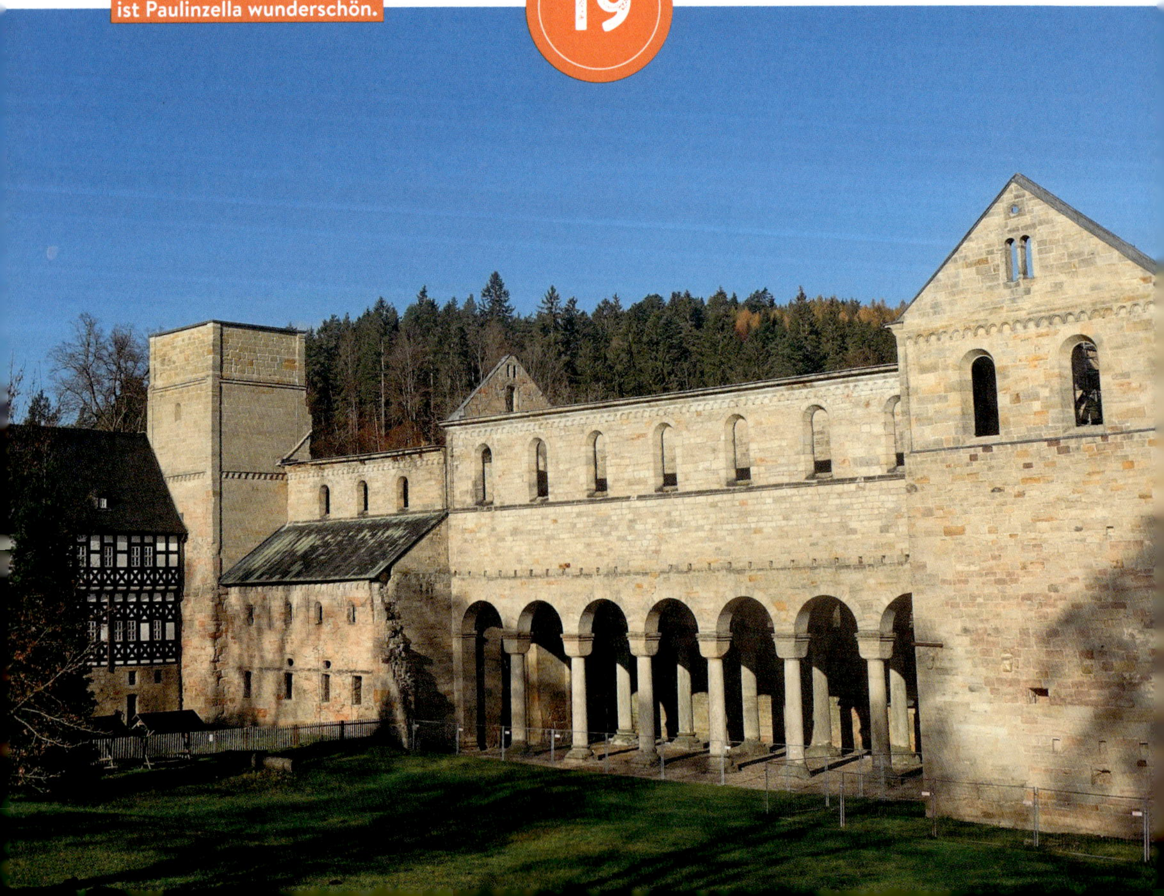

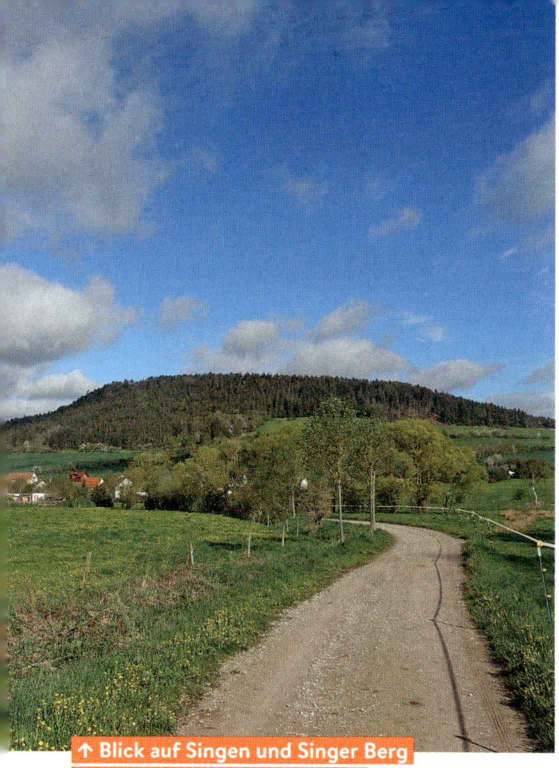

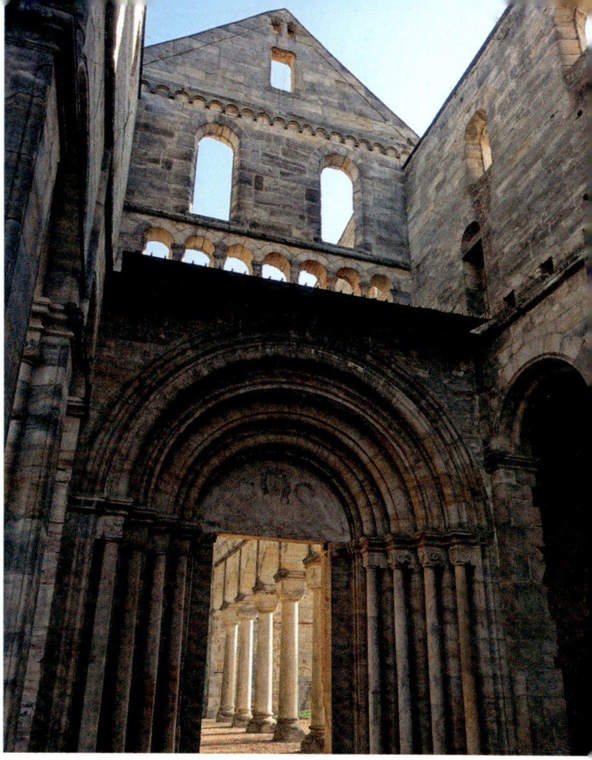

↑ Blick auf Singen und Singer Berg
↗ Die Kirchenruine Paulinzella

Auf der Muschelkalk-Erhebung Singer Berg befand sich bereits im 4. Jahrhundert vor Christus eine keltische Festung. Damals wie heute reicht der Blick weit hinein in das Thüringer Becken und in den Thüringer Wald. Im idyllischen Singen sei ein Besuch der Museumsbrauerei empfohlen.

AUF DEN SINGER BERG Vom Parkplatz am **A Sportplatz** Singen beginnen wir die Wanderung nach Nordwesten aufwärts an einem Wasserbehälter vorbei. Oben schwenkt der Forstweg nach links und an der Weggabelung steigen wir rechts hinauf an der frühgeschichtlichen Höhensiedlung vorbei. An einer Kreuzung wandern wir mit der Markierung grüne Linie links aufwärts bis zum Pavillon auf dem **1 Singer Berg** mit Aussicht auf Singen. Im Berg soll ein geheimnisvoller Mann in einem Schloss sitzen und singen. Daher soll der Name sein, erklärt die Sage. Tatsache ist, dass der Singer Berg durch seine Eiben-, Schwarzkiefer- und Weißtannenbestände sowie durch die Kalkflora wie Orchideen, Silberdisteln und Enzian bekannt ist.

ZUR BRAUEREI SCHMITT An den Bänken unterhalb des Pavillons gehen wir nach rechts in Richtung Aussichtspunkt. Am vermeintlichen Ende des Wegs geht es aber noch links hinunter zu einem Picknickplatz mit Blick über Dörnfeld und bis zum Aussichtsturm auf dem Kickelhahn bei Ilmenau (Tour 18). Wir steigen weiter in Serpentinen abwärts an Muschelkalkbänken vorbei und schauen hier gewissermaßen in den Untergrund des Bergs hinein. Weiter unten gehen wir an einer Kreuzung mit der Markierung rote Linie links hinunter. Vor den Wiesen und Feldern wandern wir dann am Waldrand auf dem Jakobsweg nach links und schauen rechts auf Dörnfeld. Der Weg wird zu einem romantischen Pfad durch den

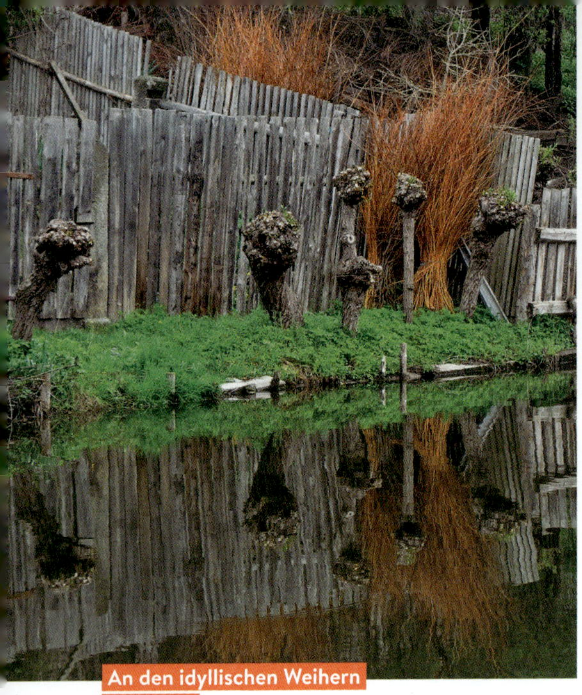

An den idyllischen Weihern in Singen

Waldrand mit Schwarzkiefern, Wacholdern und Eiben. Dann ist auch bald schon Singen zu sehen. An einer Weggabelung gehen wir rechts hinab und am Picknickplatz rechts auf dem Wiesenweg nach Singen hinunter. An der Bushaltestelle müssen wir links und gleich wieder rechts in die Straße Zum Anger. Wir bleiben geradeaus und schlendern auf dem Brauereiweg rechts zur sehenswerten **2 Brauerei Schmitt**.

Tipp

WIE PAULINZELLA ENTSTAND

Aus fernem Land kam einst die fromme Grafentochter Pauline, verirrte sich im Wald und musste in einer Köhlerhütte übernachten. Sie hatte den Traum, dass sie hier vor einem Altar beten würde. Pauline gelobte eine Zelle zu bauen, die schließlich zur herrlichen Abtei wurde. Pauline selbst leitete den Bau und bezahlte die Bauleute.

ZUR KIRCHENRUINE PAULINZELLA An den Weihern entlang geht es weiter und an zwei Abzweigen jeweils links in Richtung Paulinzella. Das Asphaltsträßchen wird zu einem Feldweg über die Wiesen. An der Kreuzung am **3 Waldrand** müssen wir links und nach 20 Metern rechts abwärts in den Griesheimer Grund. Wir bleiben im Wald stets auf dem Talweg mit der Markierung des Jakobswegs und Lutherwegs. 40 Meter vor einem Tunnel folgen wir dem Pilgerweg nach rechts. An einem Aussichtspunkt mit Blick über Paulinzella geht es rechts und in einem großen Linksbogen über die Wiese hinunter. Wir laufen unter der Brücke durch und an der Bushaltestelle auf dem großen Parkplatz vorbei. An der Hauptstraße (L 1114) gehen wir rechts und dann links zum herrlichen Amtshaus im Fachwerkbaustil aus dem Jahr 1474 und zur **4 Kirchenruine** aus dem 12. Jahrhundert hinunter. Die Klosterkirche ist eines der bedeutendsten romanischen Bauwerke Deutschlands. Daneben wurde Anfang des 17. Jahrhunderts ein Jagdschloss errichtet. Von Interesse ist unten am Bach auch der nach historischem Vorbild angelegte Kräutergarten.

ZUR WEGSPINNE Wir wandern wieder zurück am Parkplatz unter der Brücke durch, über die Wiese hinauf und bis zu dem Pilgerweg im Wald. Jetzt gehen wir aber am Talweg rechts, fast bis zum Tunnel, und steigen links in spitzem Winkel mit der Markierung grünes Dreieck steil hinauf. Am ersten Abzweig bleiben wir geradeaus und an der nächsten Gabelung weiter oben folgen wir der Markierung grünes Dreieck nach links. Schließlich erreichen wir eine große **5 Wegspinne**.

ZUM SPORTPLATZ SINGEN Wir wählen an der Wegspinne den Weg halb links, der nur leicht ansteigt. Nach einigen Metern ist auf der rechten Seite ein Denkmal für den im Wald verunglückten Hermann Muth. An einer Weggabel mit einer Bauminsel in der Mitte müssen wir rechts. An einer Weggabelung geht es links hinunter und am Waldrand auf einem rechts abknickenden Weg über die Wiese. Vor dem tiefen Graben der Bahnlinie laufen wir links auf Singen zu. In Singen wandern wir an der Kreuzung an einer Pferdekoppel rechts auf der Straße Unter den Linden über die Landstraße schließlich zum **E Sportplatz Singen** zurück.

Tipp

EIN TECHNISCHES DENKMAL

Die Kleinbrauerei Schmitt arbeitet noch heute mit technischen Apparaten und Geräten, die zwischen 1885 und 1930 installiert wurden. Die Dampfkraftanlage mit Transmissionen existiert seit 1920. Heute steht die Brauerei unter Denkmalschutz und kann täglich besichtigt werden (bei schlechtem Wetter auf Voranmeldung unter Tel. 03629/80 25 56).

INFO

Mittel | **16,2 km** | **420 Hm** | **4.40 Std.**

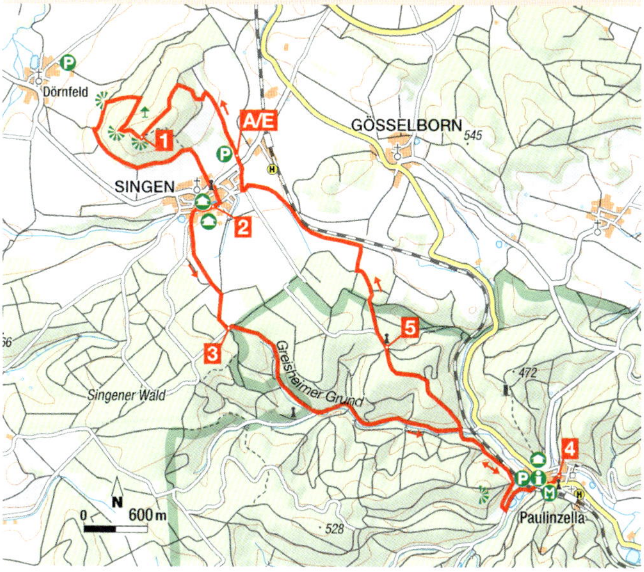

TOURENCHARAKTER

Mittelschwere, meist sonnige Wege und Pfade durch Wälder, Wiesen und Felder. Trittsicherheit und feste Schuhe mit griffigen Sohlen erforderlich. Am Abstieg vom Singer Berg ist etwas Schwindelfreiheit nötig.

AUSGANGS-/ENDPUNKT

Sportplatz, Bergweg, 999326 Singen, GPS 50°43‘45.2“N 11°03‘40.7“E (440 m)

ANFAHRT

ÖPNV: Mit der Bahn nach Singen
Auto: Auf der A 71 Ausfahrt 14b Stadtilm und auf der L 1047 und B 87 nach Singen

GEHZEITEN

Sportplatz Singen–Singer Berg 0:30 Std.–Brauerei Schmitt 0:55 Std.–Waldrand 0:25 Std.–Kirchenruine 1:10 Std.–Wegspinne 0:55 Std.–Sportplatz Singen 0:45 Std.

EINKEHR

Brauerei Schmitt, Schulgasse 2, 99326 Singen, Tel. 03629/80 25 56, www.brauerei-schmitt.de

Gasthaus Zum Singer Berg, Zum Anger 17, 99326 Singen, Tel. 03629/80 22 44, www.gasthaus-singerberg.de

KARTE

59 Thüringer Schiefergebirge

INFORMATION

Paulinzella 3, 07426 Königsee-Rottenbach, Tel. 036739/311 43, www.königsee-rottenbach.de

HINWEIS

Bei Rückfahrt mit der Bahn sind es nur 10,6 Kilometer.

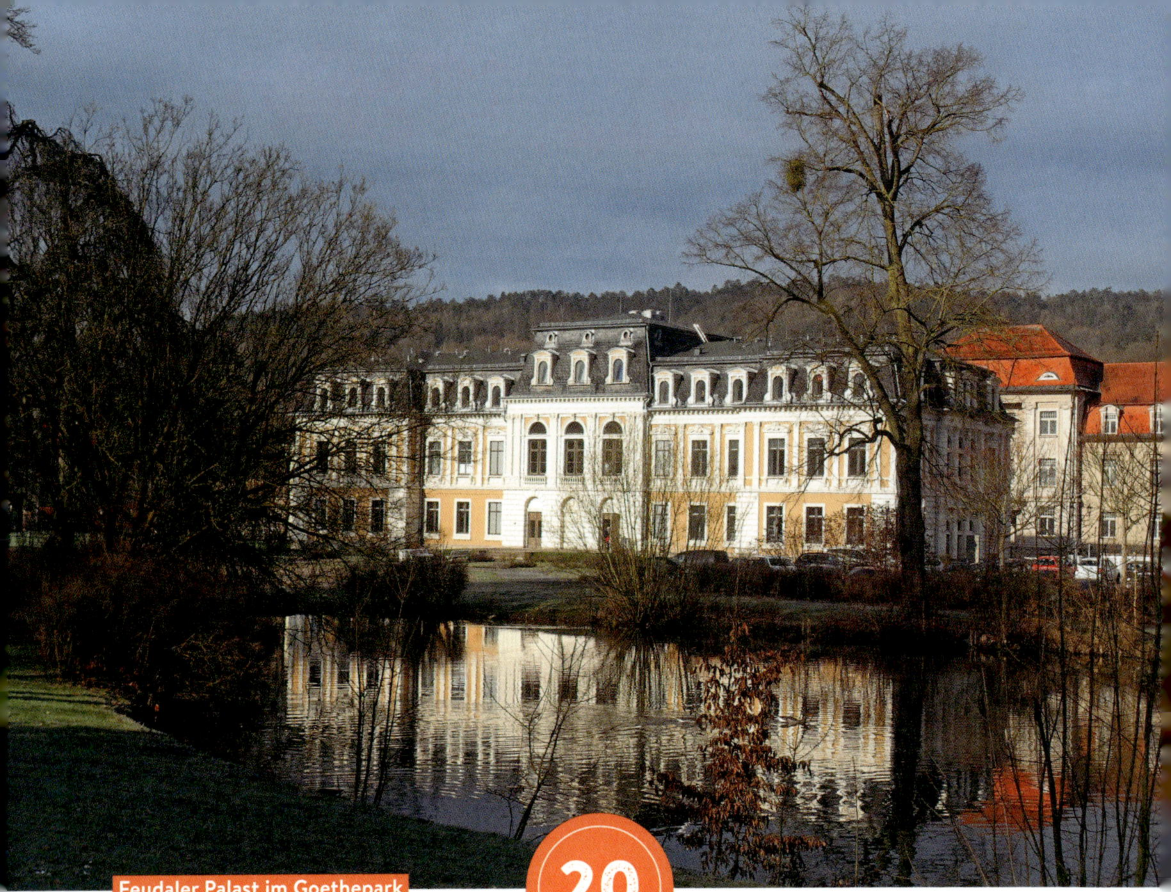

Feudaler Palast im Goethepark

20

IN DEN MEININGER WÄLDERN

Vom Schloss Landsberg in die Theaterstadt

Wanderer finden um Meiningen zwischen Rhön und Thüringer Wald ihre Lieblingsplätze. Natur und Kultur liegen in der malerisch im Werratal gelegenen Theaterstadt Meiningen eng beieinander. Die Stadt war im 19. Jahrhundert eines der wichtigsten kulturellen Zentren Deutschlands.

Durch zauberhaften Buchenmischwald wandern wir nach Meiningen, das noch heute vom Esprit der Musik, des Theaters und der Literatur beseelt ist. Nach Belieben können wir auch zum Schloss Landsberg hinaufsteigen, das zwar nicht besichtigt werden kann, aber dennoch ist ein Blick auf das neugotische Märchenschloss erlaubt, das als Sommerresidenz der Herzöge von Sachsen-Meiningen 1840 erbaut wurde.

ZUM HENRIETTENPLATZ Vom Parkplatz am Fuß vom **A Schloss Landsberg** gehen wir hinunter und überqueren die Landstraße. Rechts unten finden wir einen Forstweg, der nach links an einer Schranke vorbei in Richtung Südwesten in den Haßfurter Grund führt. Wir sind hier auf der Frankfurter Straße oder Hohen Straße, die im Mittelalter eine Fernhandelsstraße war. Vor einer Linkskurve sind links oben die Mauerreste der Burg Habichtstein zu sehen, von der aus die Straße überwacht wurde. Auf dem Rückweg werden wir die Ruine erobern. Nach 400 Metern kommen wir am **1 Marienbild** vorbei. Wieder nach 400 Metern achten wir auf den Wegweiser auf der linken Seite und steigen auf dem romantischen Pfad parallel zur Forststraße sanft aufwärts in Richtung Sternplatz. Oben bleiben wir auf breiterem Weg geradeaus und müssen an der T-Kreuzung links in Richtung Meiningen. Schon nach 50 Metern wandern wir rechts in Richtung Goetz-Höhle. An einer großen Wiese laufen wir links immer am Waldrand entlang. An einer alten Allee mit Neuanpflanzung gehen wir rechts zum mystischen **2 Henriettenplatz** mit Aussicht.

ZUM MARKTPLATZ Über die weiten Wiesen laufen wir links hinunter und haben genau das Klinikum vor uns am Horizont. Am Wanderparkplatz müssen wir links und am Waldrand in Richtung Goetz-Höhle rechts.

Tipp

DIE HÜTES-SAGE

Hütes werden hier die Thüringer Klöße genannt. Die Göttin Holle ließ einst die Rebstöcke der Meininger erfrieren und gab ihnen dafür die Kartoffel und das Rezept zu den Kartoffelklößen. Zubereitet wurden sie in der Sage zuallererst im heutigen Restaurant Schlundhaus. Tatsache ist, dass es die Hütes überall gibt und dass es ein jährliches Hütesfest gibt.

Am Bellevue bleiben wir geradeaus abwärts und auf dem Pfad wieder geradeaus. An einem Gartentürchen beginnt das Gelände der Goetz-Höhle, das wir auf eigene Gefahr betreten können. Weiter unten ist der Eingang zur **3 Goetz-Höhle**, der größten natürlichen Klufthöhle Europas (Tel. 0172/360 61 35). Am unteren Gartentürchen gehen wir auf der Helenenstraße links und nach dem Haus

Schloss Landsberg ist ein neugotisches Märchenschloss.

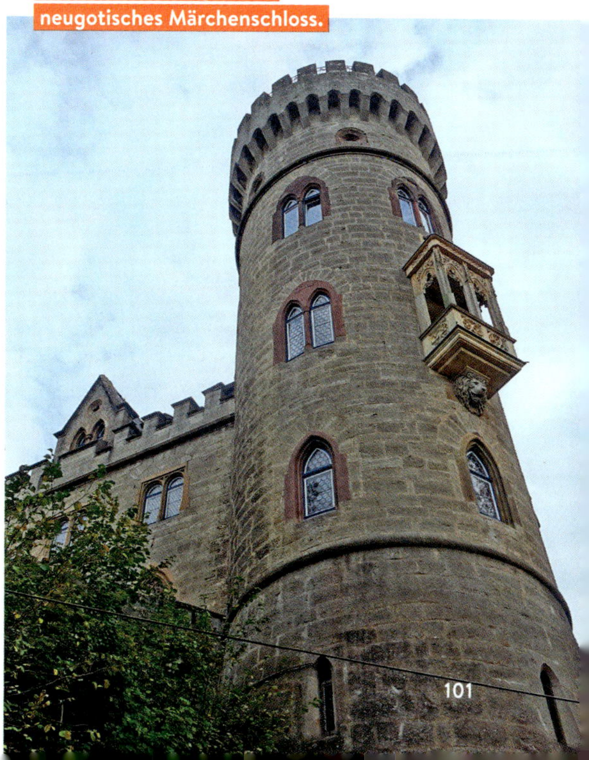

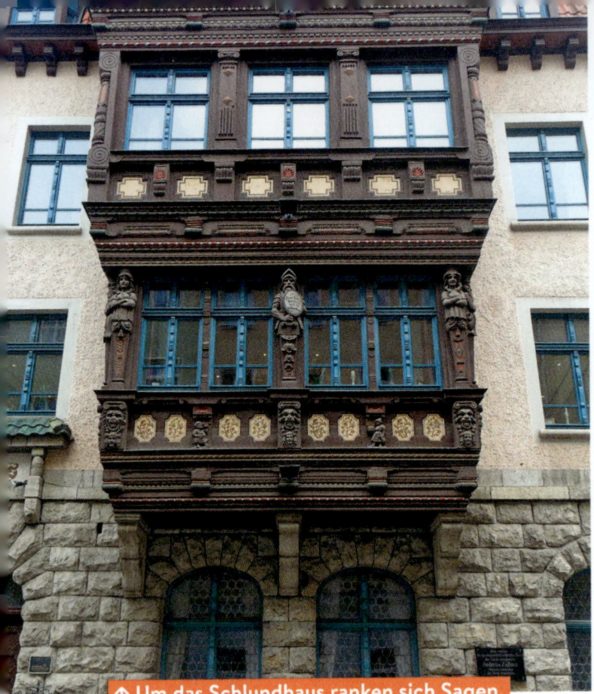
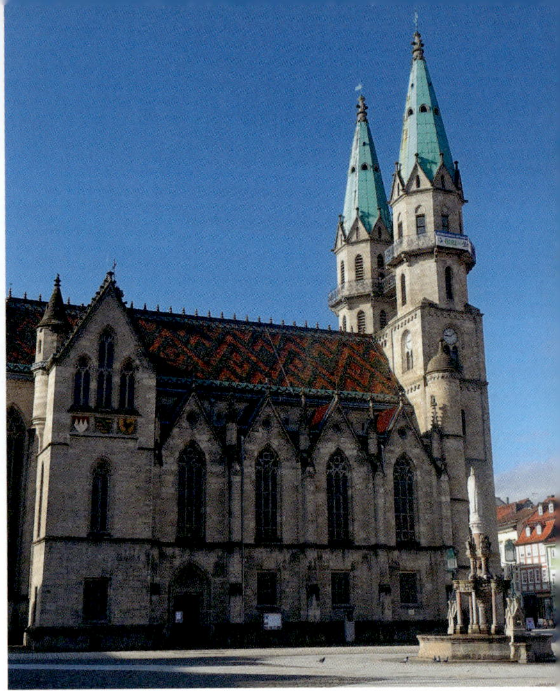

↑ Um das Schlundhaus ranken sich Sagen.
↗ Auf dem Meininger Marktplatz

mit der Nummer 14 auf dem Gehweg rechts hinunter und über die Werra. Erst auf der Fischergasse schlendern wir rechts und dann nach rechts versetzt in der Schlundgasse weiter. Das schöne Fachwerkhaus ist das Hotel Schlundhaus. Dann stehen wir auf dem großen **4** **Marktplatz**, auf dem die Marienkirche mit ihren 50 Meter hohen Türmen dominiert. Der Bau trägt ein neugotisches Kleid, geht aber auf das Jahr 1000 zurück. Die Stände mit Thüringer Bratwurst sind wichtige Anlaufpunkte.

ZUR RUINE HABICHTSBURG Auf der Georgstraße verlassen wir den Marktplatz nach Norden und biegen links in die Ludwig-Chronegk-Straße ein. In der querenden Ernestinerstraße steht das Pfaffenrothsche Haus aus der Zeit um 1600. Wir gehen rechts und wieder rechts durch die enge Postgasse und sehen die Rückseite des Büchnerschen Hinterhauses aus dem 16. Jahrhundert. Auf der Georgstraße wandern wir links und queren die verkehrsreiche Marienstraße halb rechts in den Goethepark. An dem großen See mit der künstlichen Ruine ist das berühmte Meininger Theater. Es gilt als Wiege des Regietheaters und bietet auch heute ein großes Repertoire. Neben dem Theater kommen wir zu dessen imposanter Vorderseite. Wir überqueren die Bernhardstraße an der Ampel in die Landsberger Straße, gehen jedoch noch vor der Werrabrücke links auf dem Gehweg an dem Bach entlang. Vor dem Schloss aus dem 17. Jahrhundert queren wir auf der Brücke den Graben und umrunden den Bau nach links zum Haupttor. Das barocke Schloss Elisabethenburg war einst die Residenz der Herzöge von Sachsen-Meiningen und beherbergt heute Museen.
Durch den Schlosspark gelangen wir zur Werra, die wir auf der Bogenbrücke überqueren. Dann schickt uns der Wegweiser rechts aufwärts und in mehreren Serpentinen erreichen wir das **5** **Diezhäuschen** mit herrlicher Aussicht über die Stadt. Der Wegweiser leitet uns auf den Pfad nach Nordwesten auf der Extratour Der Meininger in Richtung Schaubachhütte. Vor einem Zaun müssen wir links hinaufsteigen. Am Stern-

platz geht es halb rechts weiter und vor einem Picknicktisch rechts auf dem Pfad zur Schaubachhütte hinunter. Am Funkturm bleiben wir geradeaus und folgen dann immer der Markierung M in Richtung Habichtsburg. Auf der **6 Ruine Habichtsburg** aus dem 12. Jahrhundert sind zwar nur noch wenige Mauerreste zu sehen, aber die kleine Festung begeistert durch die Anlage auf dem Bergsporn und durch den aus dem Fels geschlagenen Halsgraben. Durch den Halsgraben und dann rechts geht es in Richtung Schloss Landsberg. Links unten sehen wir die alte Frankfurter Straße. Am Ende des Walds sind wir schließlich am Parkplatz vom **E Schloss Landsberg** zurück.

INFO

TOURENCHARAKTER

Leichte, meist schattige Wege und Pfade durch Wälder, im Ortsgebiet auf Straßen. Feste Wanderschuhe mit griffigen Sohlen sind angebracht.

AUSGANGS-/ENDPUNKT

Parkplatz am Fuß vom Schloss Landsberg, Landsberger Straße, 98617 Meiningen, GPS 50°35‘45.3“N 10°23‘46.5“E (315 m)

ANFAHRT

ÖPNV: Mit der Bahn nach Meiningen und Start von dort
Auto: Auf der A 71 Ausfahrt 21 Meiningen-Nord und auf der B 19 und L 1140 zum Schloss Landsberg

GEHZEITEN

Schloss Landsberg–Marienbild 0:30 Std.–Henriettenplatz 0:40 Std.–Goetz-Höhle 0:25 Std.–Marktplatz 0:15 Std.–Diezhäuschen 0:50 Std.–Ruine Habichtsburg 0:55 Std.–Schloss Landsberg 0:25 Std.

EINKEHR

Ratsstube Meiningen, Anton-Ulrich-Straße 1, 98617 Meiningen, Tel. 03693/885 88 77
Fischgaststätte, Anton-Ulrich-Straße 11, 98617 Meiningen, Tel. 03693/799 05
Goetz-Höhlen-Baude, Tel. 03693/50 34 84

Leicht | 13,8 km | 270 Hm | 4.00 Std.

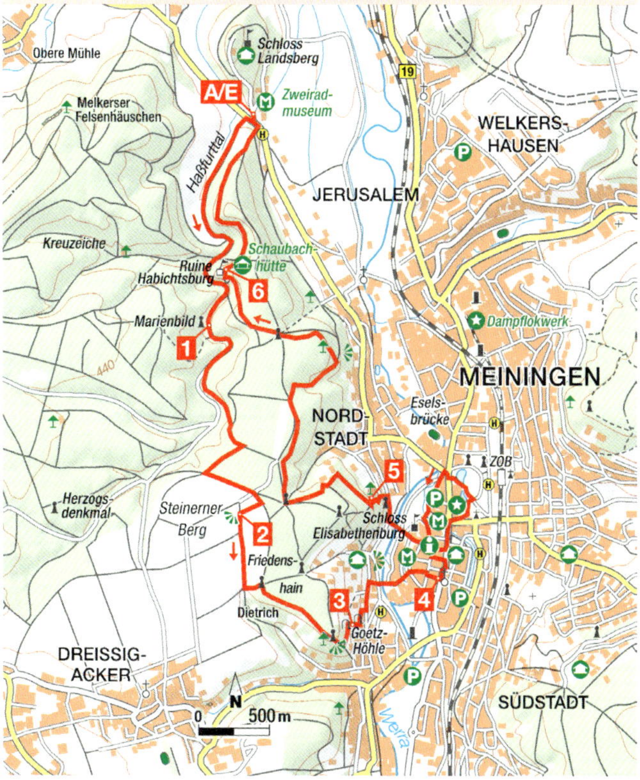

KARTE

52 Vordere Rhön

INFORMATION

Ernestinerstraße 2, 98617 Meiningen, Tel. 03693/446 50, www.meiningen.de

HINWEIS

Möglichst Wochenenden meiden

VESSERTAL UND ADLERSBERG

Balsam für die Seele im Biosphärenreservat

Die Wanderung durchstreift reizvolle stille Täler mit klaren Bächen, an denen die Wanderer Erholung für ihren Geist finden. In naturnahen Buchenwäldern steigt der Weg hinauf zum beliebten Aussichtsturm auf dem Adlersberg. Die Bergbaude sorgt für die Stärkung der Wandersleute.

21

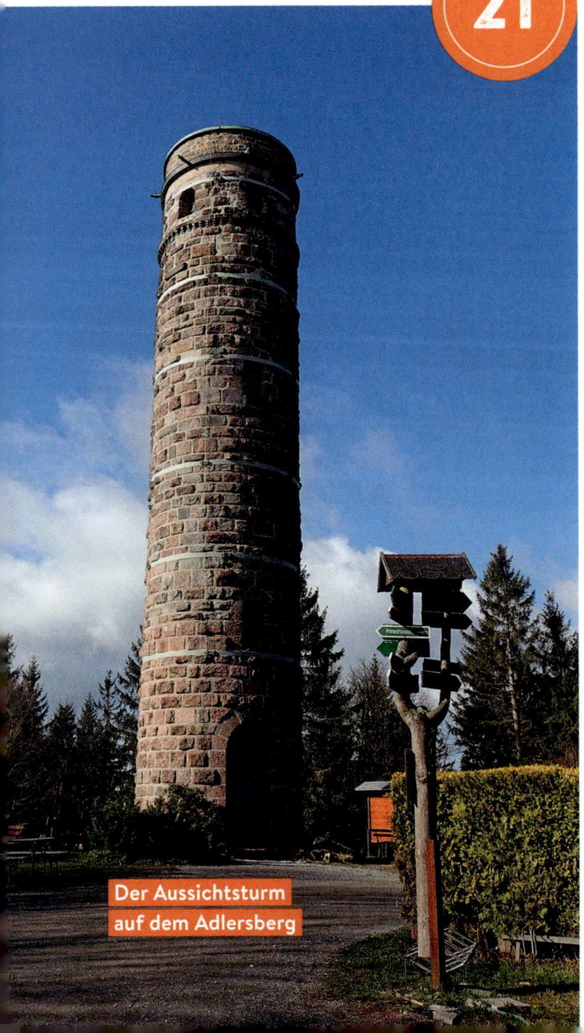

Der Aussichtsturm auf dem Adlersberg

ZUM GLASBACH Vom **A Wanderparkplatz Vessertal** in der Ziegenrücker Straße beginnen wir die Rundwanderung nach Süden in Richtung Breitenbach. An den ersten Häusern gehen wir in spitzem Winkel mit der Markierung grüner Punkt links in Richtung Vesser. Wir kommen an der Forellenzucht vorbei. Dann kommen wir zu einer Hütte an der ehemaligen **1 Löffelmühle**. Später strömt von links der **2 Glasbach** der Vesser zu.

AUF DEN ADLERSBERG Im Glasbachtal steigen wir bergan. Noch im Wald nehmen wir an einer Kreuzung den zweiten Weg nach links und bleiben an der Kreuzung geradeaus über die große Wiese aufwärts zum **3 Stutenhaus**. Wir wandern weiter nach Westen in Richtung Adlersberg. An einer Weggabelung müssen wir rechts und an einer Kreuzung halb rechts Richtung Adlersberg aufwärts. An einer weiteren Kreuzung geht es links steil zum Aussichtsturm auf dem **4 Adlersberg**. Vor der Baude brutzeln und duften schon die Original Thüringer Bratwürste. Vom Aussichtsturm sind der Kreuzberg und die Wasserkuppe in der Rhön zu sehen.

ZUR GROSSEN BUCHE Von der Terrasse der Baude steigen wir auf der Treppe in Richtung Breitenbach hinunter. An der Pumpstation Adlersberg bleiben wir geradeaus über die Forststraße auf dem Pfad neben dem Bächlein abwärts.

An einer Kreuzung mit Forststraßen geht es wiederum geradeaus auf der Forststraße in den Plaudergrund hinab. An einem einladenden Picknickplatz schreiten wir links über die **5 Roßbachbrücke** in Richtung Breitenbach. An der Kreuzung Erdeberg bleiben wir geradeaus und kommen zum Picknickplatz **6 Große Buche**. Entlang des Breitenbachs sind wir nun bald zurück am **E Wanderparkplatz Vessertal**.

INFO

Leicht | **14,8 km** | **460 Hm** | **4.20 Std.**

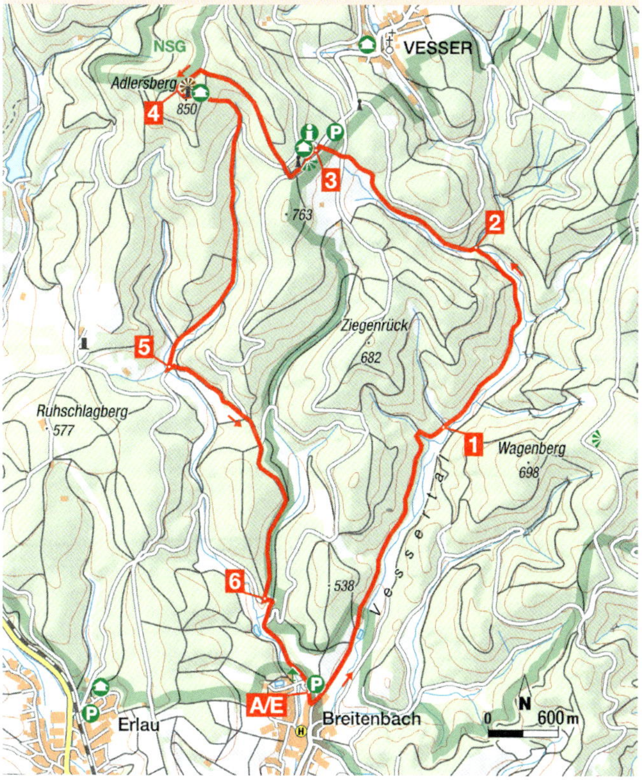

TOURENCHARAKTER

Leichte, meist schattige Wege und Pfade durch Wälder und Bachtäler. Feste Wanderschuhe mit griffigen Sohlen sind angebracht.

AUSGANGS-/ENDPUNKT

Wanderparkplatz Ziegenrücker Straße, 98553 Breitenbach, GPS 50°32‘53.2“N 10°46‘50.7“E (425 m)

ANFAHRT

ÖPNV: Mit der Bahn nach Suhl und mit dem Bus Linie 203 und 201 nach Breitenbach
Auto: Auf der A 73 Ausfahrt 4 Schleusingen und auf der Straße zum Vessertal nach Breitenbach

GEHZEITEN

Wanderparkplatz–Löffelmühle 0:50 Std.–Glasbach 0:35 Std.–Stutenhaus 0:35 Std.–Adlersberg 0:30 Std.–Roßbachbrücke 0:50 Std.–Große Buche 0:45 Std.–Wanderparkplatz 0:15 Std.

EINKEHR

Adlersberg Baude, 98553 Schleusingen, Tel. 036782/615 08
Gaststätte Stutenhaus, Stutenhausstraße 1, 98711 Vesser, Tel. 036782/7085 10, www.berghotel-stutenhaus.de
Gaststätte Blockhaus, Wilke, 98553 Breitenbach, Tel. 036841/481 64, www.gaststaette-blockhaus.de

KARTE

58 Zentraler Thüringer Wald

INFORMATION

Markt 6, 98553 Schleusingen, Tel. 036841/33 00, www.schleusingen.de

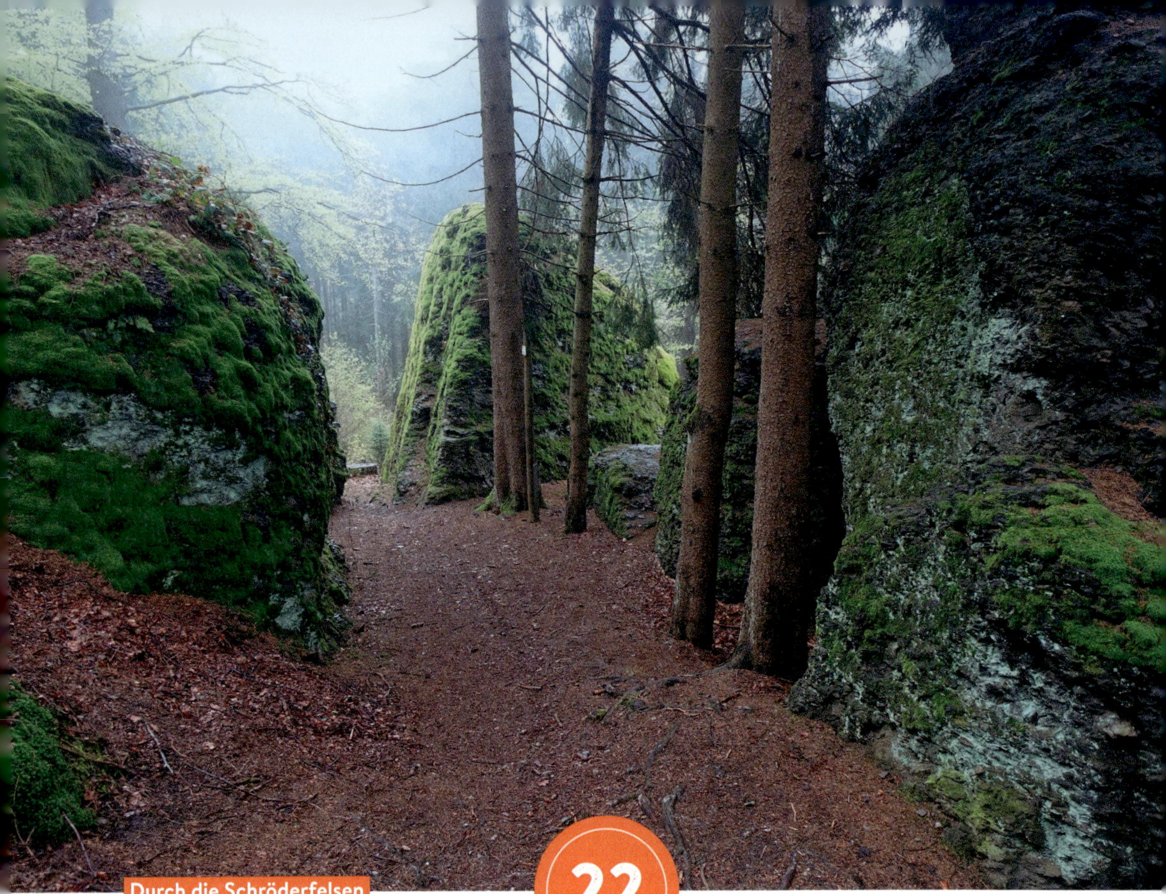

Durch die Schröderfelsen

22

IN DER GIESSÜBLER SCHWEIZ

Beschauliche Wanderlandschaft im Dachsbachtal

Die Wiesen im Dachsbachtal sind eine Wohltat für die Augen und für das Gemüt. Beim Anblick der bezaubernden Landschaft hellt sich die Stimmung zum Frohsinn. In den Wäldern der Hügel stehen geisterhafte Felsgestalten und an Aussichtsstellen öffnen sich herrliche Panoramen.

Im langen Dachsbachtal ziehen sich die Schleusegrund-Wiesen aufwärts in die Wälder mit den bizarren Konglomerat-Felsen aus der Rotliegend-Zeit vor 260 Millionen Jahren. Gerade richtig für eine Wanderung im mystischen Nebel, in dem die Felsgestalten wie verzauberte Figuren wirken, hinter denen sich Kobolde verstecken.

ZUM NADELÖHR Vom Parkplatz am **A Kulturhaus** in Gießübel überqueren wir die Masserberger Straße nach Süden in die Löffelbergstraße aufwärts. An der Weggabelung gehen wir rechts am Haus vorbei und direkt nach dem Haus links auf einem steilen Wiesenpfad bergauf. An einem Zaun mit schnatternden Enten vorbei erreichen wir den vortrefflichen Aussichtspunkt am **1 Löffelbergpavillon**. Gießübel liegt idyllisch im Dachsbachtal und Rehbachtal und aus mehreren Seitentälern plätschern Bäche zu Tal. Da kann man schon verstehen, woher der Name kommt, denn Gießübel bedeutet: »übel überschwemmtes Land.« Der Ort wurde im Jahr 1317 erstmals urkundlich erwähnt und geht auf eine frühe Eisenhütte zurück. In dem waldreichen Gebiet spielte schon immer die Forstwirtschaft mit Sägewerken eine große Rolle. Im Tal waren außerdem Leinenweber angesiedelt und die terrassierte Land-

Tipp

IM GEWÜRZMUSEUM

Im Schleusegrund haben Gewürze eine lange Tradition, denn einst wanderten Buckelapotheker aus dem Tal mit ihren Kräutern von Ort zu Ort. Ende des 19. Jahrhunderts entstand ein überregionaler Gewürzhandel und im Schleusegrund wurde eine Gewürzmühle gegründet (Gewürzmuseum und Shop, Neustädter Straße 20, 98667 Schönbrunn, Tel. 036874/382 55, www.schleusegrund.de).

↓ Die Wiesen im Dachsbachgrund
↘ Der Wegweiser im Kessel

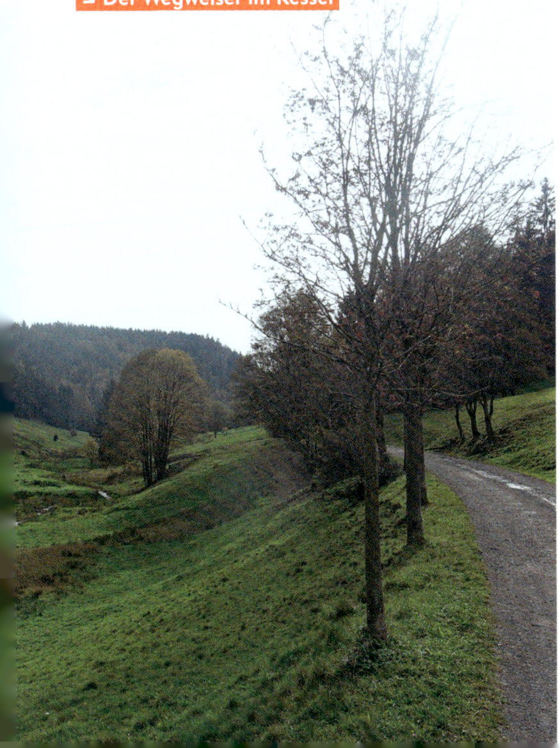

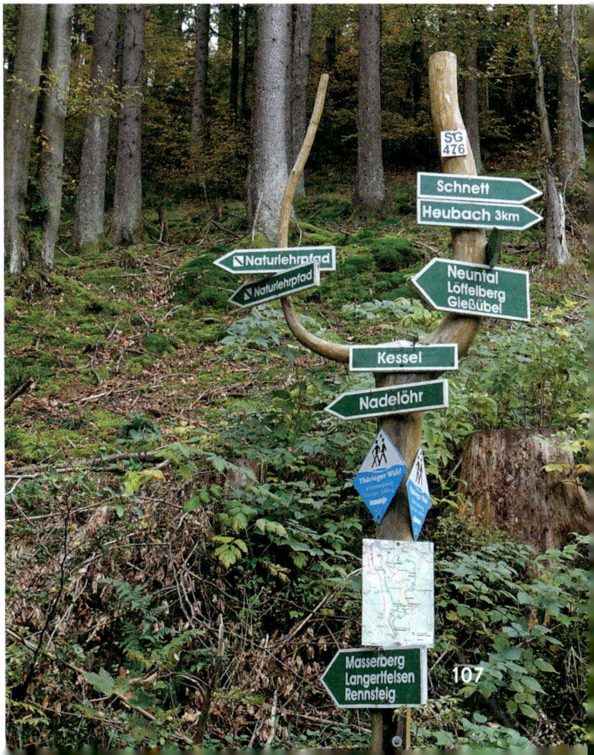

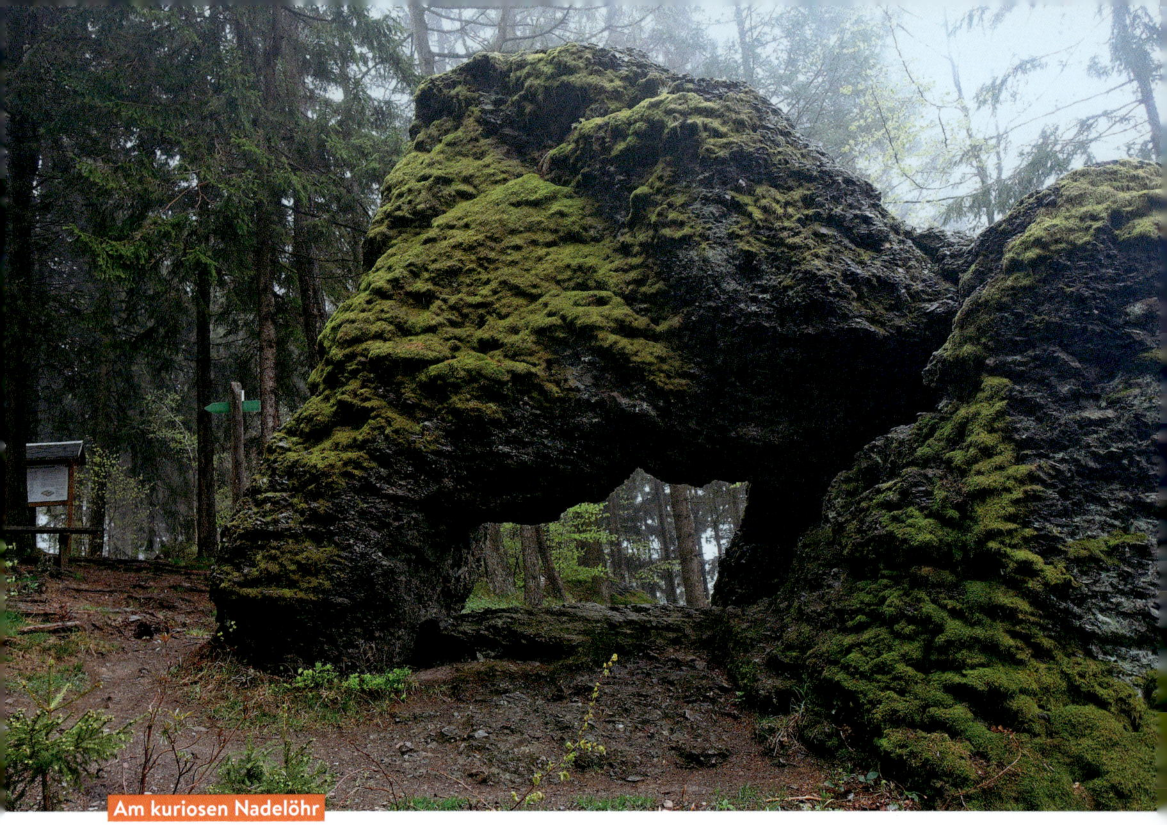

Am kuriosen Nadelöhr

schaft erinnert an die Landwirtschaft für die Selbstversorgung und zur Haltung von Pferden für die Anspanndienste auf den Handelswegen durch den Thüringer Wald. Nach dem Ersten Weltkrieg gab es auch eine Glashütte in Gießübel und heute ist der Fremdenverkehr ein starker Faktor.

Vom Pavillon wandern wir nach Südosten durch das Wohngebiet. Wir sind auf der Straße Am Einweg und bleiben an einem Abzweig rechts weiter hinauf auf den Löffelberg. Nach dem letzten Haus biegen wir rechts auf die Forststraße und bleiben an einem Picknickplatz geradeaus in Richtung Schröderfelsen. Dann quert ein Pfad die Forststraße und wir gehen in einem kurzen Abstecher auf dem Pfad in spitzem Winkel links hinauf zum kuriosen **2 Nadelöhr**, einem Konglomeratfelsen mit einem großen Durchbruch. In Gießübel geht der Spruch um: »Wer sich durch das Nadelöhr zwängt und sich etwas wünscht, dessen Wunsch geht in Erfüllung, wenn er niemandem davon etwas verrät.« Daher ist auch nichts über erfüllte Wünsche bekannt. Kein Wunder, dass es um solche mysteriösen Naturerscheinungen Sagen gibt.

ZUM WEGWEISER IM KESSEL Wir überqueren weiter unten die Forststraße abwärts und erleben den Gang durch die mystischen Schröderfelsen, die besonders bei Nebel wie ein geheimnisvoller Schlund wirken. Dann überschreiten wir im Neuntal einen Quellbach des Dachsbachs und bleiben danach an einer Gabelung geradeaus. Direkt am Weg liegen die Felsen der **3 Dachsbachkanzel** mit etwas Aussicht durch die Bäume in den Dachsbachgrund. Dann steigen wir hinunter zum **4 Wegweiser im Kessel** an einer engen Kehre der breiten Forststraße.

ZURÜCK ZUM KULTURHAUS Hier gibt es nun zwei Möglichkeiten für den Rückweg nach Gießübel. Der ältere Forstweg rechts führt auf dem Naturlehrpfad durch schattige Wälder im Neuntal mit Abstecher an einem kleinen Wasserfall vorbei. Die breite Forststraße leitet durch den langen Dachsbachgrund durch eine herrliche Wiesenlandschaft, die beidseitig durch Wälder begrenzt ist. Wir wandern wegen der schönen Landschaft diesmal auf der breiten Forststraße abwärts und kommen kurz vor Gießübel an einem **5 Sportplatz** vorbei. In Gießübel gehen wir am Gasthof Schwarzer Adler rechts an der Kirche mit separatem Glockenhaus vorbei, die im Stil des Bauernbarocks 1723 erbaut wurde. Auf der Rehbachstraße müssen wir rechts hinauf und fädeln in die Masserberger Straße ein, die direkt zum Parkplatz am **E Kulturhaus** führt.

INFO

TOURENCHARAKTER

Leichte, meist schattige Wege und Pfade durch Wälder und Felder, im Ortsgebiet auf Straßen. Trittsicherheit und feste Schuhe mit griffigen Sohlen sind erforderlich.

AUSGANGS-/ENDPUNKT

Kulturhaus, Querenbergstraße 17, 98667 Gießübel, GPS 50°32‘04.6“N 10°55‘31.6“E (558 m)

ANFAHRT

ÖPNV: Mit der Bahn nach Suhl und mit dem Bus Linie 203 nach Gießübel
Auto: Auf der A 73 Ausfahrt 4 Schleusingen und auf der L 2638 und L 1137 nach Gießübel

GEHZEITEN

Kulturhaus–Löffelbergpavillon 0:10 Std.–Nadelöhr 0:35 Std.–Dachsbachkanzel 0:25 Std.–Wegweiser im Kessel 0:10 Std.–Sportplatz 0:30 Std.–Kulturhaus 0:30 Std.

EINKEHR

Gasthof Schwarzer Adler, Neubrunnstraße 23, 98667 Gießübel, Tel. 036874/723 55
Triniusbaude, Rennsteig, Tel. 036870/504 30
Gaststätte Fröhlicher Jäger, Gabeler Straße 1, 98667 Schönbrunn, Tel. 036874/722 44

Leicht | **7,2 km** | **240 Hm** | **2.20 Std.**

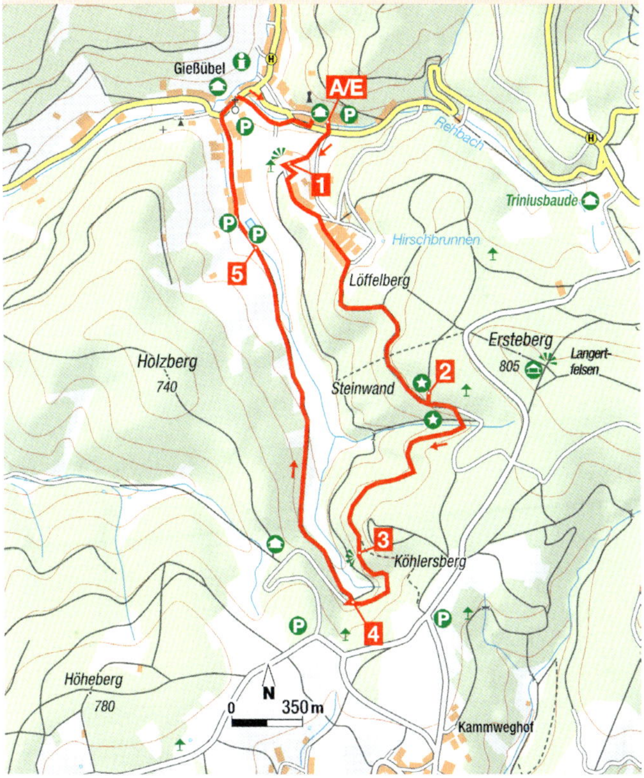

KARTE

58 Zentraler Thüringer Wald

INFORMATION

Neustädter Straße 20, 98667 Schönbrunn, Tel. 036874/382 55, www.schleusegrund.de

ZUM KLOSTER VESSRA

Vom historischen Themar über Berge und Werraauen

Startpunkt der Wanderung ist das hübsche Themar an der Werra, die Stadt der sieben Türme. Das Geheimnis des Eingefallenen Bergs macht neugierig und der Besuchermagnet Kloster Veßra mit Hennebergischem Museum lässt auf einen erlebnisreichen Tag hoffen.

23

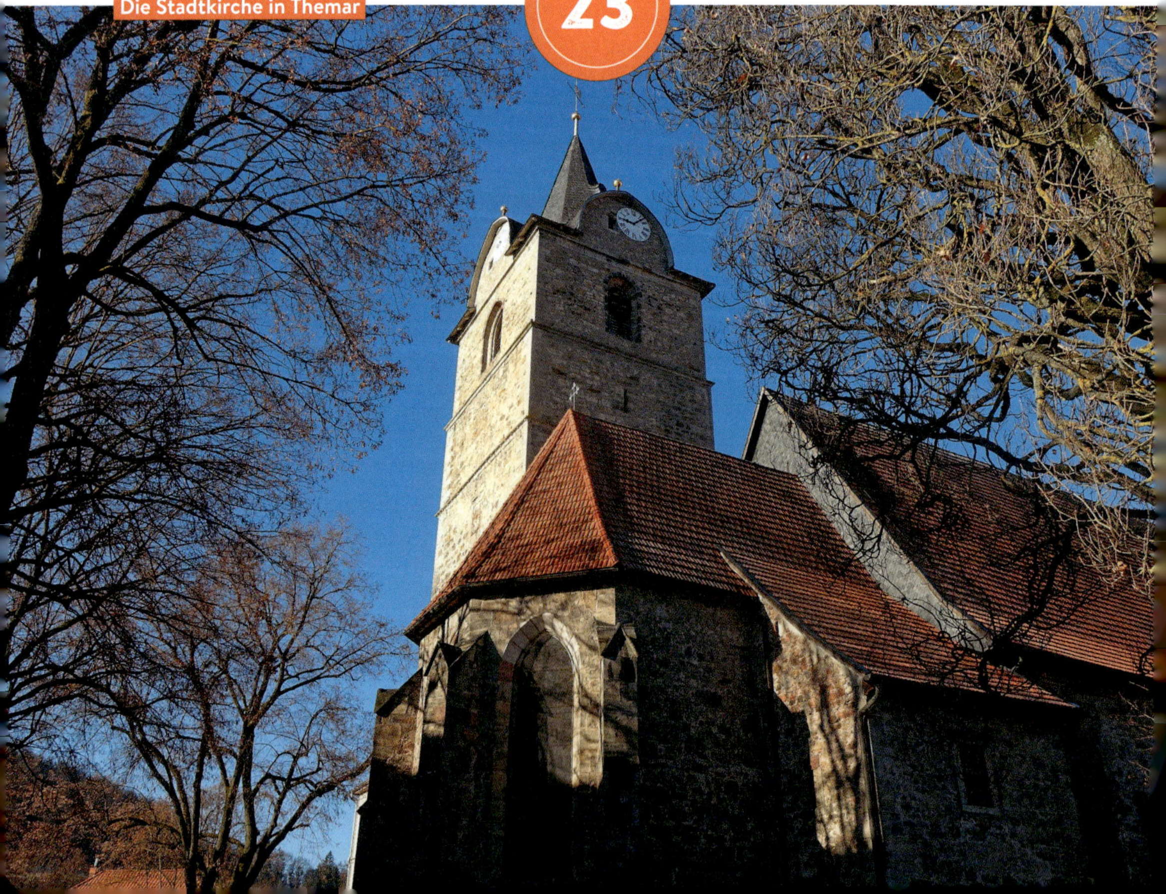

Die Stadtkirche in Themar

Zu Beginn der Wanderung gilt es, das nette Themar mit seinem mittelalterlichen Flair zu erkunden. Mit den Häusern in hennebergisch-fränkischem Fachwerkstil und der Stadtkirche Sankt Bartholomäus sind einige Sehenswürdigkeiten gegeben.

AUF DEN GEHEGTEN BERG Vom **A Parkplatz Feuerwehr** in der Tachbacher Straße überqueren wir an der Ampel die Meininger Straße (B 89) und fädeln nach Norden in die Bahnhofstraße ein. Auf der engen Wassergasse gehen wir rechts und am Ende rechts zum Hexenturm aus dem 17. Jahrhundert. Auch ein Blick von außerhalb der Stadtmauer lohnt. Nicht auszudenken, welche grausigen Vorgänge sich in solchen Kerkern abspielten. Wir gehen vom Hexenturm lieber auf der Mangersgasse zurück und kommen am Marktplatz mit dem repräsentativen Rathaus vorbei, das 1711 erbaut wurde. Rechts um die Ecke steht am Schuhmarkt das herrliche Amtshaus in hennebergisch-fränkischem Fachwerkstil aus dem Jahr 1665. Wir gehen auf der Brücke über die Werra mit schönem Blick auf das Stadtensemble. Wir bleiben auf der Straße L 2628 immer geradeaus und steigen erst vor dem Haus mit der Nummer 17 links auf dem Werra-Burgen-Steig in Richtung Hildburghausen hinauf. Am Waldrand bleiben wir ohne Wegweiser geradeaus steil aufwärts in den Wald und bleiben auch an einem Abzweig geradeaus. Oben schwenkt der Weg nach links auf den Kamm und wir erreichen den höchsten Punkt auf dem **1 Gehegten Berg**. Der Buchenaltbestand ist idealer Lebensraum für viele Spechte, wie zu hören ist.

ZUM AUSSICHTSPLATZ Der Weg neigt sich nun abwärts und an einer Gabelung wählen wir die linke Spur. An einer Kreuzung geht es in Richtung Eingefallener Berg links und dann an der Abbruchkante rechts aufwärts.

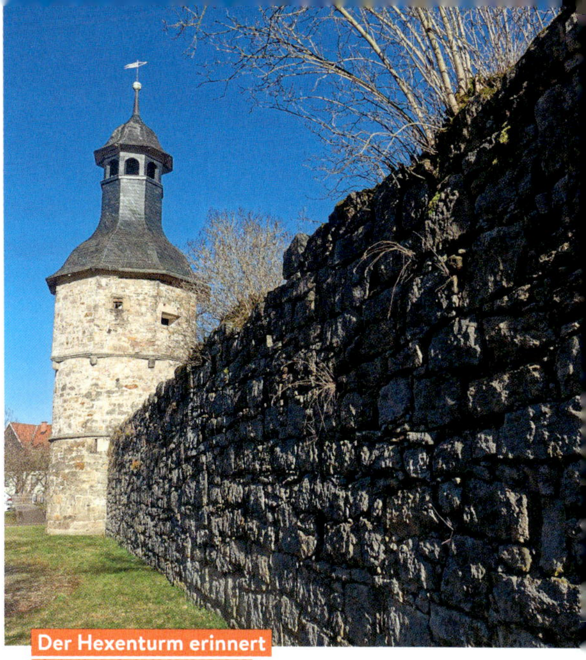

Der Hexenturm erinnert an eine schlimme Zeit.

An einem **2 Aussichtsplatz** mit Bänken schauen wir auf die Werra und in das Schleusetal zum Kloster Veßra. Der Eingefallene Berg mit seiner Abrisswand ist das größte Bergsturzgebiet Südthüringens. Die steile Felswand aus Wellenkalk ist von großen Spalten durchsetzt, in die Wasser eindringt und bei Frost das Gestein sprengt. Der letzte dokumentierte Bergsturz ereignete sich 1595.

Tipp

DER EINGEFALLENE BERG

Am Berg, der heute der Eingefallene Berg genannt wird, stand einst ein Dorf mit dem Namen Dörfles. Alle Bewohner waren Halunken und Gotteslästerer. So traf sie das Urteil und das Dorf versank unter dem einstürzenden Berg. Wer aufmerksam ist, hört aus der Eishöhle auf dem Eingefallenen Berg Seufzen und Heulen der umhergehenden Geister der Bewohner.

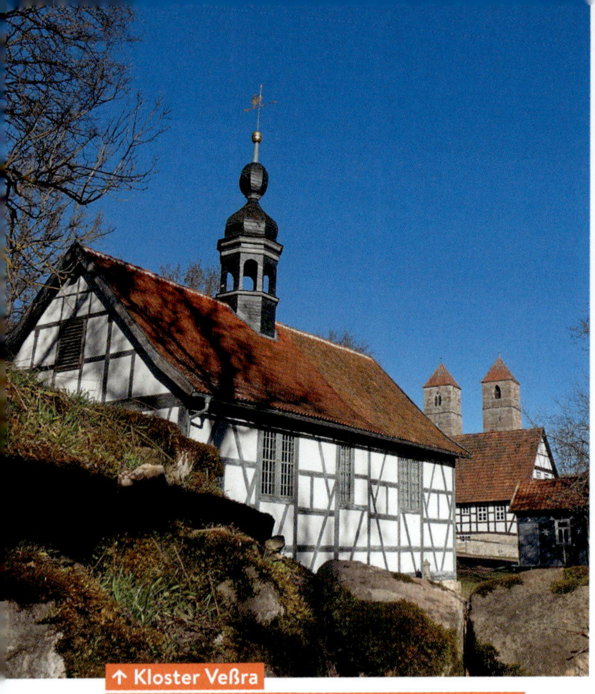

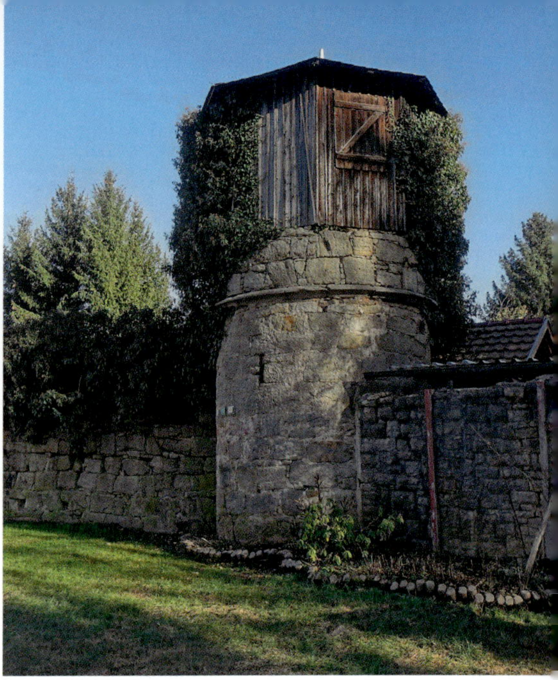

↑ Kloster Veßra
↗ Einer der kleineren Türme der Stadtmauer

ZUM KLOSTER VESSRA An einem breiteren Weg halten wir uns links und kommen über die höchste Stelle des Wegs. 50 Meter vor einem Picknickplatz müssen wir in spitzem Winkel links auf den Pfad hinunter. Weiter unten stoßen wir auf einen breiteren und auf einen schmaleren Weg. Wir gehen auf dem breiteren Weg mit der Markierung eines weiß-grün-weißen Rechtecks links und dann in einem Rechtsbogen abwärts. Am Waldrand laufen wir geradeaus über die Felder. Schließlich überquert der Feldweg auf einer **3 Brücke** die Werra. Vor dem hohen Bahndamm gehen wir links und durch den Tunnel. Neben der B 89 müssen wir links und nach der Brücke über die Schleuse, die hier in die Werra mündet, rechts Richtung Kloster Veßra. Nach 600 Metern ist rechts der Eingang in das **4 Kloster Veßra**. Das 1131 gegründete Prämonstratenser-Chorherrenstift Veßra war das Hauskloster der Henneberger Grafen. Es ist eine gut erhaltene mittelalterliche Anlage, die seinerzeit politischer Mittelpunkt und kulturelles Zentrum mit überregionaler Ausstrahlung war. Heute ist das gesamte Areal ein Museumsgelände. Da sind die historischen romanischen und gotischen Gebäude des Klosters mit Basilika, Klausurgebäude, Kreuzgang und Wirtschaftsgebäuden. Im Klosterareal stehen wiederaufgebaute Gebäude mit historischen Gärten aus dem Henneberger Land.

ZUR STADTKIRCHE Gegenüber dem Eingang des Klosters wandern wir rechts der Bushaltestelle auf der Schulstraße aufwärts wieder los. An der T-Kreuzung nach den Schienen gehen wir links in Richtung Themar. 30 Meter vor einer Hochspannungsleitung geht es links hinab an einem Picknickplatz vorbei, von dem aus die Basilika des Klosters und rechts daneben der Ehrenberg zu sehen sind. An einer Rechtskurve mit Blick auf den Forellenhof Themar mit Hofladen gehen wir links auf dem kleinen Pfad abwärts über die Schienen. Dann stoßen wir wieder auf die B 89, wandern links über den Fluss Schleuse und rechts wieder durch den Tunnel und auf der **3 Brücke** über die Werra in die Felder hinaus. Am Waldrand gehen wir 50 Meter in den Wald hinein und dann rechts auf dem ebenen Weg am Waldrand weiter. Stellenweise liegen Felsen aus den Felsstürzen in der Landschaft neben der Werra. Schließlich erreichen wir auf der Iltenbergstraße die ersten Häuser von Themar. Auf der Brücke für Fußgänger kommen wir über die Werra und überqueren am Torwiesenturm der Stadtmauer die Umgehungsstraße. Zwischen Stadtmauer, die noch sieben Türme besitzt, und Werra kommen wir zur großen Schwelle des Flusses, nach der uns ein Mauerdurchgang zur **5 Stadtkirche** hindurchlässt. Die 1502 errichtete Bartholomäus-Kirche behütet wertvolle Altäre. Nach links geht es zum Marktplatz und auf der Bahnhofstraße rechts zum Parkplatz an der **E Feuerwehr** zurück.

INFO

TOURENCHARAKTER

Leichte, meist sonnige Wege und Pfade durch Wälder und Felder, im Ortsgebiet auf Straßen. Feste Wanderschuhe mit griffigen Sohlen sind angebracht.

AUSGANGS-/ENDPUNKT

Parkplatz Feuerwehr, Tachbacher Straße 6, 98660 Themar, GPS 50°30‘23.5“N 10°36‘54.0“E (330 m)

ANFAHRT

ÖPNV: Mit der Bahn nach Themar
Auto: Auf der A 71 Ausfahrt 22 Meiningen-Süd und auf der B 89 nach Themar

GEHZEITEN

Parkplatz Feuerwehr–Gehegter Berg 0:50 Std.–Aussichtsplatz 0:10 Std.–Brücke 0:35 Std.–Kloster Veßra 0:15 Std.–Brücke 0:20 Std.–Stadtkirche 0:50 Std.–Parkplatz Feuerwehr 0:10 Std.

EINKEHR

Kloster-Café Veßra, Neuhofer Straße, 98660 Kloster Veßra
Grillhütte Refektorium, Schleusinger Straße 62, 98660 Kloster Veßra, Tel. 0175/860 25 88, www.refektorium.com
Gaststätte Grüner Baum, Markt 9, 98660 Themar, Tel. 036873/604 43, www.gruenerbaumthemar.de

Leicht | 10,8 km | 260 Hm | 3.10 Std.

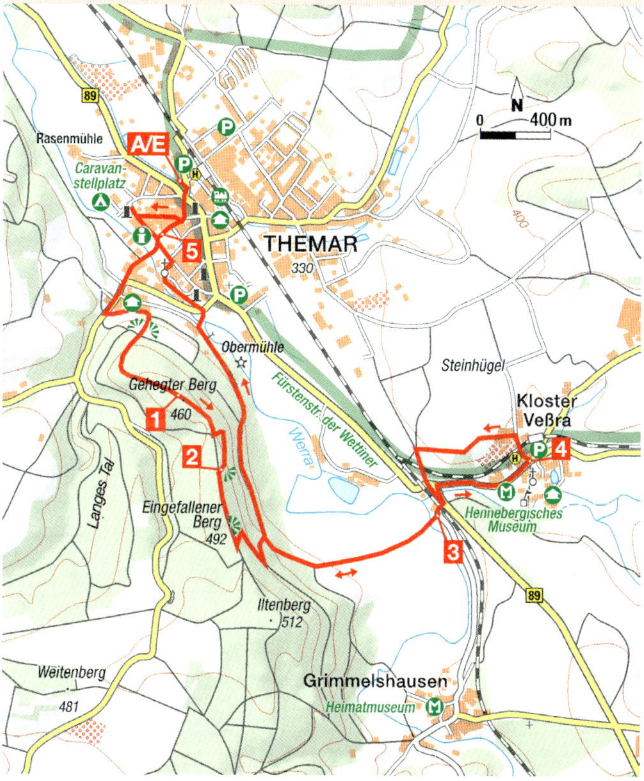

KARTE

58 Zentraler Thüringer Wald

INFORMATION

Schuhmarkt 6, 98660 Themar, Tel. 036873/697 32, www.themar.de

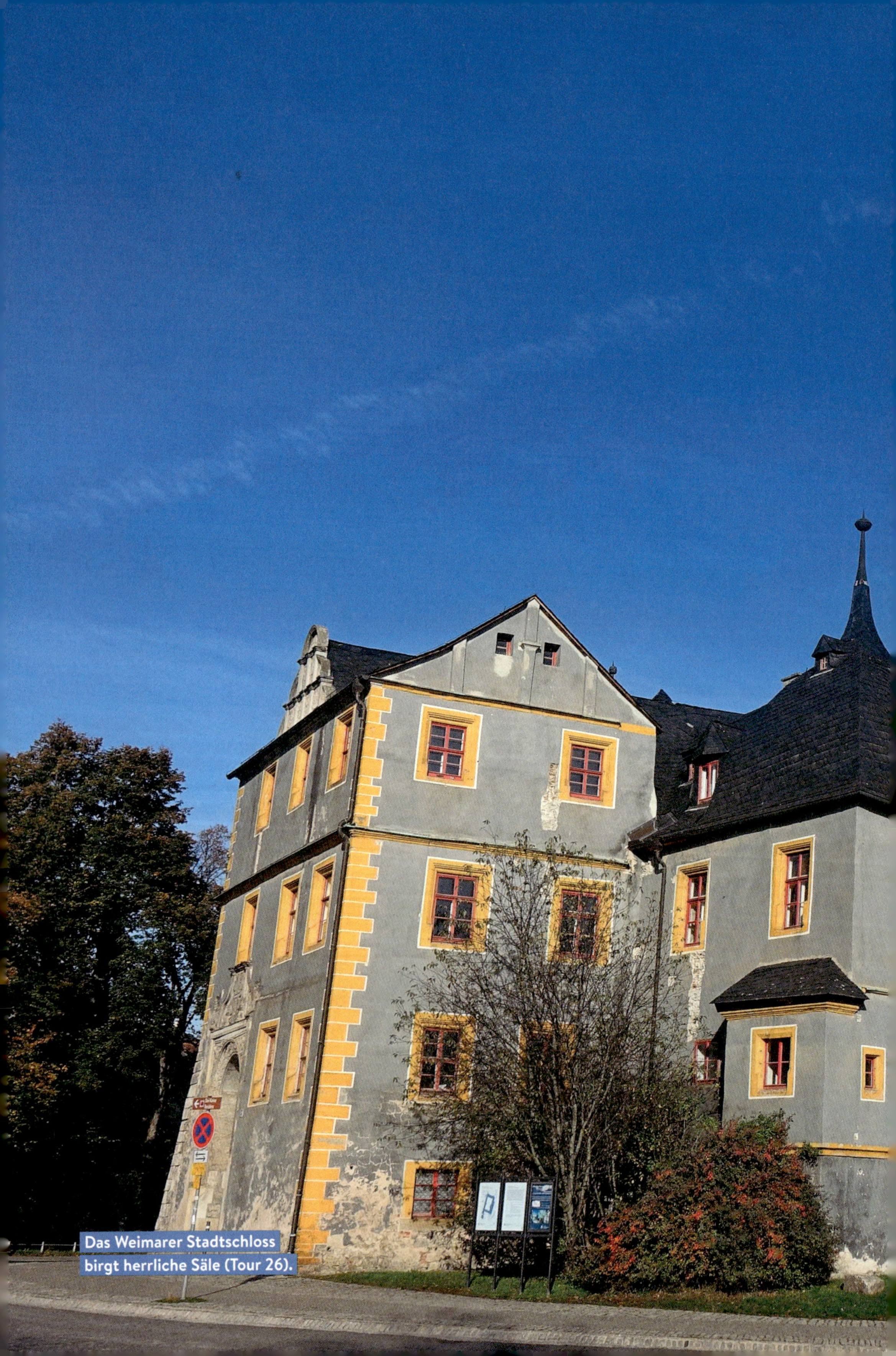

Das Weimarer Stadtschloss birgt herrliche Säle (Tour 26).

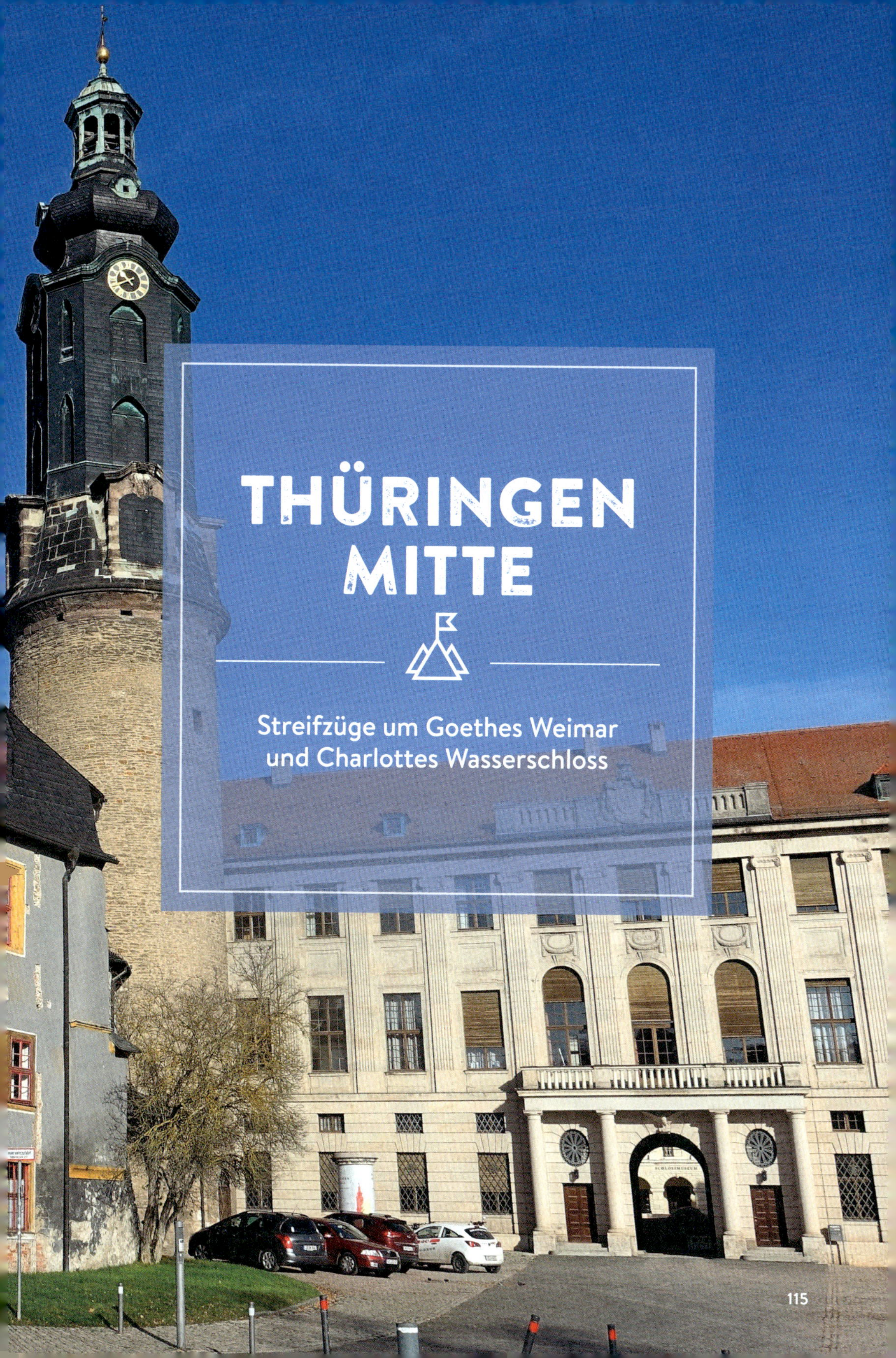

THÜRINGEN MITTE

Streifzüge um Goethes Weimar
und Charlottes Wasserschloss

SCHLOSS ETTERSBURG

Schreckensort Buchenwald und Weltkulturerbe

Es sind nicht nur Wege dunkler Geschichte. Es sind Wege deutscher Kultur, denn Schloss Ettersburg wurde im 18. Jahrhundert als »Musenhof Weimars« berühmt. Kunst, Literatur, Musik und die intellektuelle Elite hielten unter Anna Amalia Einzug im Schloss Ettersburg.

24

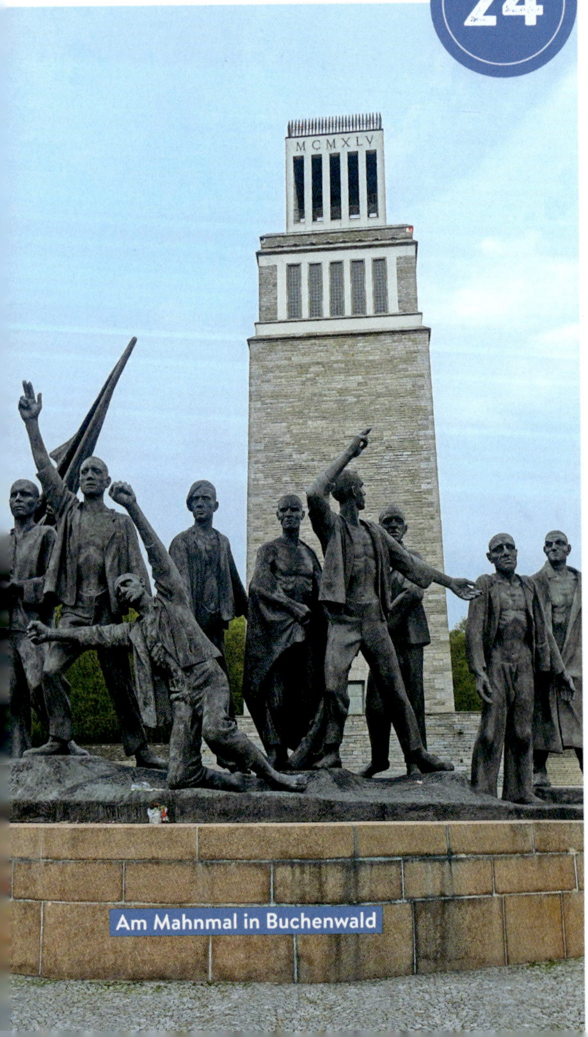

Am Mahnmal in Buchenwald

ZUM MAHNMAL Von dem Parkplatz und der Bushaltestelle **A Buchenwald** gehen wir nach Süden an dem Ausstellungsgebäude vorbei zu einem Tor vor dem Friedhof Ettersberg. Etwas weiter links steht das **1 Mahnmal** mit dem großen Glockenturm.

ZU DEN KAISERLINDEN Wir steigen die Treppen hinauf und finden am langen Waldrand Fahrspuren nach Osten mit Aussicht auf Weimar. 2,5 Kilometer nach dem Mahnmal gehen wir an der T-Kreuzung vor einer riesigen Obstplantage links hinauf und überqueren die Blutstraße. Neben dieser Straße führt nach rechts ein Pfad zu einem Parkplatz auf der linken Seite, etwas zurückversetzt im Wald. Von der Mitte des Parkplatzes folgen wir dem Wegweiser halb rechts in Richtung Kaiserlinden. An einer Kreuzung mit tiefen Fahrspuren kommen wir links zu den historischen **2 Kaiserlinden**. Hier lies Napoleon für Zar Alexander I eine große Jagd ausrichten.

ZUM SCHLOSS ETTERSBURG Von den Linden kommen wir an eine Forststraße, der wir nach rechts an einem Weiher vorbei folgen. Wir bleiben an der Kreuzung vor dem **3 Naturschutzgebiet Rautenschlag** geradeaus und wandern in Ettersburg in spitzem Winkel auf der Straße Im Steingraben links, die sich in der Schänkgasse fortsetzt. An der Gabelung der Sandwege gehen wir rechts hinauf zum **4 Schloss Ettersburg**.

ZUM TOR »JEDEM DAS SEINE« Auf dem breiten Weg am Schloss vorbei wandeln wir durch den Park in Richtung Buchenwald. An einem Pavillon geht es halb rechts auf dem Jakobsweg weiter. Erst an einer Weggabelung nach einem Jagdansitz steigen wir rechts hinauf durch ein Tor in das russische Gräberfeld. Am oberen Tor gehen wir rechts und dann links hinauf. An einem Wachturm geht es rechts am Lagerzaun entlang zu dem Haupttor mit der berühmten Inschrift **5 »JEDEM DAS SEINE«.** Hier laufen wir links und nach der historischen Tankstelle rechts hinauf am ehemaligen Bahnhof mit der berüchtigten Rampe vorbei. Links der Straße kommen wir auf dem Gehweg zurück zum Parkplatz **E Buchenwald**.

INFO

TOURENCHARAKTER

Leichte, meist schattige Wege und Pfade durch Wälder und Wiesen, im Ortsgebiet auf Straßen. Feste Wanderschuhe mit griffigen Sohlen sind angebracht.

AUSGANGS-/ENDPUNKT

Parkplatz Buchenwald, 99427 Weimar, GPS 51°00'49.0"N 11°15'20.3"E (475 m)

ANFAHRT

ÖPNV: Mit der Bahn nach Weimar und mit dem Bus Linie 6 nach Buchenwald

Auto: Auf der A 4 Ausfahrt 48 Nohra und auf der B 85 und B 7 zur Gedenkstätte Buchenwald

GEHZEITEN

Parkplatz Buchenwald–Mahnmal 0:10 Std.–Kaiserlinden 1:20 Std.–NSG Rautenschlag 0:20 Std.–Schloss Ettersburg 0:25 Std.–»JEDEM DAS SEINE« 0:40 Std.–Parkplatz Buchenwald 0:15 Std.

EINKEHR

Restaurant Schloss Ettersburg, Am Schloß 1, 99439 Ettersburg, Tel. 03643/742 84 10, www.restaurant-schlossettersburg.de

Café Paul, Buchenwald 5, 99427 Weimar-Buchenwald, Tel. 03643/43 03 01

Leicht | 10,7 km | 210 Hm | 3.10 Std.

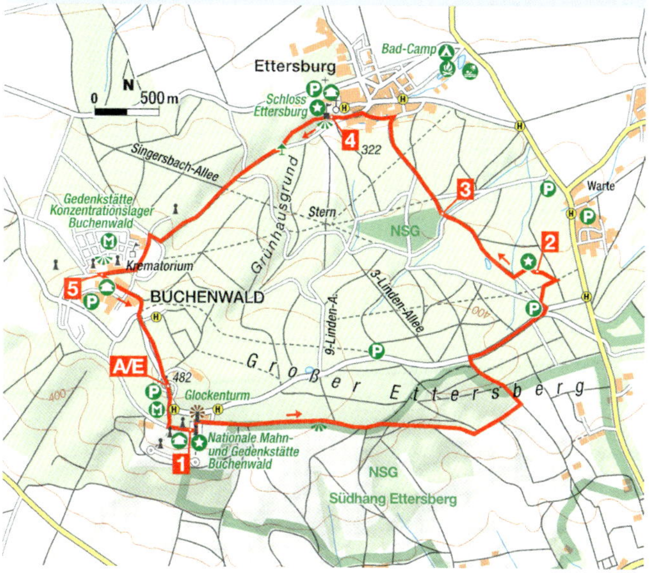

KARTE

62 Östliches Thüringer Becken

INFORMATION

Markt 10, 99423 Weimar, Tel. 03643/74 50, www.weimar-touristinformation.de

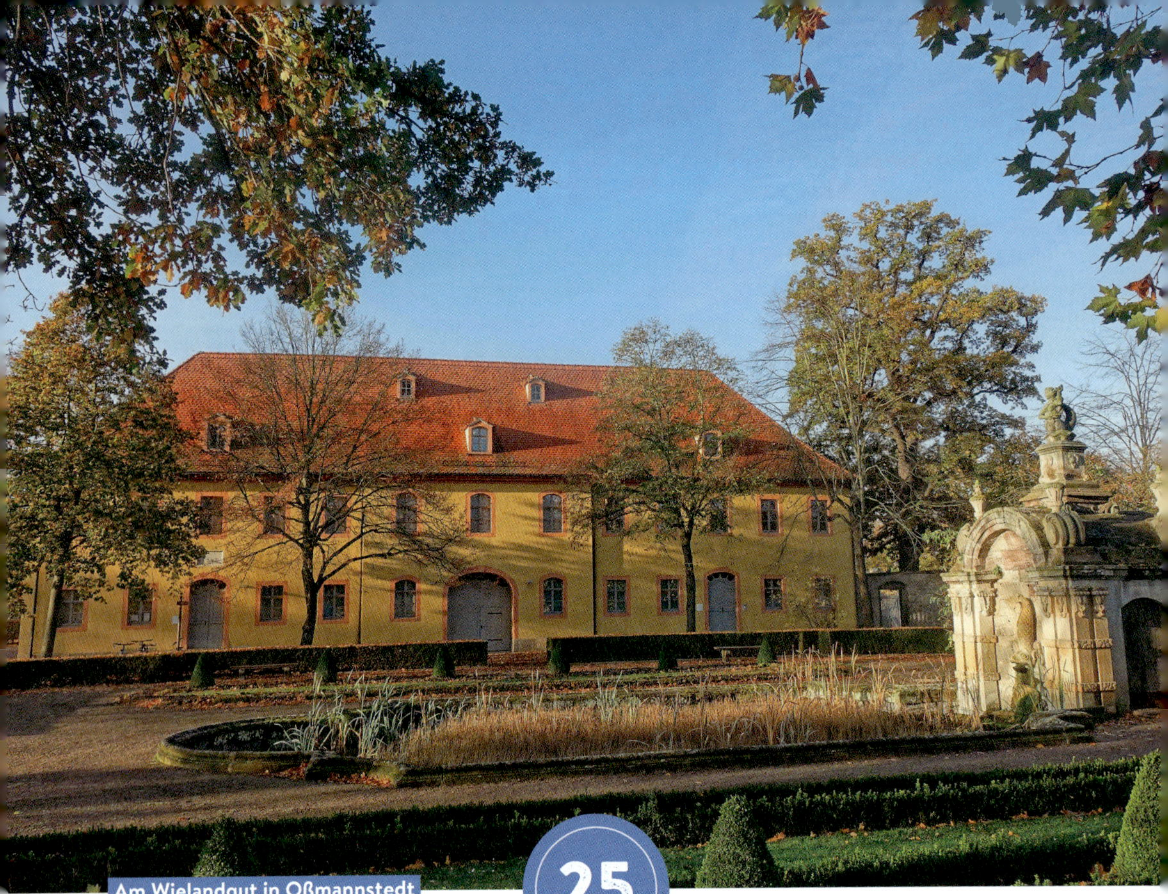

Am Wielandgut in Oßmannstedt

25

ZUR ORDENSBURG LIEBSTEDT

Spuren des »poetischen Landjunkers« Wieland

Im spätbarocken Landgut verbrachte der Dichter Wieland produktive Jahre. Gut, Parkanlage und sein Grab an der Ilm geben Einblick in sein Leben und Wirken. Die nahe Ordensburg Liebstedt ist eine in Europa einzigartige Straßenburg an der alten Kupferstraße.

Zu Beginn der Wanderung steht ein erbaulicher Spaziergang durch den Park des Wielandguts an der Ilm an. Der Gang an der Ilm und über die Felder führt zur beeindruckenden Straßenburg des Deutschen Ordens, die im 10. Jahrhundert erbaut wurde.

ZUM BÄRENHÜGEL Vom Parkplatz und von der Bushaltestelle am **A Wielandgut** treten wir neben dem Wohngebäude des Guts in den Park. 1797 erwarb der Dichter das barocke Gebäudeensemble mit Park. Persönlich legte er am Gutshaus einen Küchen- und Rosengarten an. Das nordöstlich gegenüber dem Wohnhaus gelegene Brunnenhaus mit barocker Grottenanlage ist der schönste Teil der Parkanlage. Wir steigen auf der Treppe hinunter in den unteren Parkteil und halten uns am linken Rand des Parks in Richtung Ilm hinab. Dann folgen wir den Schleifen der Ilm nach rechts flussaufwärts. Dort treffen wir auch auf das Grab Wielands an der Seite seiner Gemahlin Anna Dorothea und von Sophie Brentano, Tochter des Geheimrats Peter Anton Brentano und Brieffreundin Wielands. Wieder fast oben am Wohnhaus gehen wir links durch den Spielplatz, der einst der Küchengarten Wielands war. Dann laufen wir links am Freibad vorbei und überqueren die Wielandstraße in die Ilmauen. Nach 700 Metern gehen wir rechts auf der Fahrspur über

Tipp

IM WIELAND-MUSEUM

Im Wielandgut ist heute ein Museum eingerichtet. In den historischen Räumen befindet sich Interieur aus Wielands Besitz. Besucher erleben eine virtuelle Reise durch sein Zeitalter. Zugleich betreibt die Weimar-Jena-Akademie eine Bildungsstätte, die kulturelle Seminare bietet. Die Einrichtung Wieland-Edition erarbeitet eine Gesamtausgabe von Wielands Werken.

In der Parkanlage am Wielandgut

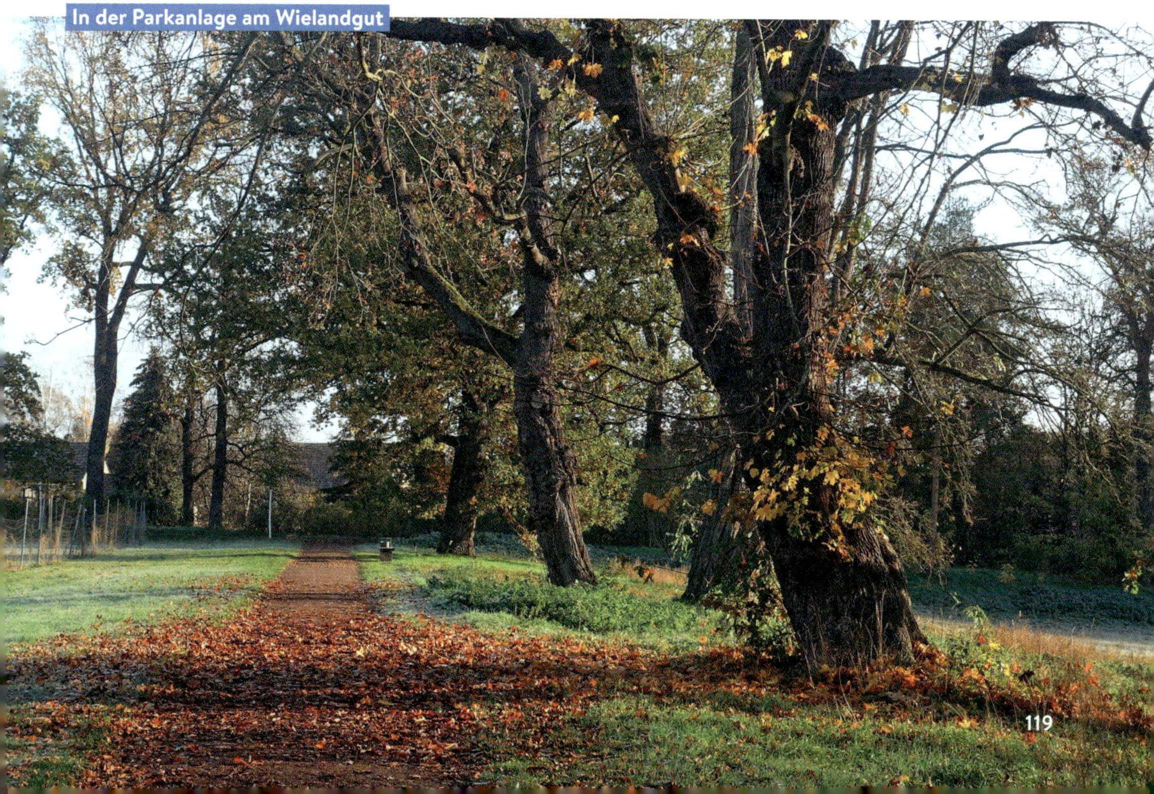

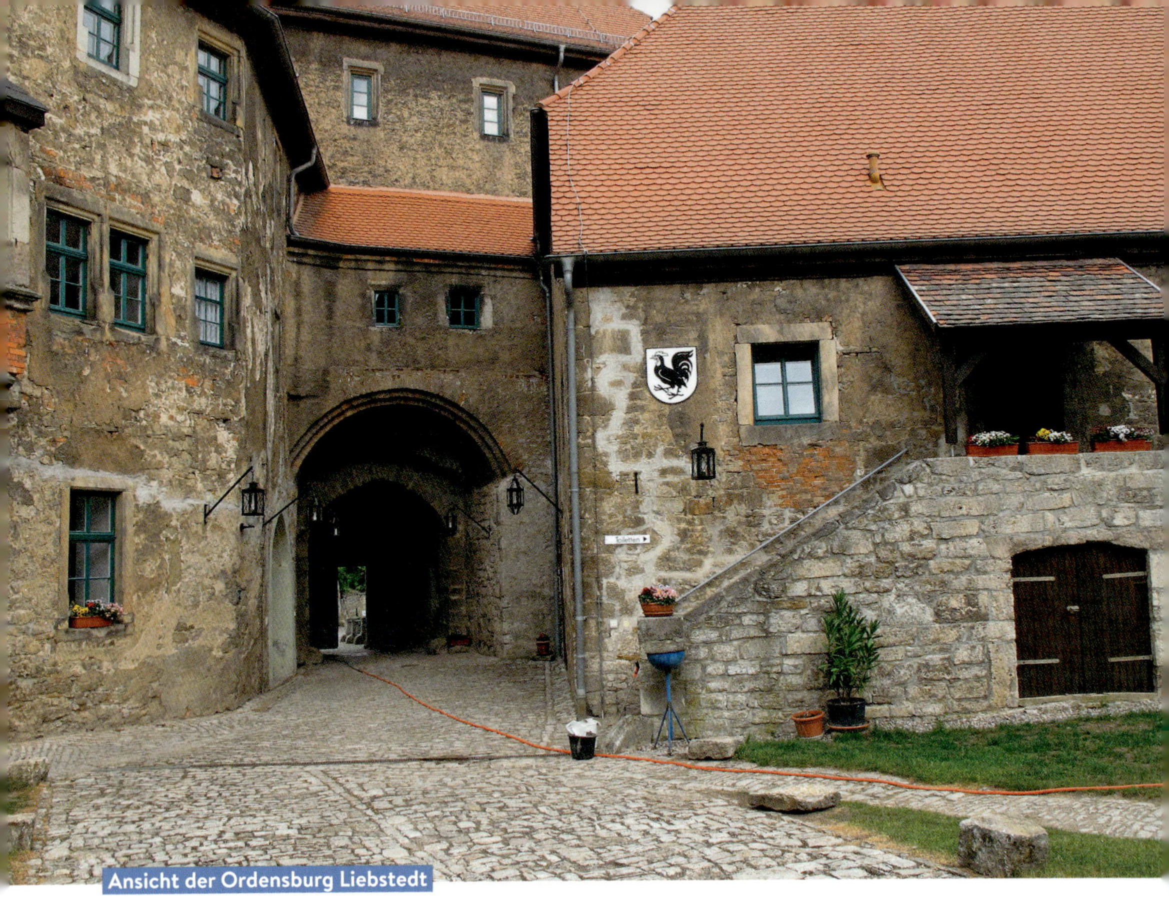

Ansicht der Ordensburg Liebstedt

die Wiese hinauf und durch den **1 Tunnel** unter der Bahnlinie durch. An der T-Kreuzung geht es links und an den Hecken entlang aufwärts über die Felder unter einer Starkstromleitung durch. An einer Kreuzung wandern wir links und dann rechts hinauf auf den **2 Bärenhügel**. Hier ist nicht nur der höchste Punkt in den Feldern, darauf ist ein Grab mit einem Durchmesser von über 30 Metern. Die Sage erzählt, darin sei ein silberner Sarg. Dadurch angestachelt haben Grabräuber gesucht, aber nichts dergleichen gefunden. Eine wissenschaftliche Ausgrabung brachte Steinkreise und ein 3000 Jahre altes Grab mit Schmuck und Keramik zutage.

ZUR ORDENSBURG Auf dem Bärenhügel wandern wir nach rechts weiter, also nach Nordosten auf einen Sendemast zu. Ab dem übernächsten Abzweig müssen wir links in Richtung Wald. 250 Meter nach dem Wald gehen wir rechts auf Liebstedt zu. Vor einem roten Bauwagen im Garten geht es auf der Berggasse links in den Ort hinein und dann rechts zur **3 Ordensburg**. Die Festung wurde im 10. Jahrhundert von den Rittern des Deutschen Ordens als Straßenburg erbaut. Durch sie führte die Kupferstraße, die eine der bedeutendsten Fernhandels- und Pilgerstraßen des Mittelalters war, aber noch im 18. Jahrhundert eine Rolle spielte. Sie begann in Jütland und führte über Erfurt, Coburg und Nürnberg nach Rom. Der Name Kupferstraße entstammt dem 14. Jahrhundert, weil zu dieser Zeit schwunghafter Kupferhandel einsetzte. Wer auf der Kupferstraße reiste, musste direkt durch die Ordensburg Liebstedt. Der Wassergraben, ein Trockengraben und Wallanlagen umschlossen die Kernburg, die nur über zwei

Zugbrücken erreichbar war. Die im Stil der Backsteingotik erbauten Teile stammen aus Umbauten im 15. Jahrhundert. Die Burg ist heute im Besitz einer Investorengruppe und ist nur zu Veranstaltungen geöffnet.

ZUM WIELANDGUT Wir gehen den gleichen Weg zurück bis zu dem roten Bauwagen im Garten am Rand des Dorfs, bleiben aber jetzt geradeaus in die Felder. Nach etwa 1,5 Kilometern kommen wir an einem **4 Sendemast** vorbei. Wir bleiben immer geradeaus und biegen erst an einer Pferdekoppel vor der Bahnlinie nach links ab. Dann können wir rechts durch einen Tunnel unter der Bahnlinie durch und erreichen in gerader Linie den Parkplatz und die Bushaltestelle am **E Wielandgut**.

INFO

Leicht | 12,8 km | 190 Hm | 3.30 Std.

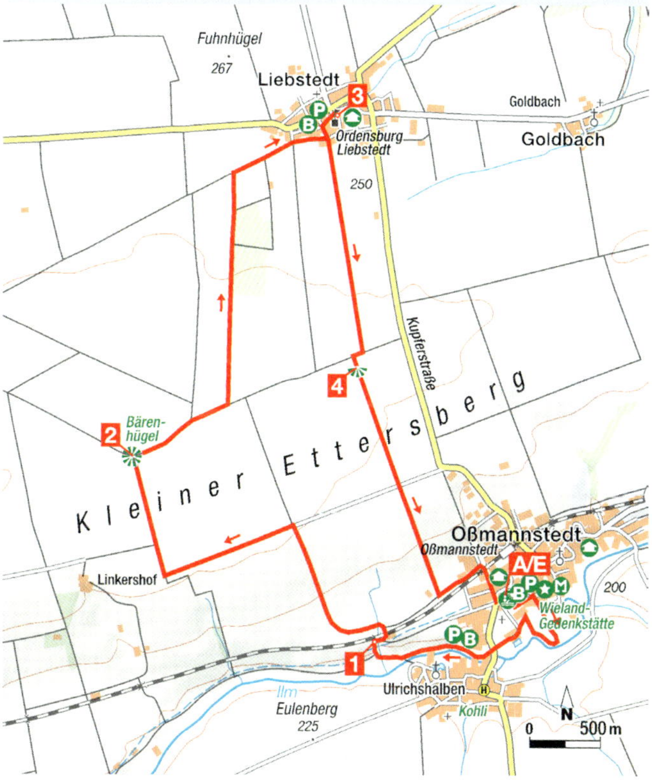

TOURENCHARAKTER
Leichte, meist sonnige Wege und Pfade durch Felder, im Ortsgebiet auf Straßen. Feste Wanderschuhe mit griffigen Sohlen sind angebracht.

AUSGANGS-/ENDPUNKT
Parkplatz Wielandgut, Wielandstraße 16, 99510 Oßmannstedt, GPS 51°00'58.5"N 11°25'31.2"E (200 m)

ANFAHRT
ÖPNV: Mit der Bahn nach Oßmannstedt
Auto: Auf der A 4 Ausfahrt 50 Apolda und auf der B 87 nach Oßmannstedt

GEHZEITEN
Wielandgut–Tunnel 0:20 Std.–Bärenhügel 0:55 Std.–Ordensburg 1:00 Std.–Sendemast 0:35 Std.–Parkplatz 0:40 Std.

EINKEHR
Café-Stübchen am Ilmtal-Radweg, Thomas-Müntzer-Siedlung 2, 99510 Oßmannstedt, Tel. 036462/325 00
Gaststube Zum Kuhstall, Karl-Liebknecht-Straße 8, 99510 Oßmannstedt, Tel. 036462/927 92
Biergarten Marienhof, Erfurter Straße 54, 99510 Apolda, Tel. 03644/51 60 24
Kiosk am Freibad Oßmannstedt

KARTE
64 Mittlere Saale

INFORMATION
Markt 10, 99423 Weimar, Tel. 03643/74 50, www.weimar-touristinformation.de

ZUM SCHLOSS BELVEDERE

Kultur im Weimarer Ilmpark und barockes Schloss

Weimar war und ist ein Zentrum deutscher Kultur. Zahlreiche Sehenswürdigkeiten und der Park an der Ilm zeugen von großen Geistern aus den Bereichen der Kunst, Literatur, Musik und Architektur. Das Schloss Belvedere vor den Toren Weimars verführt noch heute zum Lustwandeln.

26

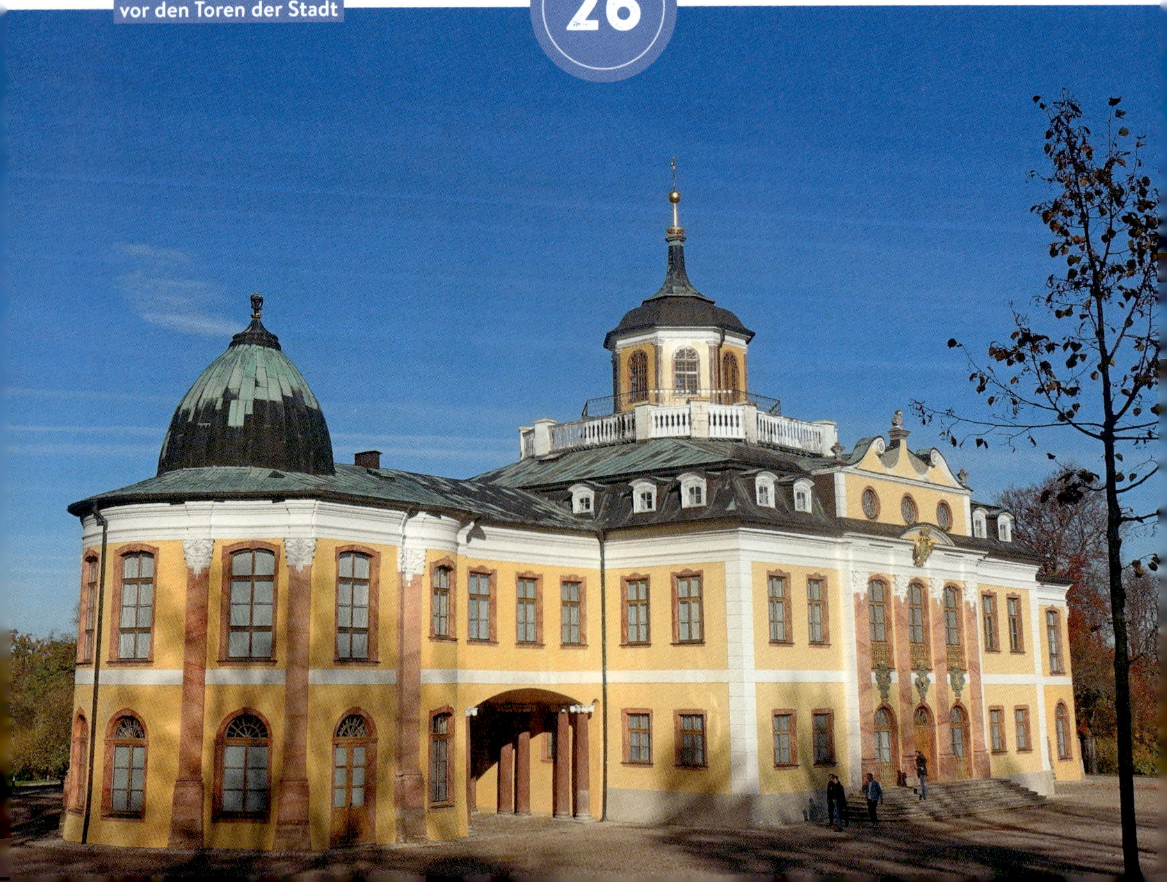

Schloss Belvedere vor den Toren der Stadt

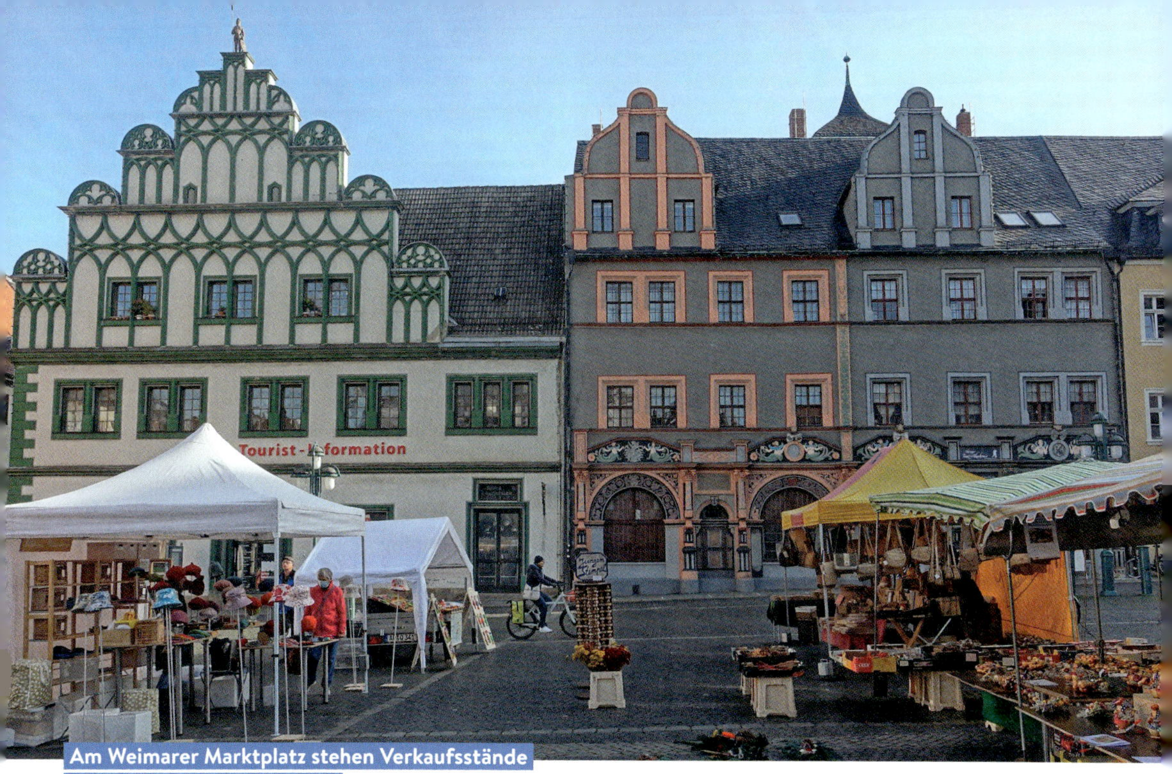

Am Weimarer Marktplatz stehen Verkaufsstände und warten auf ihre Kunden.

Zum Ende der Wanderung durchstreifen wir den weitläufigen Park um das Schloss Belvedere, in dem auch die Orangerie, der Irrgarten und die Aussicht bis nach Weimar erfreuen. Doch zunächst begeben wir uns in Richtung Kulturstadt Weimar. Viele Objekte des klassischen Weimar und die Architektur des Bauhauses sind in die UNESCO-Welterbeliste eingetragen.

ZUM RÖMISCHEN HAUS Vom Parkplatz am **A Schloss Belvedere** überqueren wir die Belvederer Allee etwas oberhalb nach Westen in die Felder. Vor einem Weiher in einem Wäldchen wandern wir nach rechts und an der nächsten T-Kreuzung links am Lindenhof vorbei. Dem Goethewanderweg mit der Markierung G folgen wir nach rechts. In bewohntem Gebiet gehen wir rechts in die Merketalstraße und nach 20 Metern links auf dem Gehweg in den **1 Schanzengraben** hinunter. Der Name stammt von Schanzanlagen, die im unteren Bereich einst an der Falkenburg entstanden. Der Schanzengraben ist als lange Streuobstwiese eine stadtnahe Naturoase, die unter Naturschutz steht. Am Ende laufen wir auf der Straße an der Falkenburg weiter und überqueren die Belvederer

Tipp

DIE ILMNIXE ERLINDE

An der Ilm wollte Erlinde einen armen Hirten in einen Fisch verwandeln. Der wünschte sich lieber einen Sack voll Gold. So zauberte ihm die Nixe erbost den Kopf verkehrt auf den Hals. Später ging der Hirte mit seiner Braut an die Ilm und sie riefen nach ihr, sie solle den Zauber rückgängig machen. Stattdessen warf die Nixe eine Hand voll Gold vor ihre Füße.

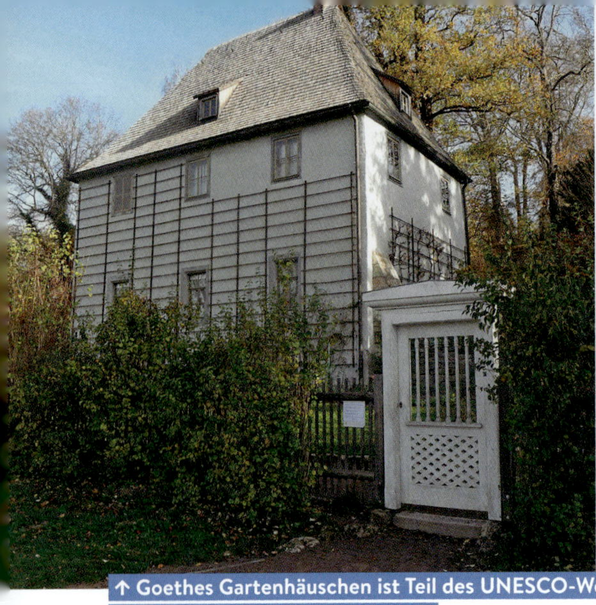

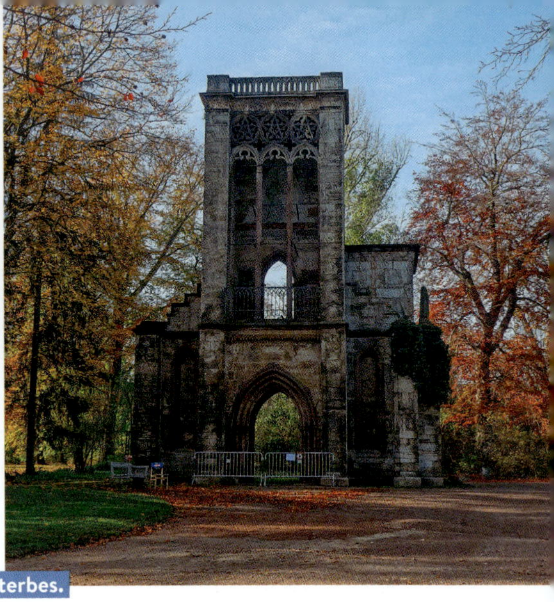

↑ Goethes Gartenhäuschen ist Teil des UNESCO-Welterbes.
↗ Die künstliche Ruine im Ilmpark

Allee in den Ilmpark. Nach 20 Metern wandern wir links zum **2 Römischen Haus** hinauf. Die Aussicht zeigt nur einen Teil des 48 Hektar großen Landschaftsparks an der Ilm, der ebenfalls zum UNESCO-Welterbe gehört. Goethe nahm seinerzeit Einfluss auf die Gestaltung des Parks mit den zahlreichen Sichtachsen.

ZU GOETHES GARTENHAUS Der Weg führt weiter an einer künstlichen Ruine und an dem geologischen Museum Parkhöhle vorbei. Besucher erleben einen unterirdischen Streifzug durch 200 000 Jahre Erdgeschichte und der Weimarer Travertine. Das Zentrum Weimars mit dem schönen Marktplatz und Theaterplatz ist nahe und lädt zu Erkundigungen ein. Auf unserem Wanderweg überqueren wir noch vor der Anna-Amalia-Bibliothek die Ilm zu **3 Goethes Gartenhaus**. Das Häuschen war ursprünglich ein Weinberghaus und wurde 1776 sein Wohnsitz. In ihm befinden sich noch Möbelstücke, die von Goethe benutzt wurden.

ZUM SCHLOSS BELVEDERE Nach Goethes Gartenhaus können wir links hinauf einen Umweg zum Haus Am Horn machen. Es wurde 1923 als Versuchshaus zur Bauhaus-Ausstellung errichtet. Dort präsentierten die Meister und Schüler, wie sie sich zeitgemäßes Wohnen vorstellten (www.klassik-stiftung.de/haus-am-horn). Auf unserem Wanderweg laufen wir auf der langen Achse im Ilmpark oder auf verschlungenen Wegen an der Ilm nach Süden. Fast am Ende des Parks gehen wir auf alle Fälle eng an der Ilm, denn da treffen wir auf die bewegliche **4 Schaukelbrücke** aus dem 19. Jahrhundert. Am Ende des Parks wandern wir auf der Ilmstraße weiter am Bienenmuseum vorbei und überqueren die verkehrsreiche Straße in den Klosterweg. Am Ende der Straße gehen wir rechts über die Ilm und folgen links dem Ilmtalradweg nach Südosten. An der Brücke in Ehringsdorf überschreiten wir die Kippergasse und folgen vor dem **5 Hotel Kipperquelle** dem Ilmtalradweg nach Süden an den Ehringsdorfer Brauereiweihern vorbei. 180 Meter vor einem Waldrand steigen wir rechts auf dem Wiesenweg zwischen Wiese und Feld aufwärts in die Waldecke. An einer T-Kreuzung geht es links und an der Kreuzung an einem Wasserbehälter rechts hinauf. An der Bank vor einem großen Baum bleiben wir rechts und steigen an der Mauer zu dem Rundbau der Orangerie hinauf. Entlang des Orangeriegebäudes schreiten wir durch den hübschen Garten und nach dem Gebäude rechts auf den stimmungsvollen Orangerieplatz. Nach links kommen wir durch das Tor vor das **E Schloss Belvedere** mit Sichtachse bis nach Weimar. Die barocke Schlossanlage wurde im 18. Jahrhundert als Sommerresidenz für Herzog Ernst August I. von Sachsen-Weimar erbaut. Im Schloss ist heute ein Museum für das Kunsthandwerk des 18. Jahrhunderts, in dem ausgewählte Porzellane aus dem Besitz des Weimarer Herzogshauses zu sehen sind. In Teilen der Gebäude residieren Musikschulen. Im Westen des Schlosses ist der Ausgangspunkt am Parkplatz und an der Bushaltestelle zu finden.

INFO

Leicht | **10,9 km** | **150 Hm** | **3.20 Std.**

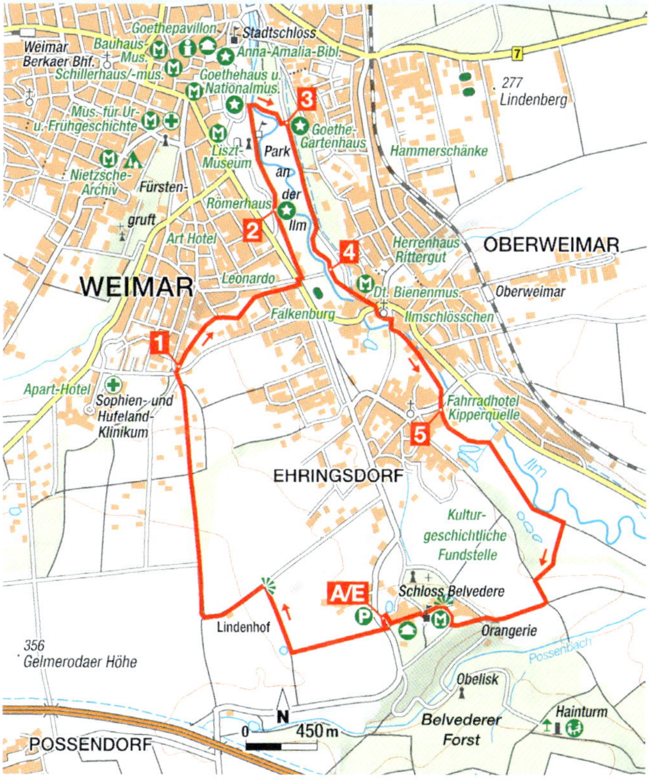

TOURENCHARAKTER
Leichte, meist sonnige Wege und Pfade durch Wälder, Wiesen und Felder, im Ortsgebiet auf Straßen. Feste Wanderschuhe mit griffigen Sohlen sind angebracht.

AUSGANGS-/ENDPUNKT
Parkplatz Schloss Belvedere, Belvederer Allee, 99425 Weimar, GPS 50°56‘55.0“N 11°20‘41.6“E (290 m)

ANFAHRT
ÖPNV: Mit der Bahn nach Weimar
Auto: Auf der A 4 Ausfahrt 49 Weimar und über Possendorf zum Schloss Belvedere

GEHZEITEN
Schloss Belvedere–Schanzengraben 0:55 Std.–Römisches Haus 0:30 Std.–Goethes Gartenhaus 0:15 Std.–Schaukelbrücke 0:20 Std.–Hotel Kipperquelle 0:20 Std.–Schloss Belvedere 1:00 Std.

EINKEHR
Schlossterrasse Belvedere, Schloss Belvedere 2, 99425 Weimar, Tel. 03643/20 26 04, www.schlossterrasse-belvedere.de
Zum Schwarzen Bären, Markt 20, 99423 Weimar, Tel. 03643/85 38 47, www.schwarzer-baer.de
Thüringer Bratwurststand, Marktplatz Weimar, www.bratwurst-weimar.de

KARTE
64 Mittlere Saale

INFORMATION
Markt 10, 99423 Weimar, Tel. 03643/74 50, www.weimar-touristinformation.de

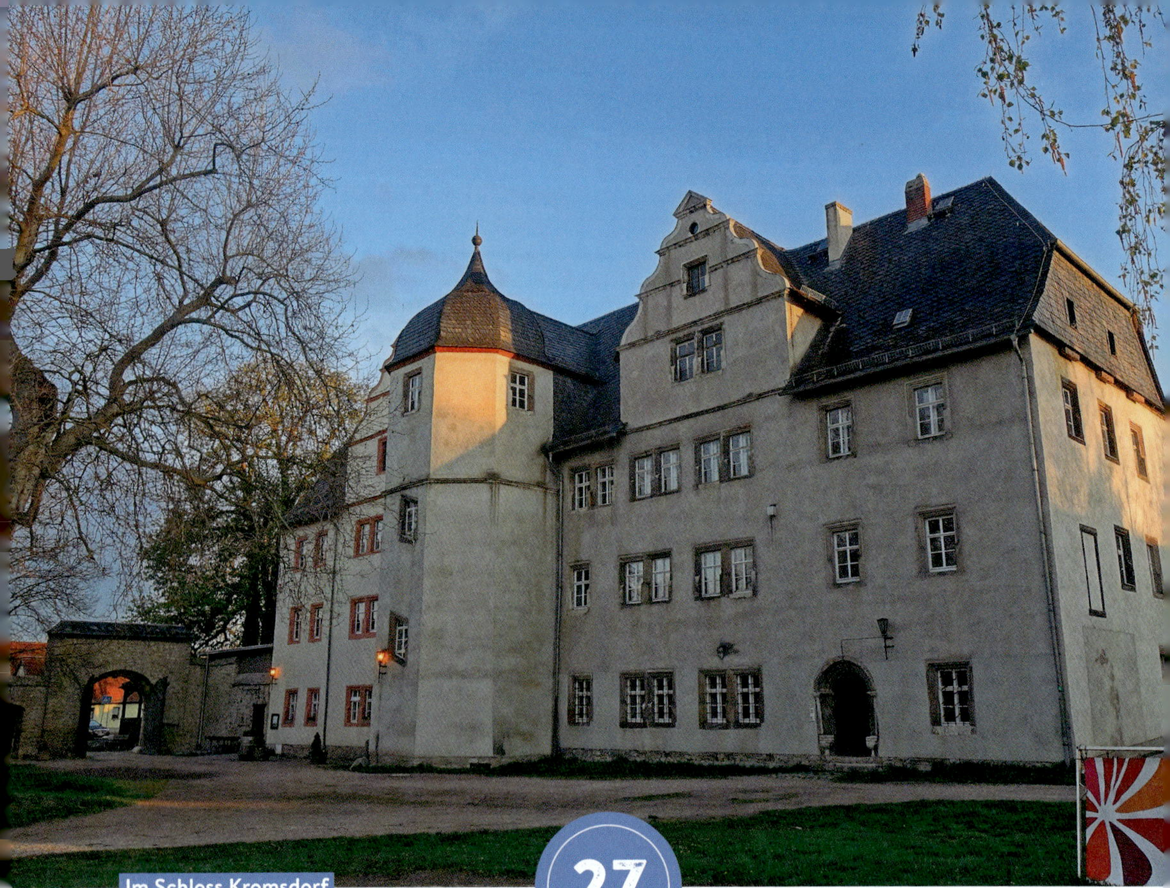

Im Schloss Kromsdorf ist ein Restaurant.

27

IM SCHLOSSPARK TIEFURT

Lustwandeln zu zwei Schlössern an der Ilm

An der Ilm im Osten Weimars liegen historische Orte. In der Gegend um Tiefurt und Kromsdorf waren einst Treffpunkte der Dichter, Denker und Künstler aus Weimar. Herzogin Anna Amalia hatte im Schloss Tiefurt ihren Sommersitz und machte ihn zu einem Zentrum der Kultur.

An der Ilm und im Schlosspark von Tiefurt finden wir idyllische Plätze und wandern dabei auf den Spuren Goethes und anderer Geistesgrößen. Zuweilen fühlen wir uns Angesichts der Schlösser in das Hofleben und in eine poetische Trauminsel des 19. Jahrhunderts zurückversetzt.

ZUM SCHLOSS TIEFURT Vom Parkplatz am **A Schloss Kromsdorf** gehen wir zum Schloss und links zwischen alter Remise und Hauptgebäude in den Schlosspark hinunter. Den Park durchlaufen wir nach Süden und nach der Schlossmauer entlang der Lindenallee zu einem Picknickplatz und dann halb rechts auf einer Brücke über einen Bach in Richtung Tiefurt. In den Ilmwiesen bewegen wir uns auf dem Maria-Pawlowna-Promenadenweg nach Westen und folgen der Ilm, die vorerst immer auf unserer linken Seite bleibt. Auch im Schlosspark Tiefurt bleiben wir am Flüsschen und wenden uns erst vor dem runden Tempel mit der Statue der Kalliope, Muse der epischen Dichtung, nach rechts. Nach dem Gedenkstein für Johann Gottfried Herder wandern wir rechts hinauf am Teesaloon vorbei zum **1 Schloss Tiefurt**. Unter dem Balkonübergang zwischen Hauptgebäude und Küchenhaus kommen wir zur Vorderseite. 1781 verlegte Anna Amalia ihren Sommersitz in dieses herzogliche Kammergut aus dem 18. Jahrhundert. Schloss Tiefurt wurde zum Treffpunkt der Dichter, Denker und Künstler der Weimarer Klassik. Goethe, Herder, Wieland und Schiller waren hier zu Gast. Heute zählt das Schloss mit dem Park als Teil des Ensembles »Klassisches Weimar« zum UNESCO-Welterbe. Die Kirche Sankt Christophorus nahe des Schlosses geht auf das Jahr 1200 zurück.

ZUR FASANERIE Von der Vorderseite des Schlosses gehen wir nach Süden an dem Gasthaus Alte Remise vorbei. An der Hauptstraße sehen wir rechts die alte Mühle, an deren Stelle schon im 14. Jahrhundert eine Mühle stand. Wir müssen jedoch nach links und an der Kreuzung rechts auf der Robert-Blum-Straße abwärts und über die Ilm. Gleich nach der Brücke wandern wir rechts auf dem Gehweg entlang der Ilm flussaufwärts. Vor der Kläranlage geht es rechts zur

Tipp

MUSEUM SCHLOSS KROMSDORF

Die Räume geben Einblick in die Ausstattung des Schlosses, in dem Anna Amalia lebte. Zu den kunsthandwerklichen Schaustücken zählen Porzellane aus China und Meißen. In der berühmten »Kalten Küche« sind Gerichte aus Porzellan, Wachs und Pappmaché. Sie stammen aus dem herzoglichen Besitz und imitieren die Speisen täuschend echt (www.klassik-stiftung.de).

Die Kirche Sankt Christophorus aus dem Jahr 1200

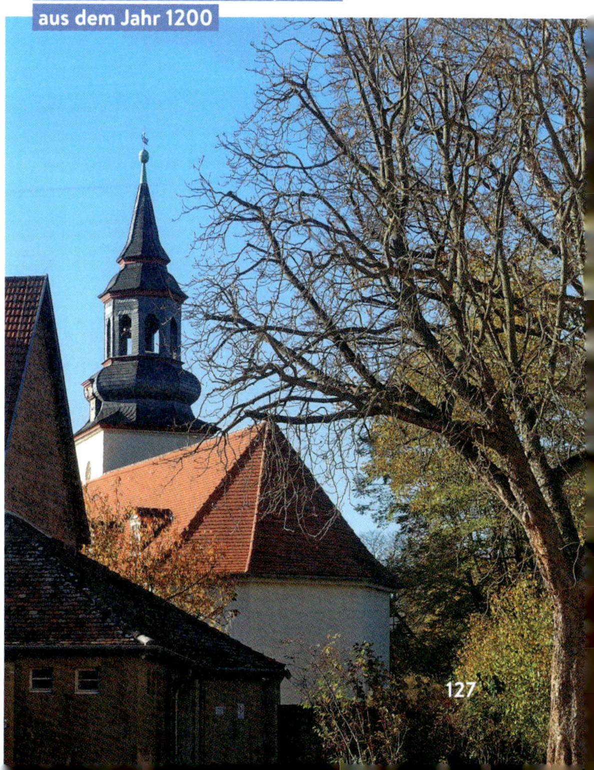

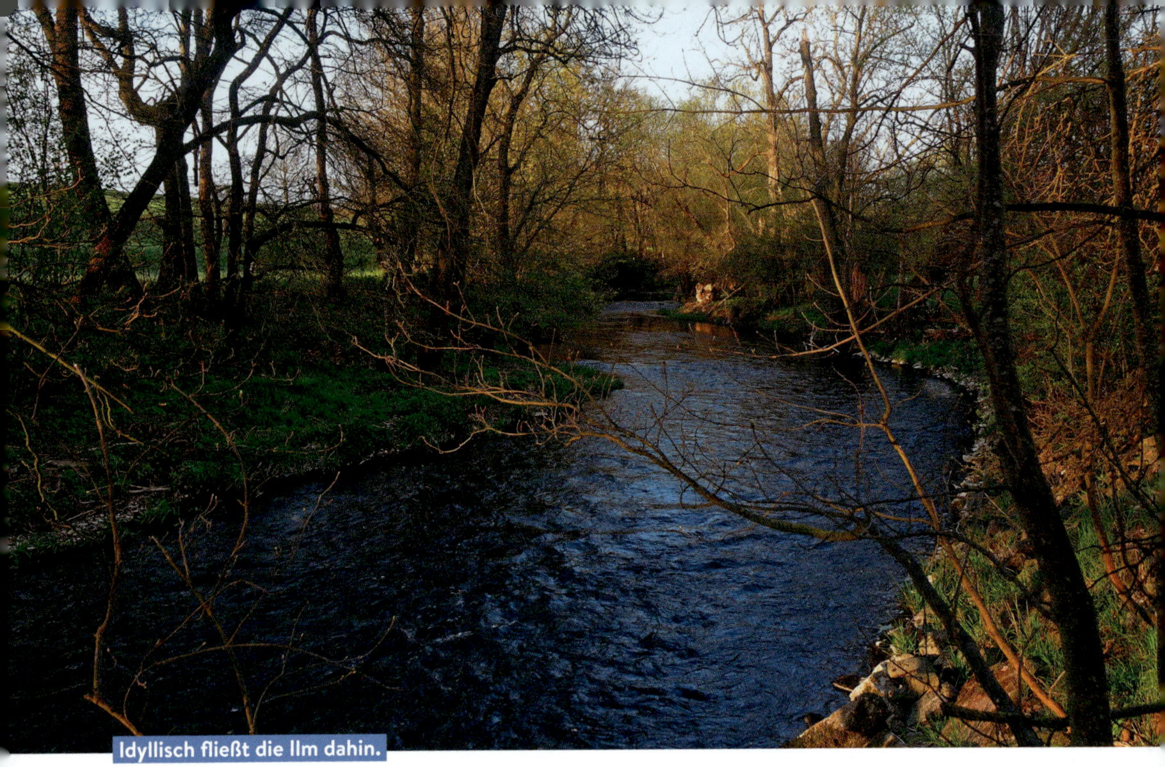

Idyllisch fließt die Ilm dahin.

Ilm hinunter und auf einem romantischen Pfad direkt am Fluss entlang. Am Ende des Pfads steigen wir links auf dem Sträßchen am Zaun längs hinauf. Am Mountainbikepark und Tor der Kläranlage gehen wir rechts und an der Weggabelung vor dem Strommast wieder rechts aufwärts. Dann müssen wir 300 Meter neben der Straße nach rechts in Richtung Weimar laufen. Nach dem Denkmal für 1945 ermordete Menschen können wir links in den Wald Webicht hinein. Der Webicht war schon in der Barockzeit ein beliebtes Jagdgebiet der höfischen Gesellschaft. An dem zweiten Abzweig folgen wir der Markierung blaues X rechts und gehen an der Kreuzung links zum Picknickplatz **2 Fasanerie**. Hier gab es ein Gehege, in dem Fasanen für die Jagd gezüchtet wurden, und bis 1980 stand hier noch ein Waldgasthaus.

ZUR BURG DENSTEDT Im Wald wandern wir nach Osten weiter und nahe des Waldrands dann rechts. An einer Schranke müssen wir links auf die weiten Felder hinaus und unter einer Hochspannungsleitung hindurch. In der Ferne sehen wir den Wasserspiegel des Speichers Kromsdorf. An einer T-Kreuzung in den Feldern wandern wir links und kommen vor Kleinkromsdorf an **3 Kleingärten**.

Hier gehen wir rechts und vor einem Industriegebäude links. Das Industriegebiet umgehen wir nach rechts und an der gepflasterten Kreuzung auf dem Süßenborner Weg rechts aufwärts. An der Kreuzung vor dem Ortsende-Schild geht es links auf einem Betonplattenweg zum **4 Speicher Kromsdorf**, der leider nicht zum Baden geeignet ist.

Nach einem winzigen Bach in einem Graben bei dem kleinen Weiher schlendern wir links auf der Wiese am Graben entlang. Bald sind auch undeutliche Spuren zu sehen, die zu einem Pfad werden. Wir beobachten die Geländekante mit den alten Bäumen auf der rechten Seite und steigen auf einem Pfad zu einem niedrigen Pumpenhäuschen hinauf. Auf dem Wiesenweg geradeaus kommen wir zur Kirche in Denstedt und wenden uns nach dem Gotteshaus links zum Tor vor der **5 Burg Denstedt**. Entlang der Hauptstraße geht es auf dem Gehweg rechts hinunter und an der Clauder Mühle vorbei nach Kromsdorf hinüber. Nach dem Haus mit der Nummer 34 laufen wir rechts auf dem Wasserweg hinunter und an der Gabelung rechts an der Ilm entlang. Auf der Straßenbrücke überqueren wir die Ilm und können gleich nach der Brücke links vor den Sportplätzen weiter. Am Picknickplatz geht es rechts wieder durch den Schlosspark vom **E Schloss Kromsdorf** zum Ausgangspunkt zurück.

Tipp

THÜRINGER EISENBAHNMUSEUM

Auf dem Vereinsgelände stehen historische Loks und Waggons, die an mehreren Eisenbahnfesten der Öffentlichkeit präsentiert werden. Der Verein veranstaltet auch Ausfahrten mit Dampfloks und historischen Reisezügen (Eduard-Rosenthal-Straße 49, 99425 Weimar, Tel. 0177/338 54 15, www.eisenbahnmuseum-weimar.de, Einzelbesichtigung nach Voranmeldung).

INFO

Leicht	12,6 km	120 Hm	3.40 Std.

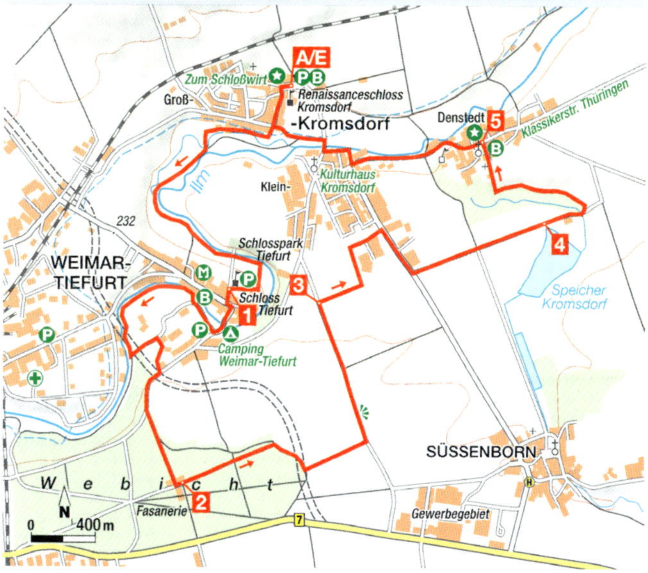

TOURENCHARAKTER

Leichte, meist sonnige Wege und Pfade durch Wälder, Wiesen und Felder, im Ortsgebiet auf Straßen. Feste Wanderschuhe mit griffigen Sohlen sind angebracht.

AUSGANGS-/ENDPUNKT

Parkplatz Schloss Kromsdorf, Dorfstraße 39, 99441 Kromsdorf, GPS 51°00‘16.7“N 11°22‘12.4“E (200 m)

ANFAHRT

ÖPNV: Mit der Bahn nach Weimar und mit dem Bus Linie 228 nach Kromsdorf

Auto: Auf der A 4 Ausfahrt 48 Nohra und auf der B 85 und B 7 nach Kromsdorf

GEHZEITEN

Schloss Kromsdorf–Schloss Tiefurt 0:45 Std.–Fasanerie 0:50 Std.–Kleingärten 0:40 Std.–Speicher Kromsdorf 0:35 Std.–Burg Denstedt 0:20 Std.–Schloss Kromsdorf 0:30 Std.

EINKEHR

Gaststätte Alte Remise, Hauptstraße 14, 99425 Tiefurt, Tel. 03643/90 81 16, www.alte-remise-tiefurt.de

Café & Restaurant Am Schloßpark, Hauptstraße 2, 99425 Tiefurt, Tel. 03643/85 18 00

Caféstübchen, Hauptstraße 14, 99425 Tiefurt, Tel. 03643/80 82 87

KARTE

64 Mittlere Saale

INFORMATION

Markt 10, 99423 Weimar, Tel. 03643/74 50, www.weimar-touristinformation.de

LIEBREIZENDES BUCHFART

Höhlenburg und Aussichtsturm über dem Ilmtal

Gegenüber der idyllischen Mühle an der Ilm in Buchfart ist einer der schönsten Picknickplätze Thüringens. Die malerische Stelle bringt jedes Gemüt zur Ruhe und zaubert eine heitere Stimmung ins Herz. Einen Überblick gewähren die Felsen über Buchfart und der Paulinenturm.

28

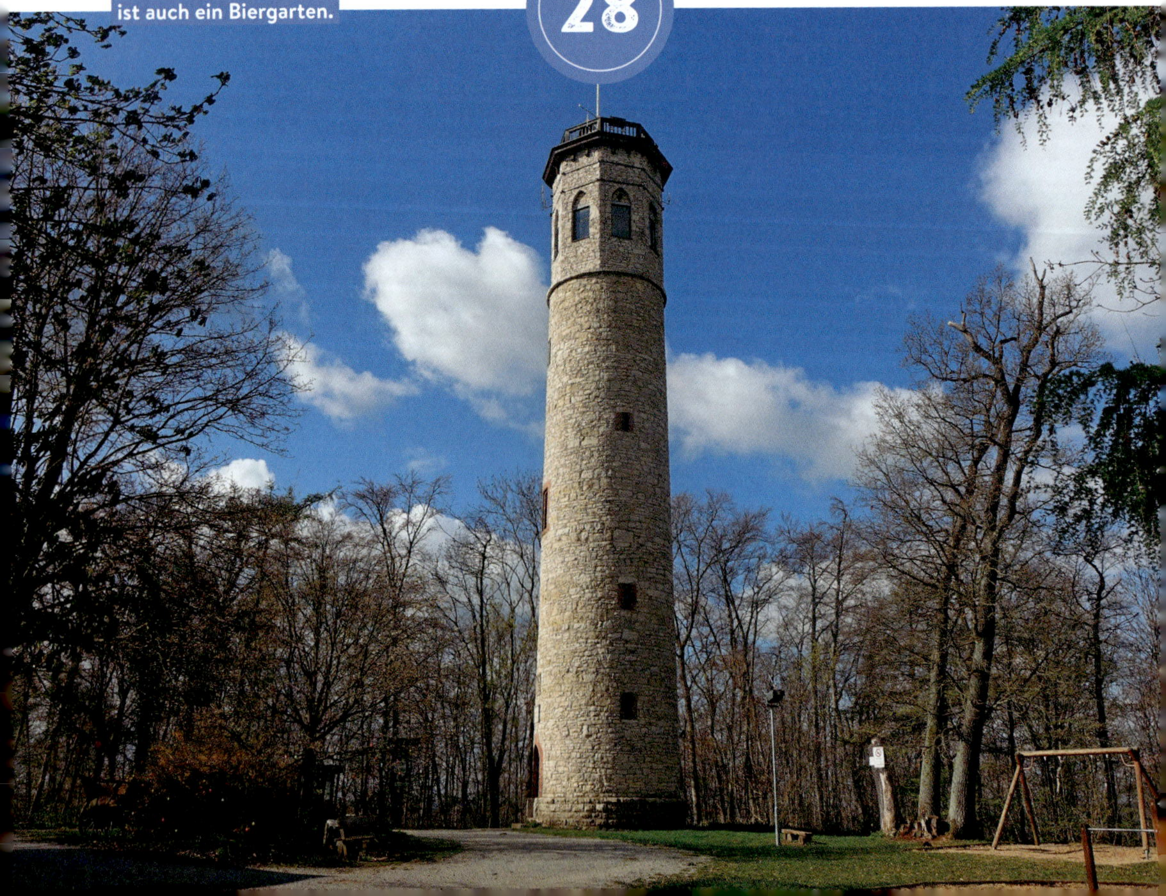

Am Paulinenturm ist auch ein Biergarten.

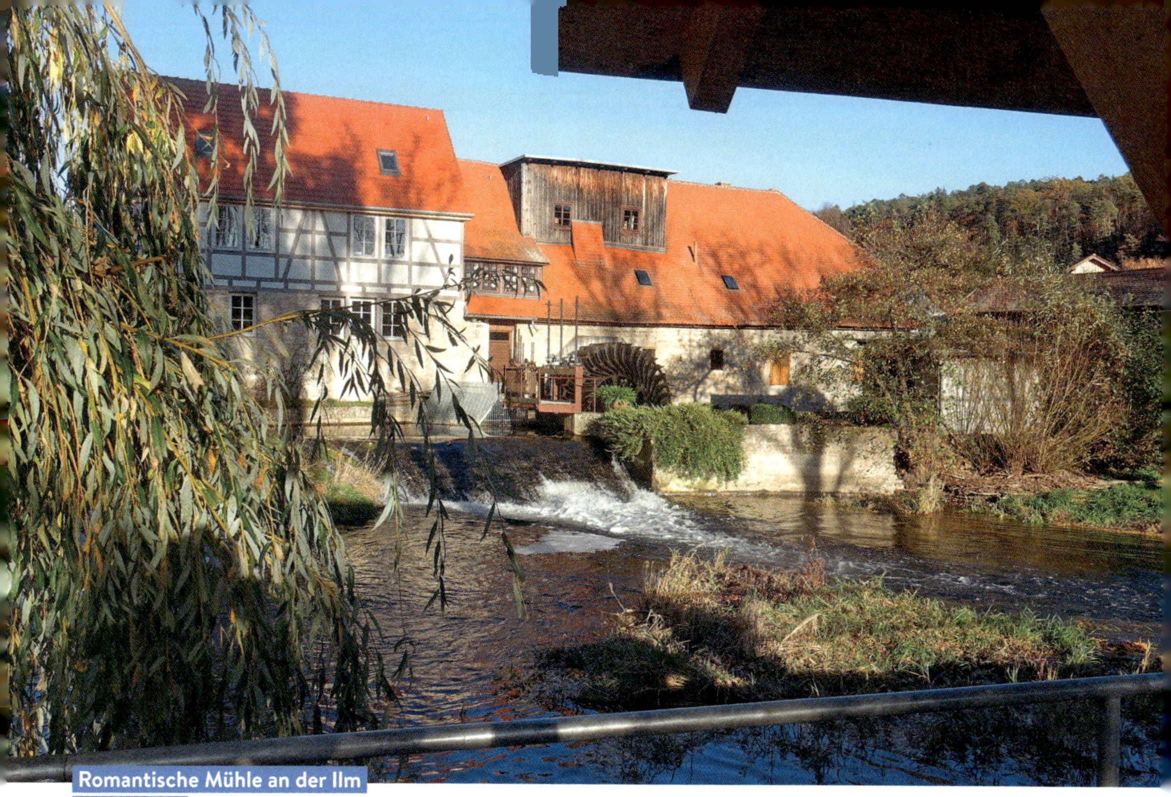

Romantische Mühle an der Ilm in Buchfart

Das Ilmtal mit seinen steilen, bewaldeten Hängen zeigt sich zwischen Hetschburg und Buchfart von seiner schönsten Seite. Gemächlich schlängelt sich die Ilm durch das Tal, in dem romantisch der Ort Buchfahrt liegt. Besonders im Herbst bilden die Laubbäume in den Abhängen mit den Muschelkalk-Felswänden eine hübsche Kulisse.

ZUR HÖHLENBURG Vom Parkplatz an der Gaststätte Zum Lindenbaum in **A Hetschburg** beginnen wir die Rundwanderung nach Nordosten an der Ilmtalschmiede vorbei und über die Hengstbachbrücke. Nach 600 Metern schwenkt der Ilmtalradweg nach rechts zur Ilm hinunter, wir bleiben aber geradeaus auf dem Wiesenweg in ein Laubwäldchen hinein. Der Weg wendet sich nach links in ein urtümliches Tal. Über einem uralten Hohlweg, durch den schon ewig kein Fuhrwerk mehr gefahren ist, liegen Bäume kreuz und quer, die zuweilen auch überstiegen werden müssen. Am Ende des wildromantischen Tals kommen wir weiter oben an einen **1 Feldrand**.

Wir gehen in spitzem Winkel rechts auf dem Waldweg abwärts und nehmen nach 60 Metern an der Gabelung die rechte Spur. An der

Tipp

DIE ZAUBERFEE TRUTINA

Aus der Höhlenburg in den Felsen über Buchfart ritt jeden Frühling die Zauberfee Trutina auf einem weißen Hirsch mit goldenem Geweih zu Tal und kehrte erst im Herbst zurück. Wer sie unversehens erblickte, erlag ihrem Zauber und musste ihr in die Höhlenburg folgen. Keiner ist je wiedergekommen, hinter dem sich die Tore der Burg geschlossen haben.

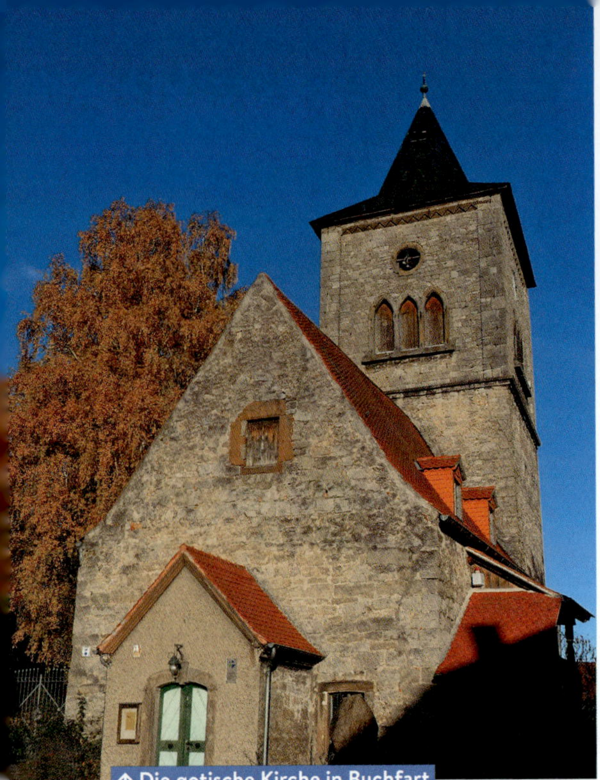

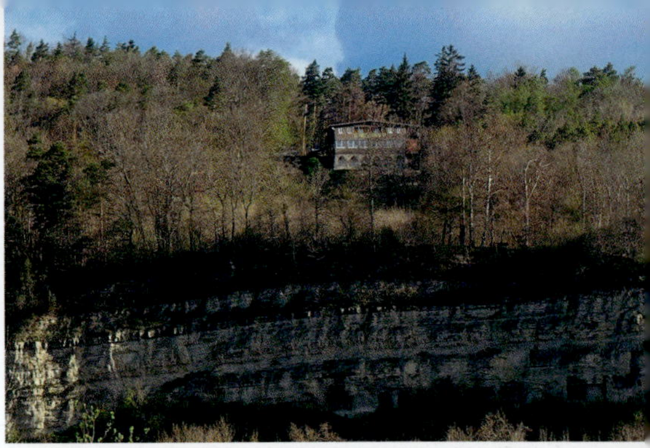

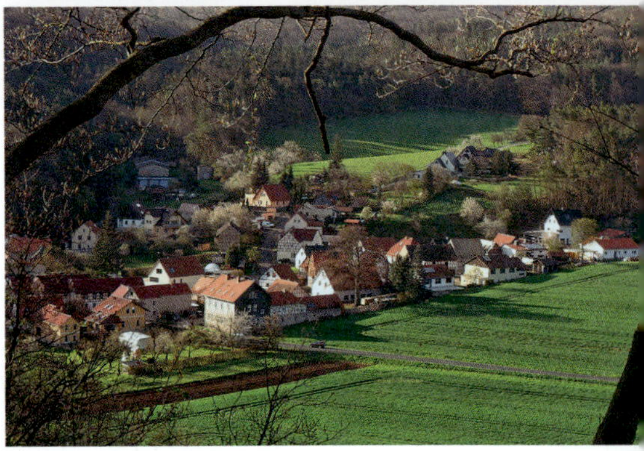

↑ Die gotische Kirche in Buchfart
↗ Blick zur Felsenburg hoch über der Stadt
→ Blick über Buchfart

nächsten Weggabelung geht es wieder rechts auf den ebenen Weg. Ein Pfad führt in einem Abstecher nach rechts zu einem **2 Aussichtspunkt** mit Blick über das Ilmtal nach Hetschburg. An Abzweigen bleiben wir immer geradeaus und stoßen auf einen Waldweg, an dem links oben das nahe Traditionsgasthaus Balsamine zu sehen ist. Wir gehen jetzt aber rechts abwärts mit der Markierung »G« für den Goetheweg. Es folgt der Aussichtspunkt **3 Höhlenburg** mit Blick über Buchfart. Wir stehen hier genau auf den Felsenklippen aus Muschelkalk, in die wahrscheinlich schon im 10. Jahrhundert die Felsenburg geschlagen wurde. Bereits um 1440 wurde die Anlage aufgegeben. Die Burg ist heute abgesichert und nicht betretbar.

ZUM PAULINENTURM Nach der Aussichtsstelle auf der Höhlenburg steigen wir an der Kreuzung vor den Wiesen rechts in Richtung Buchfart hinunter. Im Abstieg sehen wir den Turm der gotischen Dorfkirche aus dem 14. Jahrhundert. Am Ilmtalstübchen treffen wir auf die Weimarische Straße. 1777 war Goethe wieder einmal auf seinem Weg von Weimar nach Großkochberg zu Charlotte von Stein durch Buchfart unterwegs und schrieb in sein Tagebuch: »… mit Freund Einsiedel in Buchfart im Garten zusammengesessen.« Wir gehen wie er auf der Weimarischen Straße rechts in Richtung Paulinenturm zur historischen **4 Holzbrücke** hinab. Die heutige überdachte Brücke wurde aber erst 1818 erbaut. Neben ihr steht eine denkmalgeschützte Wassermühle. In der Mühle wurde ein Begegnungszentrum zu Aus- und Weiterbildungszwecken im Mühlenhandwerk eingerichtet. Nach der Holzbrücke ist rechts ein Picknickplatz mit dem romantischen Blick auf das Ensemble Mühle, Wehr und Brücke.

Wir folgen nun nicht der abknickenden Hauptstraße, sondern bleiben geradeaus aufwärts in Richtung Paulinenturm. An der nächsten Gabelung wandern wir aus dem Dorf hinaus rechts hinauf. An den letzten Häusern ist der beste Blick hinüber zu den Höhlen der Felsenburg und zurück über Buchfart. 60 Meter nach einem kleinen Pavillon müssen wir mit der Markierung rote Linie an der Kreuzung links am Waldrand entlang. An Abzweigen bleiben wir immer geradeaus, gehen aber an einer Weggabel rechts zur winzigen 5 **Hirtenberghütte**.

Weiter gilt es immer, geradeaus in Richtung Paulinenturm zu bleiben. Nach dem Friedwald der Stadt Bad Berka bleiben wir an einer Kreuzung wiederum geradeaus und wenden uns nach 30 Metern rechts zum nahen 6 **Paulinenturm**. Vom 1884 erbauten Turm gibt es einen herrlichen Rundumblick über das Mittlere Ilmtal. Die Fahne auf dem Turm verheißt auch eine offene Gaststätte. und Rastmöglichleit. Vom Turm laufen wir nach Norden auf dem Weg mit der Markierung gelbe Linie immer geradeaus abwärts nach E **Hetschburg** zurück.

INFO

TOURENCHARAKTER

Leichte, meist schattige Wege und Pfade durch Wälder, Wiesen und Felder, im Ortsgebiet auf Straßen. Feste Wanderschuhe mit griffigen Sohlen sind angebracht.

AUSGANGS-/ENDPUNKT

Parkplatz Im Dorfe 15, 99438 Hetschburg, GPS 50°54'48.1"N 11°18'07.3"E (260 m)

ANFAHRT

ÖPNV: Mit der Bahn nach Hetschburg
Auto: Auf der A 4 Ausfahrt 49 Weimar und über Legefeld nach Hetschburg

GEHZEITEN

Hetschburg–Feldrand 0:40 Std.–Aussichtspunkt 0:15 Std.–Höhlenburg 0:15 Std.–Holzbrücke 0:10 Std.–Hirtenberghütte 0:40 Std.–Paulinenturm 0:35 Std.–Hetschburg 0:25 Std.

Leicht | 9,6 km | 280 Hm | 3.00 Std.

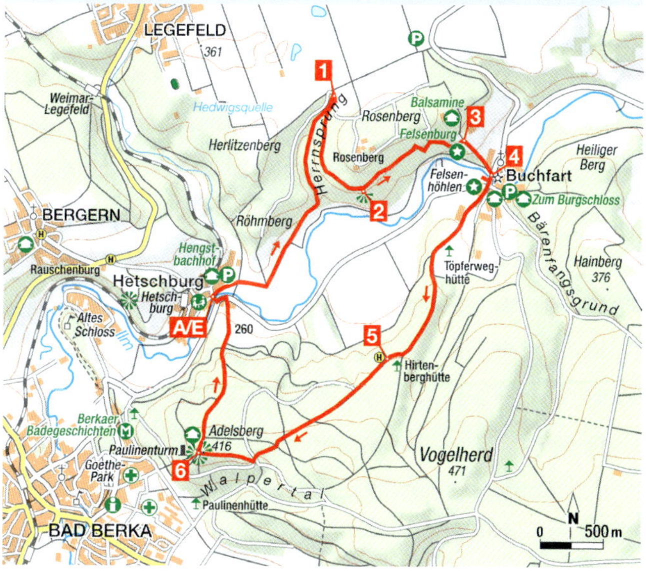

EINKEHR

Gaststätte Zum Lindenbaum, Im Dorfe 15, 99438 Hetschburg, Tel. 036458/484 76, www.zumlindenbaum.de
Gaststätte zum Paulinenturm, Am Adelsberg 1, 99438 Bad Berka, Tel. 0172/601 20 95, gaststaettezumpaulinenturm.eatbu.com
Waldgasthaus Balsamine, Am Schloßberg 50, 99438 Buchfart, Tel. 03643/908 76 91, www.waldgasthaus-balsamine.de

KARTE

64 Mittlere Saale

INFORMATION

Parkstraße 16, 99438 Bad Berka, Tel. 036458/57 90, www.bad-berka.de

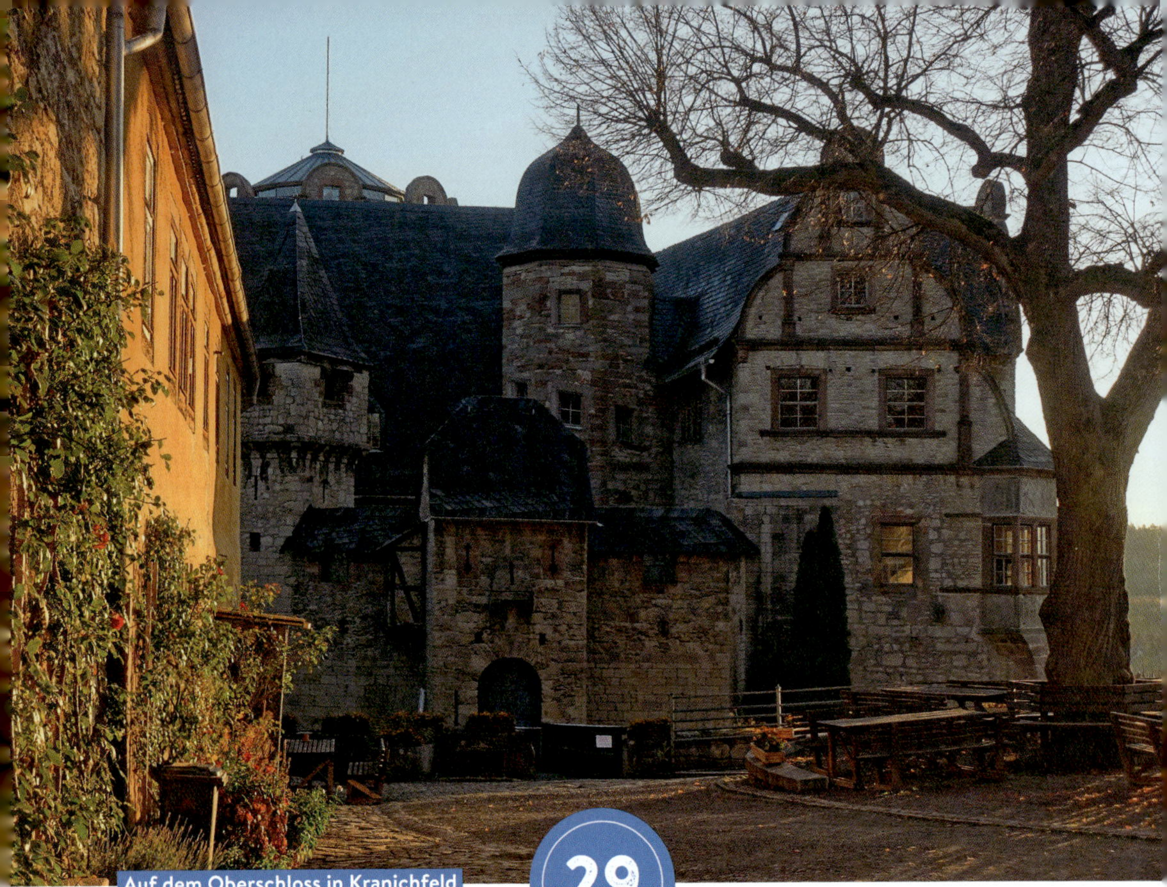

Auf dem Oberschloss in Kranichfeld

29

IDYLLE IN KRANICHFELD

Aus dem malerischen Ilmtal zum Freilichtmuseum

Das mittlere Ilmtal bietet reizvolle Natur- und Kulturlandschaften, in denen Kranichfeld mit historischen Sehenswürdigkeiten aufwartet. Das Thüringische Freilichtmuseum und Hohenfelden selbst schmücken sich mit denkmalgeschützten Bauten. Badespaß liegt auch noch am Wanderweg.

Das Oberschloss und die Niederburg stehen für zwei Herrschaften, die Kranichfeld über Jahrhunderte kurios teilte. Die Grenze ging durch Häuser und Gärten. Heute ist das Ilmstädtchen beliebte Basis für Wanderungen in die attraktive Landschaft des Ilmtals.

ZUM OBERSCHLOSS Vom **A Bahnhof** in Kranichfeld beginnen wir die Wanderung auf der Bahnhofstraße (B 87) nach Süden. Auf der Rudolf-Baumbachstraße gehen wir zunächst rechts zum **1 Baumbachhaus** aus dem 16. Jahrhundert, in dem 1840 der Heimatdichter Rudolf Baumbach geboren wurde. Nach der Bushaltestelle steigen wir auf der Treppe hinauf und halten uns anschließend links. Nach der Schule biegen wir rechts in die Straße Große Gebind in Richtung Oberschloss. Vor dem Haus mit der Nummer 25 geht es rechts und dann auf einem Gehweg hinauf. Aus dem Hohlweg können wir fast ganz oben nach links aussteigen und dem Wegweiser in das **2 Oberschloss** folgen. Das Renaissanceschloss von 1530 wurde auf einem Vorgängerbau aus dem 12. Jahrhundert errichtet. Vom Dicken Turm haben wir einen herrlichen Ausblick über das mittlere Ilmtal. Das Oberschloss beherbergt ein Museum zur Geschichte des

Tipp

DIE SAGE VOM OBERSCHLOSS

Einst wohnten zwei streitbare Brüder auf dem Schloss, und so teilten sie den Besitz. Der jüngere Bruder musste in die Ferne ziehen, rief aber: »Ich komme zurück und werde dort unten eine Burg bauen!« Der ältere höhnte: »Wenn dir das gelingt, werde ich mich am Arsch lecken!« Zur Erinnerung wurde der »Leckarsch« am Südwesterker in Stein gehauen.

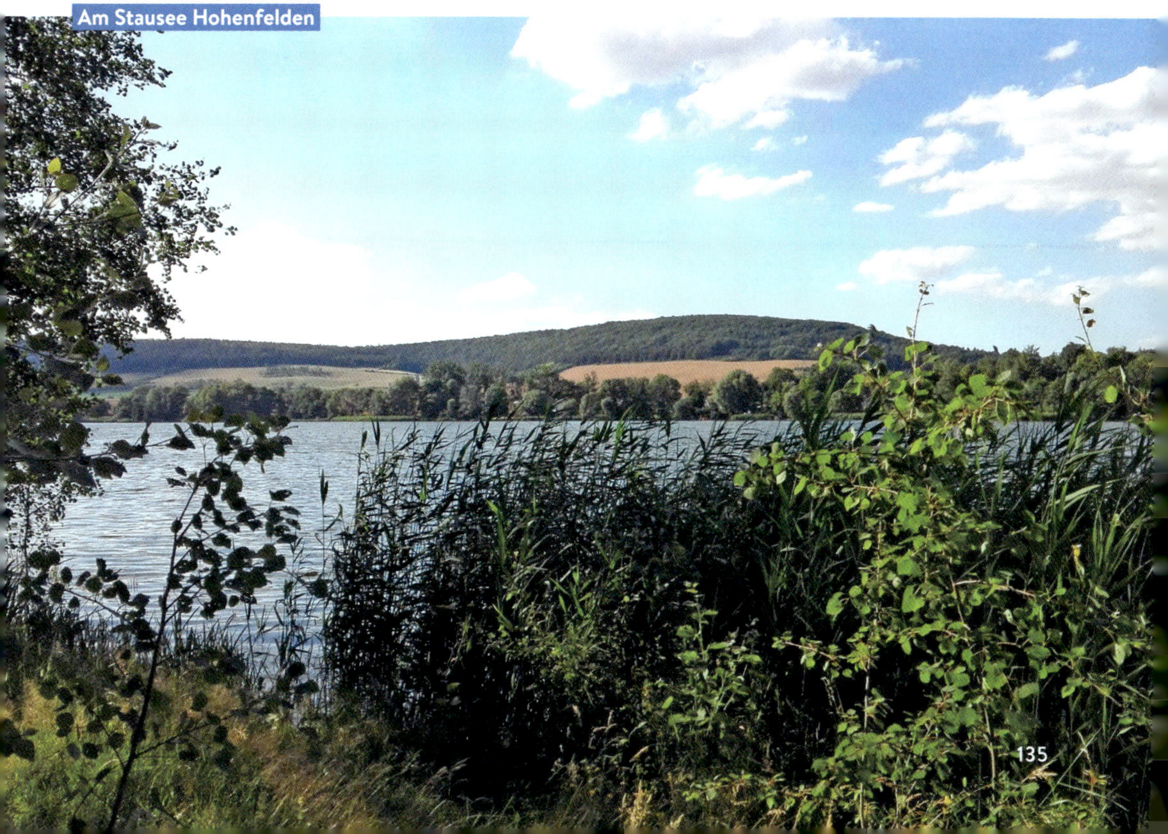

Am Stausee Hohenfelden

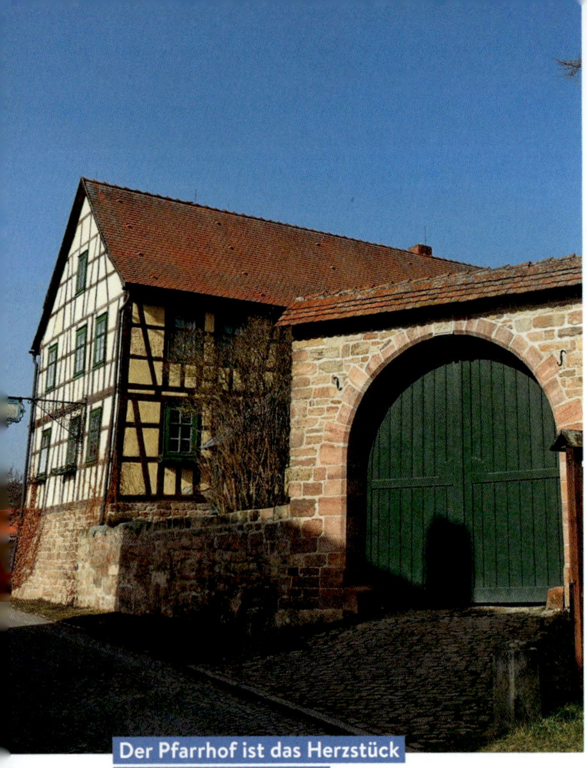

Der Pfarrhof ist das Herzstück des Freilichtmuseums.

Schlosses und der Stadt (Tel. 036450/304 60, www.oberschloss-kranichfeld.de).

ZUR KIRCHE IN HOHENFELDEN Vom Oberschloss steigen wir auf der Straße Am Oberschloss weiter hinauf am Parkplatz vorbei. Nach der Rechtskurve, bereits auf dem Berg abwärts, wandern wir mit der Markierung 3 links auf dem Feldweg in Richtung Stausee Hohenfelden. An der T-Kreuzung am Superintendentenstein müssen wir auf der Asphaltstraße links und an der folgenden Kreuzung rechts hinab. An der Linde in Zieglersgrund wenden wir uns nach links in Richtung Riechheimer Berg. An der T-Kreuzung im Wald wandern wir auf der Forststraße rechts an der Schranke vorbei in Richtung Goethestein. An der nächsten Kreuzung sehen wir links schon den Pavillon am **3 Goethestein.**
An der Weggabelung am Goethestein nehmen wir die Forststraße ohne Markierung nach rechts. An einer T-Kreuzung geht es links an einer großen Forstwiese vorbei aufwärts und bleiben in Richtung Weigels-Rast. An der Hütte Weigels-Rast folgen wir dem Wegweiser nach rechts hinab in Richtung Freilichtmuseum Hohenfelden. An der folgenden T-Kreuzung wandern wir links und kommen in einem Bogen direkt vor die ersten Gartenzäune von Hohenfelden, an denen wir mit dem Feldweg nach links schwenken. Nach 60 Metern gehen wir rechts über den Bach und kommen geradeaus an den Gebäuden Mittelbauernhof, Taglöhnerhaus und Brauhaus vorbei, die Bestandteil des Freilichtmuseums sind. Geradeaus erreichen wir die **4 Kirche**. 40 Meter weiter links ist der Pfarrhof mit Pfarrgarten, Herzstück des Thüringer Freilichtmuseums im Dorf Hohenfelden.

ZUM FREILICHTMUSEUM AM EICHENBERG Das Museum hat zwei Standorte, deshalb machen wir uns auf und gehen weiter auf der Straße Im Dorfe nach Westen. Die Straße beschreibt einen Bogen nach rechts und wir überqueren an einem Reiterhof die Landstraße K 311 geradeaus. Nach 200 Metern wandern wir auf dem Wiesenweg nach rechts und an der Straße links hinauf zum **5 Freilichtmuseum Am Eichenberg**. Hier wurden historische Gebäude aus verschiedenen Gegenden Thüringens zusammen getragenund wiederaufgebaut (www.freilichtmuseum-hohenfelden.de).

ZUR AVENIDA-THERME Auf dem Gehweg rechts der Straße laufen wir wieder hinunter und über die Landstraße (K 311) in die Straße Im Dorfe in Hohenfelden. An der T-Kreuzung wandern wir links entlang der Spitzahornallee in die Felder. Am Ende des Wegs biegen wir rechts in den Feldweg mit der Kastanienallee. Nach dem Wasserbehälter geht es links auf den Gehweg in Sichtweite des Stausees nach Osten. 100 Meter vor der Landstraße (L 1052) können wir rechts auf einem kleinen Pfad auf das Gelände der Therme durchschlüpfen und kommen direkt am Eingang der **6 Avenida-Therme** vorbei.

ZUM BAHNHOF Über den großen Parkplatz und dann auf dem Staudamm bleiben wir immer so nah wie möglich am See. Am Ende des Damms gehen wir fast geradeaus auf der Waldstraße aufwärts in Richtung Zieglersgrund und bleiben in Richtung Kranichfeld. An einer Kreuzung nach einer Wiese wandern wir am Pavillon rechts in Richtung Zieglersgrund hinauf. An einer Kreuzung mit einem Picknickplatz bleiben wir mit der Markierung 2 geradeaus auf einem kleineren Waldweg abwärts. An der schon bekannten Linde in Zieglersgrund geht es geradeaus in Richtung Kranichfeld. An den Wochenendhäusern müssen wir links und kommen wieder am Superintendentenstein vorbei, bleiben jetzt aber auf der Straße geradeaus abwärts. Erst an der Bernhardstraße gehen wir links und kommen so genau zum **E Bahnhof** zurück.

INFO

TOURENCHARAKTER

Leichte, meist sonnige Wege durch Wälder, Wiesen und Felder, im Ortsgebiet auf Straßen. Feste Wanderschuhe mit griffigen Sohlen sind angebracht.

AUSGANGS-/ENDPUNKT

Parkplatz Bahnhof, B 87, 9948 Kranichfeld, GPS 50°51‘23.0“N 11°12‘10.1“E (300 m)

ANFAHRT

ÖPNV: Mit der Bahn nach Kranichfeld
Auto: Auf der A 4 Ausfahrt 47a Erfurt-Ost und auf der L 1052 nach Kranichfeld

GEHZEITEN

Bahnhof-Baumbachhaus 0:10 Std.-Oberschloss 0:15 Std.-Goethestein 0:45 Std.-Kirche Hohenfelden 0:55 Std.-Freilichtmuseum Am Eichenberg-0:25 Std.-Avenida-Therme 0:50 Std.-Bahnhof 0:50 Std.

Leicht	15,0 km	270 Hm	4.10 Std.

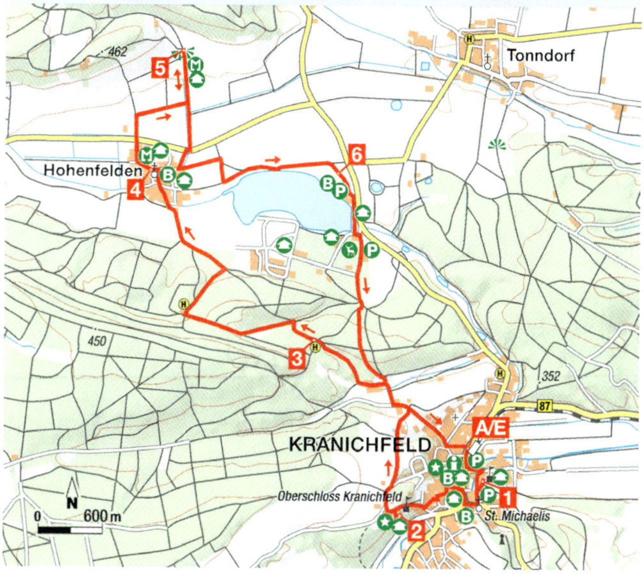

EINKEHR

Museumsgaststätte Zur alten Pfarre, Im Dorfe 16, 99448 Hohenfelden, Tel. 036450/437 69, www.museumsgaststaette-hohenfelden.de

Museumscafé Baumbachhaus, Baumbachplatz 1, 99448 Kranichfeld, Tel. 036450/396 69, www.baumbachhaus-kranichfeld.de

KARTE

64 Mittlere Saale

INFORMATION

Baumbachplatz 1, 99448 Kranichfeld, Tel. 036450/420 21, www.kranichfeld.de

HINWEIS

Besser Wochenenden meiden

ZUR BURG TANNRODA

Ilmtal und Landschaft zum Durchatmen

Das mittlere Ilmtal ist eine beliebte Wandergegend, weil sie sich mit ihren lieblichen Hügeln, sanften Flussauen und einst stolzen Burgen sehr abwechslungsreich gestaltet. Schon die Gäste der großartigen Hofjagden der Weimarer Herzöge ritten im Ilmtal durch Wald und Flur.

30

Die Kirche Sankt Michael in Tannroda

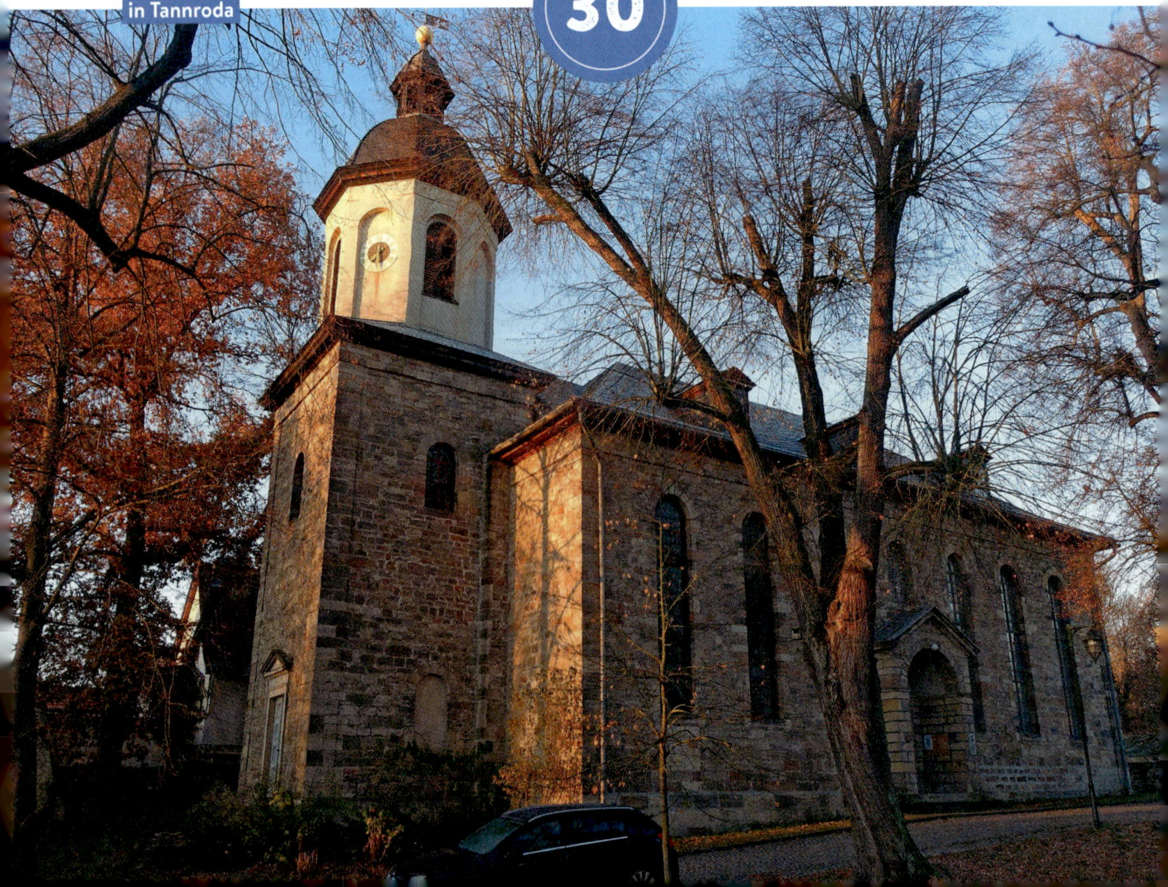

Das Ilmtal ist beiderseits von einer idyllischen Landschaft aus bewaldeten Hängen und Anhöhen umgeben. Der Bergfried von der Burg Tannroda und zwei Aussichtspavillons gewähren einen weiten Blick über die Landschaft, die wir durchwandern.

ZUR NIEDERBURG Vom **A Bahnhof** in der Zwei-Burgen-Stadt Kranichfeld starten wir auf der Bahnhofstraße (B 87) nach Süden in Richtung Niederburg. Auf dem Auenweg gehen wir links über die Ilm und nach dem Haus Nummer 7 rechts. An der T-Kreuzung steigen wir auf der Schlossgasse links zur **1 Niederburg** hinauf. Die Anlage entstand im 12. Jahrhundert, zeigt sich heute aber im Bild der Umbauten des Jahrs 1907. Vom Terrassencafé und vom Rosengarten kann man über die Dächer der Stadt zum Oberschloss (Tour 29) hinüberschauen.

ZUR BURG TANNRODA Vom Platz vor der Niederburg wandern wir nach Osten in Richtung Ruhmberg. Im riesigen Planhof der Burg, in dem es Veranstaltungen im historischen Flair gibt, begeistert besonders der Adler- und Falkenhof mit den Flugvorführungen. Verschiedene Falken, Milane, Adler, Uhus, Riesenseeadler und sogar ein Andenkondor zeigen ihre beiendruckenden Flugkünste (www.falkenhof-kranichfeld.de). Nach dem Tor in der Umfassungsmauer gehen wir mit der Markierung 1 auf blauem Grund rechts auf einem Pfad über eine Wiese zu einem Wegweiser mit dem Schild Ruhmberg. Hier ist auch ein schöner Picknickplatz mit Blick zum Oberschloss, aber hier ist nach den Karten nicht der Ruhmberg. Wir folgen dem Wegweiser in Richtung Tannroda. An Abzweigen bleiben wir immer auf dem breiten Ruhmbergweg an der Geländekante an einem Funkturm vorbei. Nach einem kleinen Wäldchen auf der rechten Seite sind wir am Pavillon am **2 Rabenhölzchen** und können

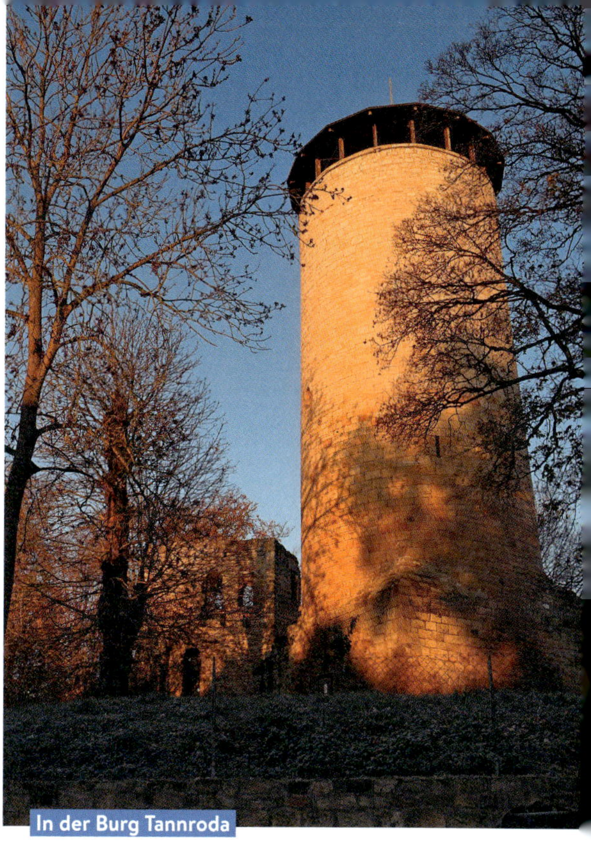

In der Burg Tannroda

nach Tannroda im Ilmtal hinunterschauen. Erst nach diesem Pavillon ist laut Eintrag in der Karte auf der rechten Seite der Hügel im Feld der Ruhmberg. An einem größeren Waldstück bleiben wir geradeaus. Wir sind

Tipp

IM KORBFLECHTERMUSEUM

Das Museum entstand aus der Tradition des Korbmacherhandwerks in Tannroda. Neben vielen Arbeiten aus der Zeit von 1850 bis 1990 können auch Originalwerkzeuge besichtigt werden. Ein Museumsabschnitt ist als Arbeits- und Wohnbereich einer Korbmacherfamilie um die 1920er-Jahre gestaltet (Tel. 036450/307 44, www.thüringer-korbmachermuseum.de/museum).

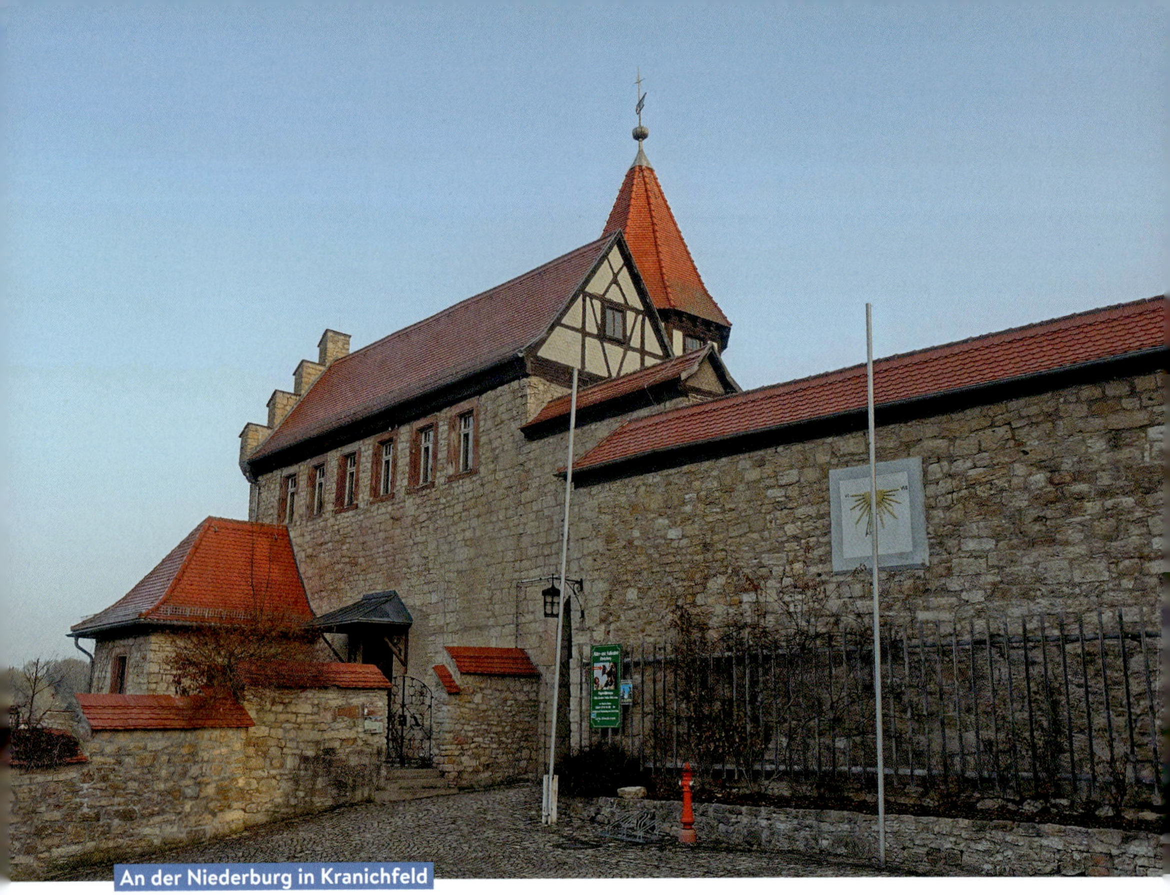
An der Niederburg in Kranichfeld

jetzt auf dem Kultur- und Landschaftsweg mit der Markierung 1 nun aber auf grünem Grund. Der Pavillon **3 Ilmtalblick** macht seinem Namen alle Ehre. Tannroda an der Ilm wartet auf uns. Am Pavillon gehen wir links durch das Eckstedter Tal immer geradeaus hinunter. An einer Weggabel mit Bank müssen wir links auf dem Wiesenweg im Hoftal in Richtung Burganlage und Korbmachermuseum. Ein Blick nach links durchstreift das Ilmtal bis Kranichfeld. An einer Gabelung vor einem Gartengrundstück gehen wir rechts und an der Kreuzung geradeaus in die Straße Lindenberg. An der Kirche Sank Michael vorbei gelangen wir in die geräumige **4 Burg Tannroda** aus dem 12. Jahrhundert, von der im Wesentlichen noch der sanierte Bergfried als Aussichtsturm erhalten ist. Nach der Zerstörung der Burg im Jahre 1465 entstanden im 16. Jahrhundert das Rote Schloss und das Blaue Schloss der Herren von Tannrode. Von den zwei Schlössern ist nur noch das Blaue Schloss vorhanden. Die Stiftung Burg Tannroda bemüht sich um die

Tipp

ANNA VON TANNRODA

Die Sankt-Anna-Kapelle auf dem Kirchberg von Tannroda existiert heute nicht mehr. Die Sage berichtet von der unglücklichen Liebe einer Anna, die mit einem Diener in die Fremde ziehen wollte, weil die Eltern dem Paar ihren Segen verweigert hatten. Anna endete unverheiratet in einem Kloster. Aus Reue sollen die Eltern die Sankt-Anna-Kapelle erbaut haben.

Sanierung des Schlosses zu einem Kulturzentrum und den Bau eines Mehrgenerationenhauses und betreibt eine betriebliche Burgkooperative. Im Laubenganggebäude auf der rechten Seite wurde das Thüringer Korbmachermuseum eingerichtet.

ZUM BAHNHOF IN KRANICHFELD Wir gehen nun an der Kirche oberhalb vorbei durch das Wohngebiet und laufen an der Kreuzung auf der Ziegeleistraße rechts hinunter. An der Weggabelung am Wasserwerk müssen wir rechts in Richtung Kranichfeld an der alten **5 Pulvermühle** vorbei. Auf dem Ilmtalradweg wandern wir durch die Ilmwiesen flussaufwärts. In Kranichfeld laufen wir auf dem Auenweg ein und gehen anschließend noch auf der Bahnhofstraße (B 87) rechts zum Parkplatz am **E Bahnhof** in Kranichfeld zurück.

INFO

Leicht | 8,7 km | 190 Hm | 2.40 Std.

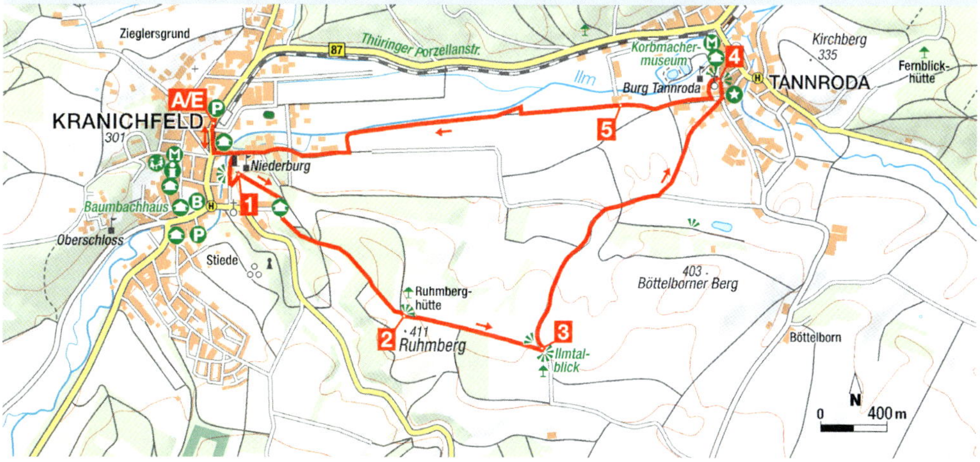

TOURENCHARAKTER

Leichte, meist sonnige Wege und Pfade durch Wälder, Wiesen und Felder, im Ortsgebiet auf Straßen. Feste Wanderschuhe mit griffigen Sohlen sind angebracht.

AUSGANGS-/ENDPUNKT

Parkplatz Bahnhof, B 87, 9948 Kranichfeld, GPS 50°51'23.0"N 11°12'10.1"E (300 m)

ANFAHRT

ÖPNV: Mit der Bahn nach Kranichfeld

Auto: Auf der A 4 Ausfahrt 47a Erfurt-Ost und auf der L 1052 nach Kranichfeld

GEHZEITEN

Bahnhof Kranichfeld–Niederburg 0:15 Std.–Rabenhölzchen 0:25 Std.–Ilmtalblick 0:15 Std.–Burg Tannroda 0:40 Std.–Pulvermühle 0:15 Std.–Bahnhof Kranichfeld 0:50 Std.

EINKEHR

Restaurant Bremer Hof, Ilmenauer Straße 12, 99448 Kranichfeld, Tel. 036450/424 23, www.bremer-hof-kranichfeld.de
Museumscafé im Baumbachhaus, Baumbachplatz 1, 99448 Kranichfeld, Tel. 036450 396 69, www.baumbachhaus-kranichfeld.de/cafe

KARTE

64 Mittlere Saale

INFORMATION

Baumbachplatz 1, 99448 Kranichfeld, Tel. 036450/420 21, www.kranichfeld.de

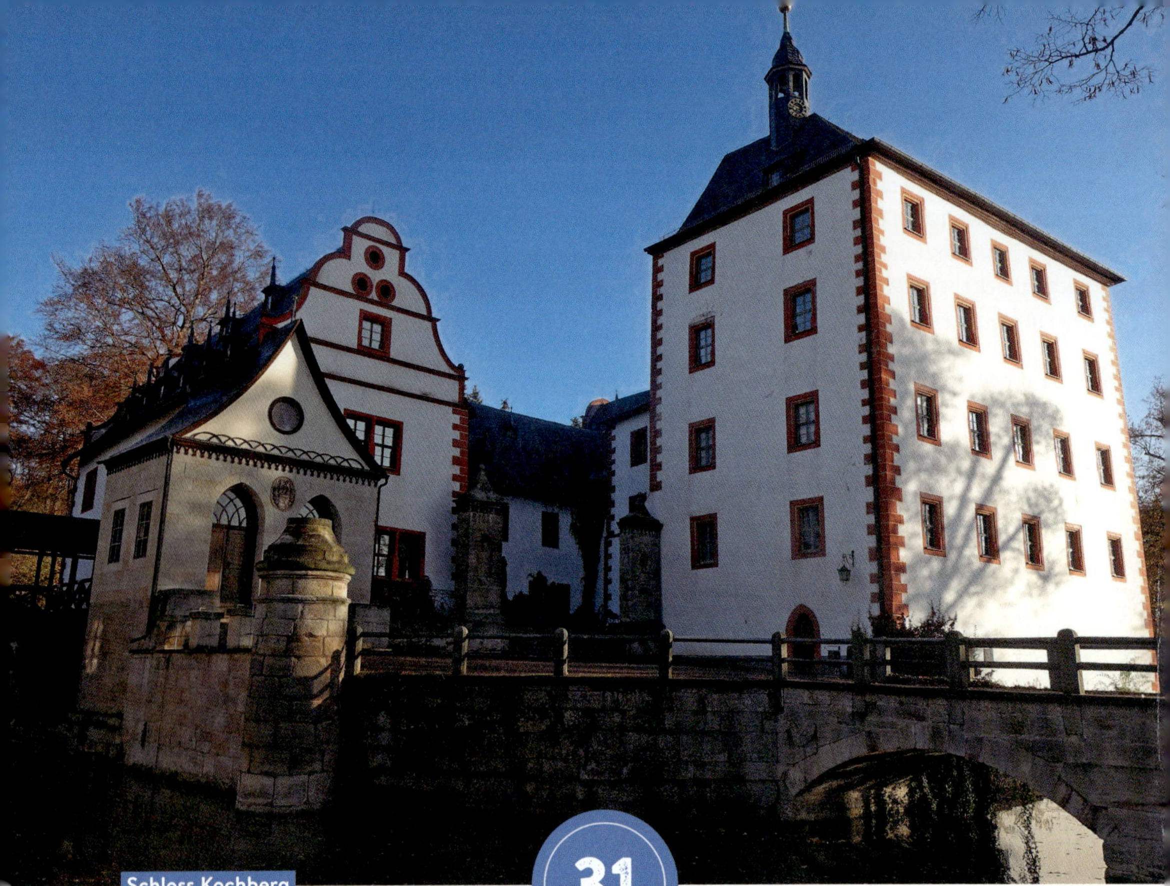

Schloss Kochberg ist eine Wasserburg.

31

ZUM SCHLOSS KOCHBERG

Charlotte von Steins Wasserschloss

Das historische Färberdorf Neckeroda ist mit seinem Haus der Farben in seinen Traditionen wiedererwacht. Goethe war oft in Kochberg zu Gast und bekritzelte den Schreibtisch. Briefe zwischen Goethe und Charlotte von Stein flossen zwischen Weimar und Kochberg hin und her.

Neckeroda ist in seiner Geschichte ein höchst interessanter, gut erhaltener Ort aus vergangenen Zeiten. Das Färberdorf mit Ensembleschutz ist eine genauere Betrachtung wert, so wie auch der Park vom Schloss Kochberg, daher durchlaufen wir ihn gleich zweimal.

ZUM LUISENTURM Vom **A** **Friedhof** starten wir einen kurzen Weg nach Norden und gehen nach dem Wartehäuschen links in dem Grüngürtel entlang der historischen Wälle und Mauern, die nach dem Dreißigjährigen Krieg das Runddorf schützen sollten. Es soll sogar eine Zugbrücke gegeben haben. Unter dem wehrhaften Dorf gab es sternförmig angelegte Verbindungsgänge als Fluchtmöglichkeit. Auf der Westseite des Umgangs an den Wällen schlendern wir links in das Dorf hinein, in dem noch einige alte Fachwerkhäuser zu sehen sind. Das Dorf Neckeroda wurde schon 1285 urkundlich erwähnt, geht aber wahrscheinlich auf das 8. Jahrhundert zurück. Auf dem Turm der im Grund romanischen Dorfkirche ist eine Wetterfahne aus dem Jahr 1606. Das Färberdorf lebte Jahrhunderte lang von dem Anbau und der Verarbeitung von Färberwaid.
Am Ende kommen wir aus dem Dorf neben der Kirche wieder heraus, überqueren die B 85 und wenden uns nach rechts. 25 Meter vor dem Ortsschild gehen wir vor dem letz-

Tipp

MUSEUM SCHLOSS KOCHBERG

Das Museum empfängt in der Wohnatmosphäre der Goethezeit mit zahlreichen originalen Ausstattungsstücken. Seine Spuren hinterließ der Dichter mit Tinte auf dem Schreibtisch. Kostbare Gemälde, Silhouetten und Zeichnungen erzählen von der geheimnisvollen Liebe zwischen Goethe und Charlotte von Stein (www.klassik-stiftung.de/schloss-und-park-kochberg).

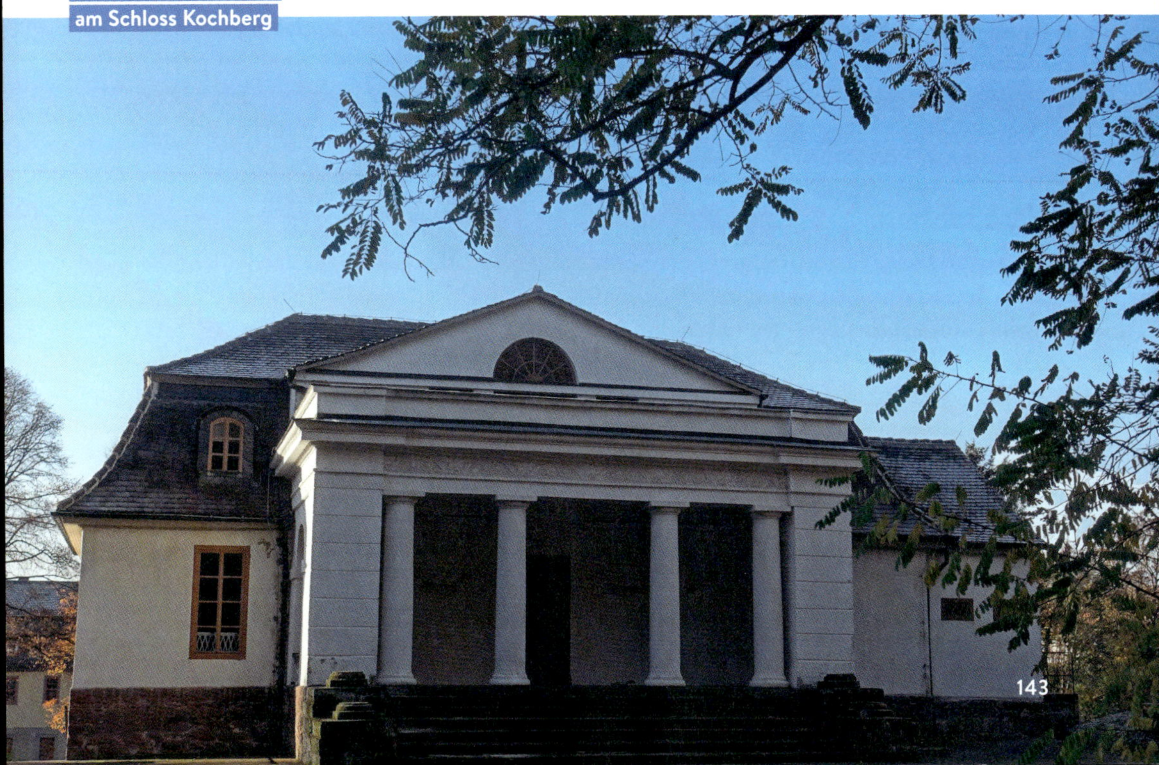

Das Liebhabertheater am Schloss Kochberg

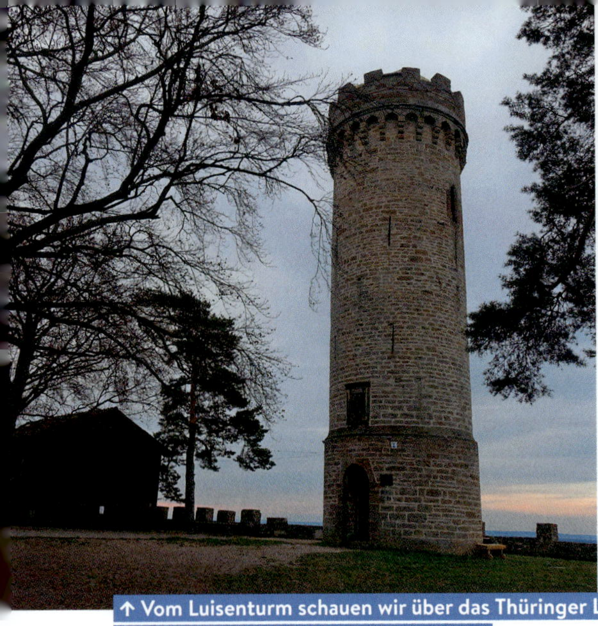

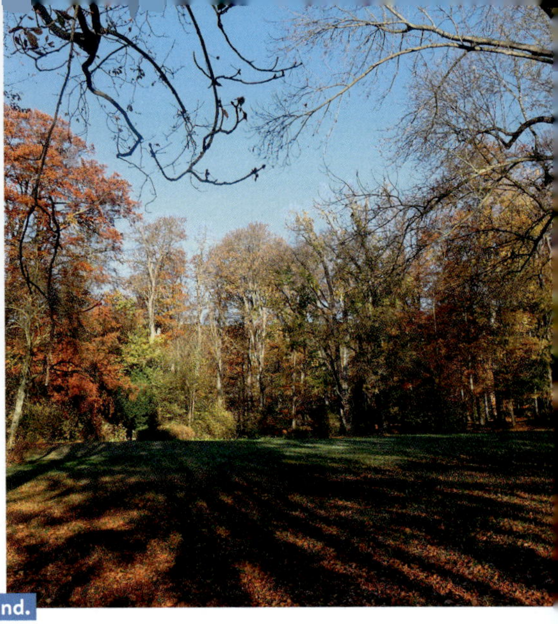

↑ Vom Luisenturm schauen wir über das Thüringer Land.
↗ Im Schlosspark von Schloss Kochberg

ten Haus auf dem kleinen Sträßchen nach links und dann auf dem Feldweg nach rechts. Wieder an der B 85, geht es halb links in Richtung Großkochberg. Die Markierung G steht für Goetheweg, denn er ging oft genau diesen Weg von Weimar nach Großkochberg, um seine verehrte Charlotte von Stein zu besuchen. Nach 120 Metern steht die mächtige **1 Wache-Linde**. An dieser hohen Stelle soll sich ein Wachposten befunden haben, um bei Gefahr das Dorf in Alarmbereitschaft zu versetzen. Dies dürfte auch der Gerichtsplatz des Dorfs gewesen sein. Unser Weg zieht sich zum Wald hinunter und nach dem Wald bleiben wir an der Kreuzung mit Hütte geradeaus in Richtung Großkochberg durch den Schmiedener Grund. Im nächsten Waldstück finden wir im Anstieg der Forststraße einen rechts abgehenden Pfad mit dem Wegweiser zum Luisenturm. In der Folge bleiben wir am Waldrand und treten in der Ecke der Wiese in einen Waldstreifen. Am Ende der nächsten Wiese müssen wir auf der Forststraße rechts und sind nun auch auf dem Lutherweg. An einer Kreuzung mit Picknickplatz bleiben wir geradeaus an einer Hütte vorbei. An einer Kreuzung vor weiten Wiesen laufen wir auf dem Asphaltsträßchen abwärts und wieder hinauf zum **2 Luisenturm**. Er wurde zur Erinnerung an Luise, die Enkelin der Charlotte von Stein, 1864 errichtet. Der Aussichtsturm bietet Sicht über das Thüringer Land und auf Kleinkochberg hinunter.

ZUM SCHLOSS KOCHBERG Wir gehen wieder zurück und an der T-Kreuzung links und dann auf der Treppe hinab in Richtung Schloss Kochberg. An einer Doppelreihe alter Obstbäume nehmen wir den schönen Weg rechts auf der Geländekante weiter abwärts. Am alten Schwimmbad können wir rechts durch das Gartentor in den hübschen Schlosspark schlüpfen und schlendern an einer künstlichen Turmruine und Weihern abwärts zum **3 Schloss Kochberg**. Das Schloss war Landsitz der Familie von Stein. Zwischen 1775 und 1788 war der junge Goethe hier regelmäßig zu Gast. Er schrieb an Charlotte von Stein: »… meine Seele sucht dich in Kochberg und eilt oft zu dir hinüber.« Das einstige Rittergut mit Schloss und Park ist sehr gut erhalten. Das private Liebhabertheater wurde um 1800 erbaut und wird bis heute bespielt.

ZUM FRIEDHOF IN NECKERODA Durch den Schlosspark wandern wir auf anderen Wegen wieder nach oben und treten durch das Gartentor am Schwimmbad wieder aus dem Park. Jetzt steigen wir an der Weggabelung auf dem linken steilen Sträßchen aufwärts an einem Wasserbehälter vorbei. An einer Kreuzung bleiben wir geradeaus am Wiesenrand und gehen wieder in einen Wald hinein. An der Kreuzung vor einer sehr großen Wiese wandern wir rechts an einem Kiefernwald entlang. Bald laufen wir unter einer langen Obstbaumallee und in der Ferne ist schon Neckeroda zu sehen. An der **1 Wache-Linde** gelangen wir auf bekanntem Wege zum Parkplatz am **E Friedhof** zurück.

INFO

TOURENCHARAKTER

Leichte, meist sonnige Wege und Pfade durch Wälder, Wiesen und Felder, im Ortsgebiet auf Straßen. Feste Wanderschuhe mit griffigen Sohlen sind angebracht.

AUSGANGS-/ENDPUNKT

Friedhof, Ortsstraße 43, 99444 Neckeroda, GPS 50°48'43.1"N 11°20'08.8"E (458 m)

ANFAHRT

ÖPNV: Mit der Bahn nach Rudolstadt und mit dem Bus Linie 221 nach Neckeroda
Auto: Auf der A 4 Ausfahrt 48 Nohra und auf der B 85 nach Neckeroda

GEHZEITEN

Friedhof–Wache-Linde 0:25 Std.–Luisenturm 1:15 Std.–Schloss Kochberg 0:30 Std.–Wache-Linde 1:30 Std.–Friedhof 0:10 Std.

EINKEHR

Gaststätte Goethe-Platz, Ortsstraße 17, 07407 Großkochberg, Tel. 036743/225 17
Schlossrestaurant Kochberg, Im Schloßhof 3, 07407 Großkochberg, Tel. 036743/25 42 10, www.schlossrestaurant-kochberg.de

KARTE

64 Mittlere Saale

Leicht | **12,6 km** | **300 Hm** | **3.50 Std.**

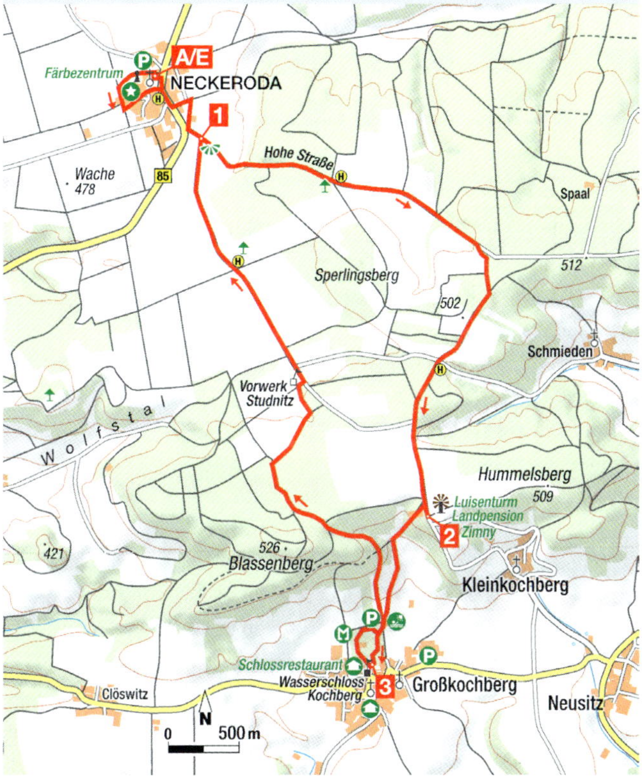

INFORMATION

Am Saalewehr 2, 07407 Uhlstädt-Kirchhasel, Tel. 036742/635 34, www.uhlstaedt-kirchhasel.de

HINWEIS

Der Spielplan des Liebhabertheaters im Schloss Kochberg ist unter www.liebhabertheater.com zu finden.

KAHLA UND LEUCHTENBURG

Moderne Zeiten für die Königin des Saaletals

Topmoderne Anbauten korrespondieren geschickt mit den Gebäuden der Leuchtenburg aus verschiedenen Jahrhunderten. Eine herrliche Aussicht über das Saaletal wird uns bei dieser Wanderung mehrfach geschenkt. Die historische Jagdanlage Rieseneck ist ein Zeugnis der Feudalzeit.

32

Das Grüne Haus diente der Jagdgesellschaft.

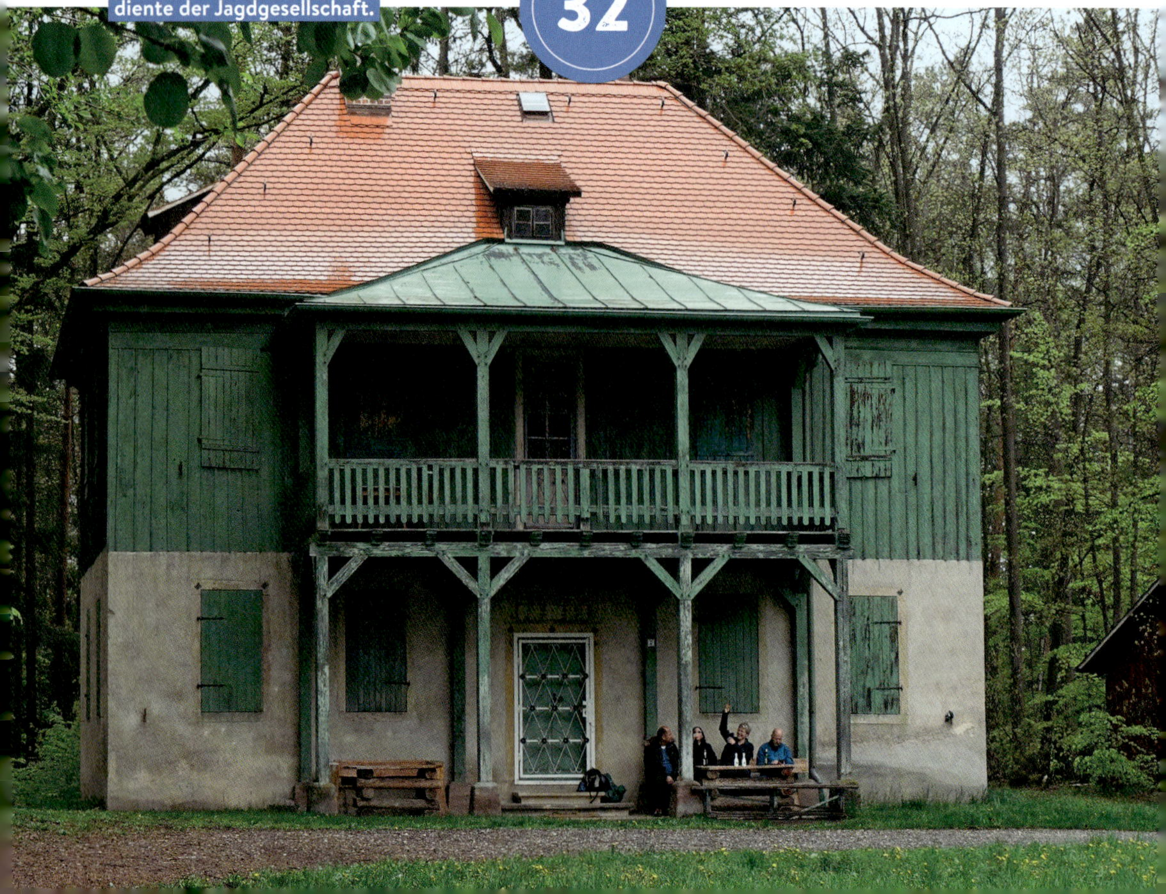

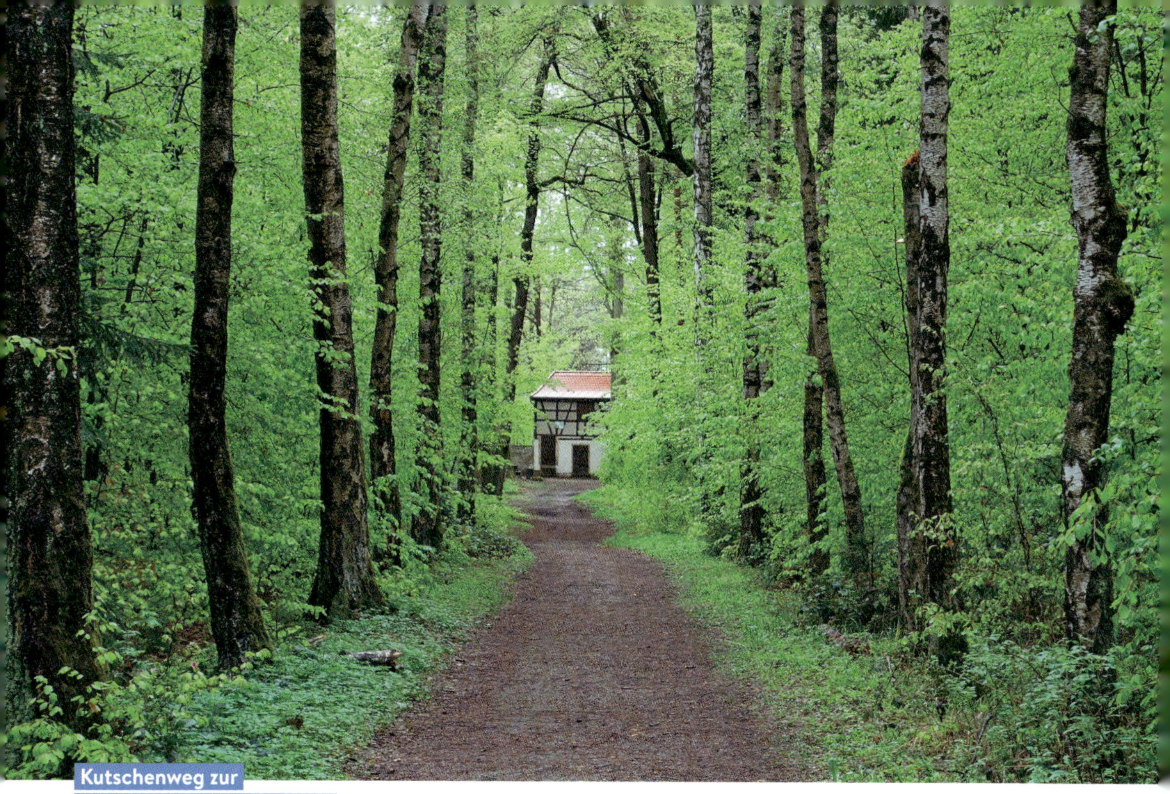

Kutschenweg zur Jagdeinrichtung Rieseneck

Die 1620 erbaute Jagdanlage Rieseneck ist die einzige noch erhaltene Jagdanlage der frühen Neuzeit in Europa. Die Jagd war auch noch im 18. Jahrhundert eine große Leidenschaft im Herzogtum Sachsen-Gotha-Altenburg. Die historische Altstadt von Kahla ist auch einen Blick wert.

ZUM GRÜNEN HAUS Vom Parkplatz **A Gries** gehen wir oben an der Brücke rechts über die Saale und gleich rechts an der Saale flussaufwärts nach Süden. Wir sind auf dem Saale-Radweg, der uns geradeaus sicher nach **1 Kleineutersdorf** führt. Nach der Gaststätte Zum Rieseneck wandern wir an dem hübschen Haltestellenhäuschen links auf der Dorfstraße in Richtung Rieseneck. An einer Gabelung am Dorfende gehen wir rechts und an einer Weggabel im Wald links und an der nächsten Gabelung rechts immer in Richtung Grünes Haus. An einer Kreuzung geht es links zum **2 Grünen Haus** an einer großen Wiese. Das Haus diente der Unterbringung der Jagdgäste während der großzügigen Hofjagden im 18. Jahrhundert. Das Blockhaus gegenüber war die Übernachtungsstelle der Treiber. In der offenen Remise wurden Wagen und Pferde untergestellt.

Tipp

DIE PORZELLANWELTEN

Im Museum der Leuchtenburg werden Besucher mit spannenden Geschichten ums Porzellan auf eine sinnliche Reise geschickt. Hinter den Burgmauern verbirgt sich der Schatz einer zauberhaften Wünsche- und Wunderwelt um das »weiße Gold«. Die Burg selbst wird in ihrer bald 1000-jährigen Geschichte auf einem Rundgang aktiv erlebbar (www.leuchtenburg.de).

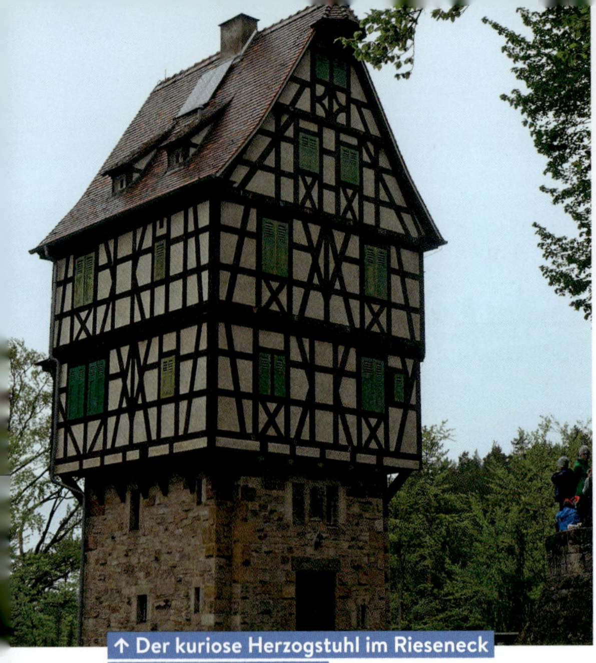

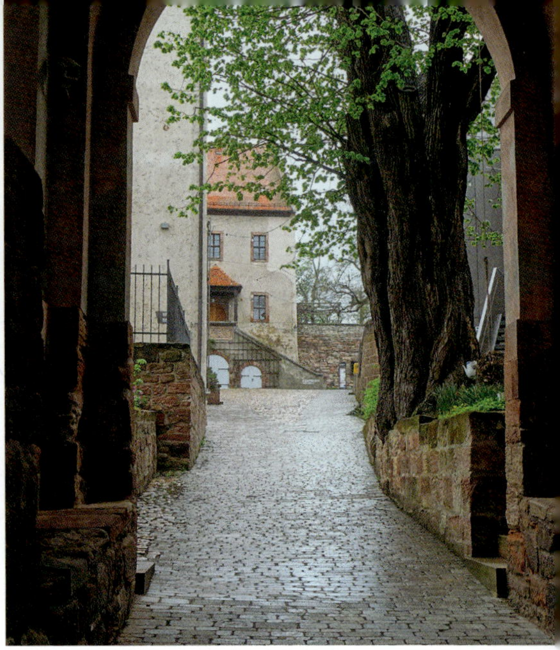

↑ Der kuriose Herzogstuhl im Rieseneck
↗ In der Leuchtenburg

ZUM HERZOGSTUHL Von der Remise geht es in gerader Linie zur Jagdanlage, die 1620 erbaut wurde. Auf dem gepflasterten Weg fuhren seinerzeit die Kutschen. Mauern und Laufgräben zur Anpirschung an das Wild erzählen, wie damals gejagt wurde. Wegweiser zeigen von der Jagdanlage nach links in Richtung Herzogstuhl. Den kuriosen 3 **Herzogstuhl** mit Zugbrücke nutzte Herzog Ernst II. von Sachsen-Altenburg bis 1943 als Rückzugsort in Waldesruh.

AUF DIE LEUCHTENBURG Vom Herzogstuhl laufen wir an der Geländekante nach Osten und biegen dann nach links in Richtung Grünes Haus ab. An der Kreuzung bleiben wir aber geradeaus und tangieren das Grüne Haus nicht mehr. Wir kommen wieder auf den gleichen Weg, den wir gekommen sind, und laufen nach 1 **Kleineutersdorf**. Im Ort geht es rechts und an der Gaststätte Zum Rieseneck links auf dem Saaleradweg in Richtung Kahla. An der Brücke in Kahla überqueren wir die Brückenstraße geradeaus in die Straße Am Anger. Auf dem Tunnelweg geht es rechts hinauf und durch den Tunnel unter der Straße durch. Am Rand einer Wiese zieht sich nun ein Pfad nach oben und wir überqueren in einer Kurve die Landstraße. Auf einem Wiesenweg steigen wir mit der Markierung grüne Linie weiter aufwärts und treffen wieder auf die Straße, können aber gleich links in einem Hohlweg weiter aufwärts. Oberhalb überqueren wir einen asphaltierten Weg und steigen auf mehreren Treppen zur 4 **Leuchtenburg** hinauf. Die Burg wurde 1221 das erste Mal urkundlich erwähnt. Sie gilt als eine der schönsten Burgen Thüringens und wird Königin des Saaletals genannt. Auf dem Panoramaweg kann die gesamte Burg umrundet werden. Wir genießen einen weiten Rundblick vom Harz bis zum Thüringer Wald.

ZURÜCK ZUM PARKPLATZ GRIES Vom Torhaus steigen wir auf der Zufahrtstraße abwärts und weiter unten entgegen der Einbahnstraße weiter. In der Linkskurve nutzen wir rechts den Pfad mit der Markierung L des Lutherwegs in Richtung Kahla. An einer Hütte bleiben wir auf dem breiten Weg aufwärts und gehen an der Gabelung in Sichtweite eines Funkturms rechts. Nun gibt es viele verzweigte Wege, aber der richtige Weg ist immer sehr gut mit dem L als Lutherweg gekennzeichnet. Bevor es ganz steil abwärtsgeht, können wir nach links einen Abstecher ohne Markierung zum Aussichtspunkt auf dem **5 Dohlenstein** machen. Die Stadt Kahla liegt uns hier zu Füßen.

Vom Abstecher zurück folgen wir dem Lutherweg in vielen Serpentinen abwärts und unten vor der Saale links. Wir bleiben immer auf dieser Seite der Saale und kommen so zur Brücke über den Fluss und links zum **E Parkplatz Gries** zurück. Ein Rundgang durch die historische Altstadt von Kahla ist sehr zu empfehlen.

INFO

Mittel | 13,0 km | 440 Hm | 4.00 Std.

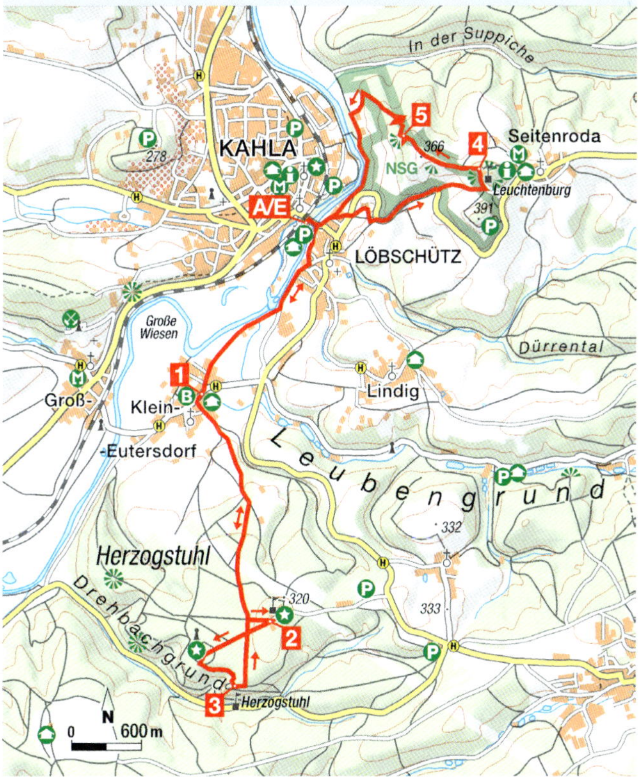

TOURENCHARAKTER

Mittelschwere, meist sonnige Wege und Pfade durch Wälder, Wiesen und Felder, im Ortsgebiet auf Straßen. Trittsicherheit und feste Schuhe mit griffigen Sohlen erforderlich. Auf den steilen Pfaden zur Leuchtenburg ist etwas Schwindelfreiheit nötig.

AUSGANGS-/ENDPUNKT

Parkplatz Gries,
Badweg 1, 07768 Kahla,
GPS 50°48'02.2"N 11°35'21.4"E
(160 m)

ANFAHRT

ÖPNV: Mit der Bahn nach Kahla
Auto: Auf der A 4 Ausfahrt 53 Jena-Göschwitz und auf der B 88 nach Kahla

GEHZEITEN

Parkplatz Gries–Kleineutersdorf 0:35 Std.–Grünes Haus 0:40 Std.–Herzogstuhl 0:15 Std.–Kleineutersdorf 0:20 Std.–Leuchtenburg 1:20 Std.–Dohlenstein 0:15 Std.–Parkplatz Gries 0:35 Std.

EINKEHR

Gaststätte Rosengarten,
Am Sportplatz 2,
07768 Kahla,
Tel. 036424/223 98,
www.rosengarten-kahla.de
Burgschänke Leuchtenburg,
Dorfstraße 100, 07768 Seitenroda,
Tel. 36424/71 33 33,
www.leuchtenburg.de

KARTE

64 Mittlere Saale

INFORMATION

Roßstraße 38, 07768 Kahla,
Tel. 036424/529 71,
www.kahla.de, www.Saaleland.de

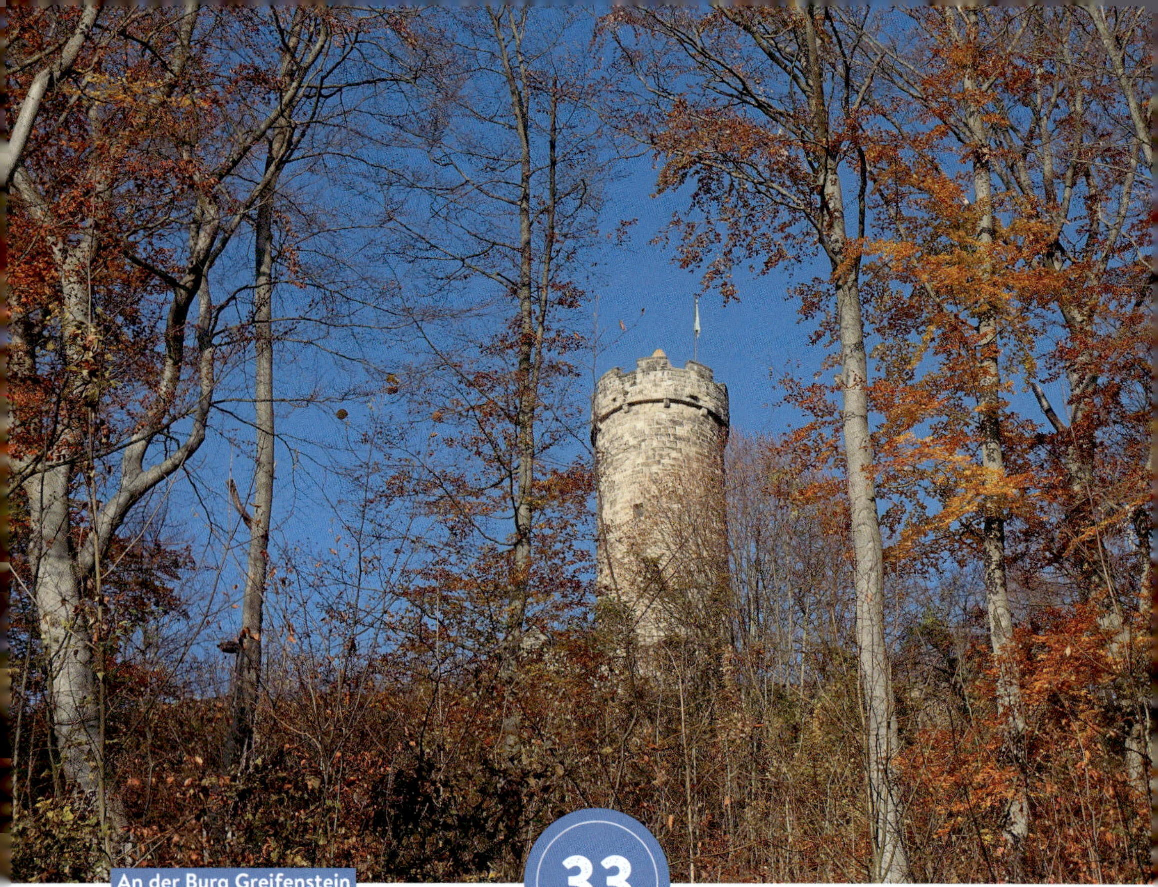

An der Burg Greifenstein

33

ZUR BURG GREIFENSTEIN

Burgenromantik und aussichtsreiche Grenzwege

Der Panoramaweg über den Kesselwänden aus Muschelkalk führt zur Begeisterung der Naturfreunde über artenreiche Kalkmagerrasen. Aussichtspunkte wie Fröbelblick und Baropturm öffnen den Blick auf die hügelige Landschaft mit den lieblichen Streuobstwiesen.

Das Ziel ist am Ende die sagenumsponnene Burg Greifenstein mit ihrer Greifvogelwarte und Falknerei. Doch bei dieser Wanderung ist auch besonders der Weg mit den grandiosen Aussichtsstellen und vielfältiger Botanik das Ziel. Auf dem Wanderweg erzählen Informationstafeln über den Begründer des ersten Kindergartens Friedrich Wilhelm August Fröbel.

ZUM FRÖBELBLICK Gegenüber dem **A Parkplatz Burg Greifenstein** steigen wir nach Nordosten an dem kleinen Strommast vorbei den Hang hinauf in Richtung Fröbelblick und an der Cyliax-Bank links weiter. Hier und auf dem gesamten Burgberg ist das Naturschutzgebiet Burg Greifenstein, auf dessen kalkhaltigen Böden 16 Orchideen nachgewiesen wurden. Die Leitpflanze ist das aparte Rote Waldvögelein. Der Weg wird zu einer Panoramastrecke und bald sehen wir links unten im Tal das idyllische Dorf Kleingölitz und auch die Burg Greifenstein. Weiter oben kommen wir an den Gölitzwänden aus Muschelkalk vorbei und sind dann gleich am Aussichtspunkt **1 Fröbelblick**. Hier schauen wir hinunter in das Tal des Flüsschens Rinne und nach Südosten zur Burg Greifenstein und Bad Blankenburg zurück.

ZUR KIRCHE IN KEILHAU Von der Hütte am Fröbelblick laufen wir auf dem Fröbelwanderweg in Richtung Nordosten nach Keilhau hinunter. Im Talgrund müssen wir an der Schaalbachquelle rechts. In Keilhau

Tipp

FRÖBELS SPUREN

Der Pädagoge Friedrich Fröbel (1782–1852) war ein Schüler Pestalozzis, der dessen Gedanken weitertrug. Er erkannte die wichtige Bedeutung der frühen Kindheit. In Bad Blankenburg gründete er 1840 den ersten Kindergarten, in dem heute ein Museum eingerichtet ist. In Keilhau war seine Allgemeine Deutsche Erziehungsanstalt angesiedelt (www.froebel-museum.de).

↓ Blick auf das Dorf Kleingölitz
↘ Am Aussichtspunkt Fröbelblick

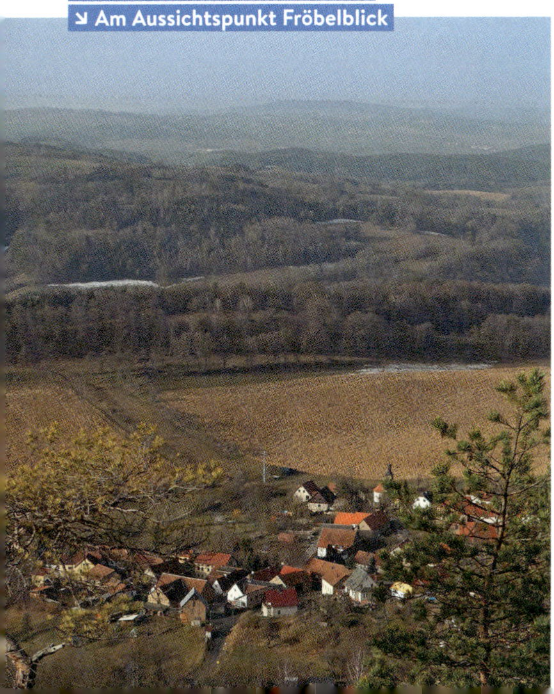

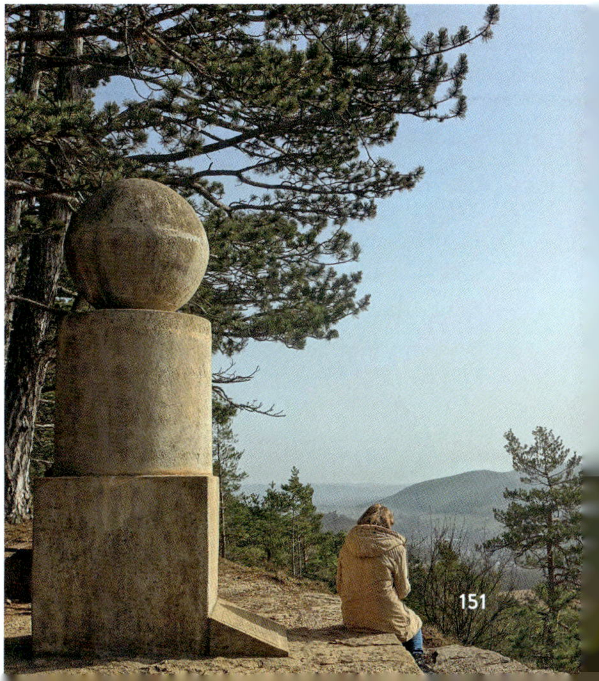

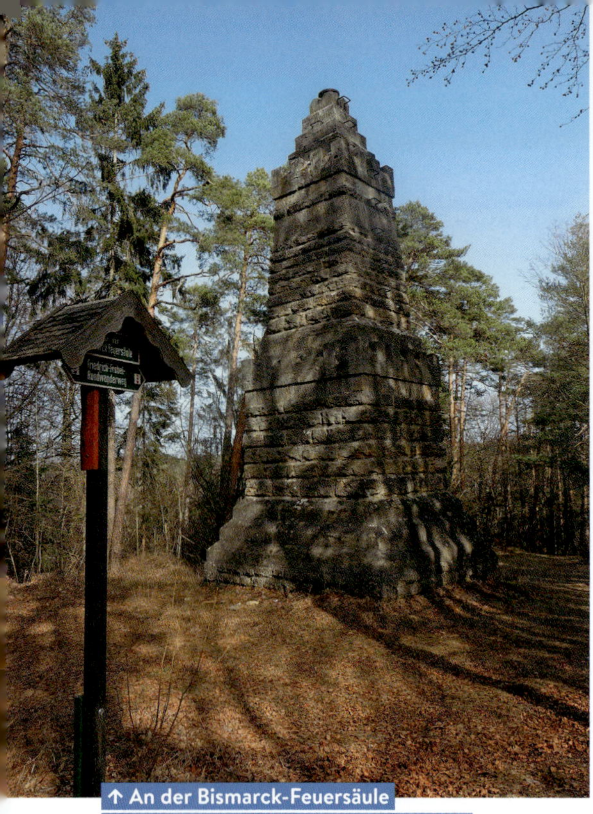

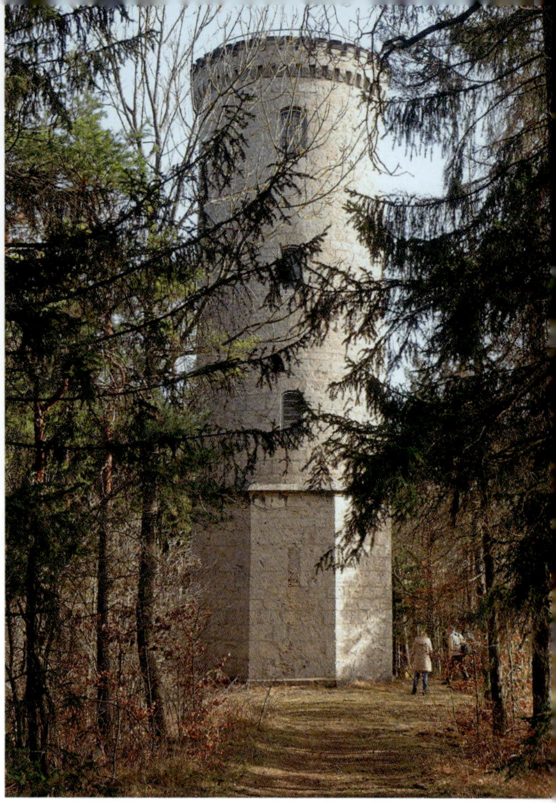

↑ An der Bismarck-Feuersäule
↗ Der Baropturm auf dem Steigerberg

wandern wir in Sichtweite der **2 Kirche** an dem gelben Haus mit der Nummer 6 links in Richtung Bismarck-Säule.

ZUM BAROPTURM Nach dem Zaun der Fröbelschule geht es links hinauf und nach der Streuobstwiese rechts auf der Treppe durch den Wald zum Fröbeldenkmal. Nach dem Denkmal steigen wir in Serpentinen aufwärts und kommen auf dem Kamm des Kolmbergs zur **3 Bismarck-Feuersäule**, die 1899 erbaut wurde.
An der Gabelung nach der Bismarck-Säule wählen wir den linken Weg entlang der Hangkante. An einer T-Kreuzung kommen wir links in das Ilmtal hinunter und laufen in spitzem Winkel rechts auf der Talstraße weiter leicht aufwärts. Am Ende der Wiese im Talgrund wandern wir an der Kreuzung links in Richtung Baropturm und nach 70 Metern mit der Markierung 5 rechts aufwärts. An der T-Kreuzung weiter oben müssen wir auf dem Thüringenweg links zum **4 Baropturm** auf dem Steigerberg, der nur an den letzten Sonntagen der Monate Mai bis September geöffnet ist.

ZUR KESSELWARTE Vom Turm geht es nun auf der Schulter des Muschelkalkbergs abwärts und am Fröbelblick vorbei geradeaus auf dem Forstweg nach Osten in Richtung Kesselwarte. Nach 70 Metern nehmen wir den kleineren Weg, der rechts an der Hangkante verläuft. Dieser alte Grenzweg ist der Kammweg Geiersleite über den Gölitzwänden. Schließlich fädelt der Kammweg wieder in die Forststraße ein und wir bleiben an Abzweigen stets auf dem Hauptweg. Nach einem steilen Anstieg biegen wir vor der Kuppe rechts auf den Pfad in Richtung Kesselwarte. Am Steilabbruch müssen wir mit der Markierung weiß-rot-weißes Rechteck links und kommen an einigen Aussichtspunkten vorbei. Direkt an der Hangkante erreichen wir die Hütte **5 Kesselwarte** mit Blick auf die Burg Greifenstein.

ZUR BURG GREIFENSTEIN Wir bleiben nun mit der Markierung roter Punkt auf dem Pfad an der Hangkante in Richtung Bad Blankenburg und bald geht es auf einem Bergrücken steil abwärts. An einer Kreuzung bleiben wir dem roten Punkt in einem Bogen nach rechts hinunter treu. Unten im Tal wandern wir vor der Stromleitung rechts auf der Trasse der Gasleitung oberhalb des Pfadfinderheims vorbei zur Wiese an der Cylix-Bank. Links unten sehen wir schon den Parkplatz der Burg Greifenstein und steigen an ihm links zur **6 Burg Greifenstein** hinauf. Die Burg wurde im 12. Jahrhundert erbaut und zählte einst zu den größeren Befestigungsanlagen in deutschen Landen. Doch schon in frühgeschichtlicher Zeit waren Menschen auf dem Burgberg anwesend. Auf der anderen Seite der Burg kommen wir schnell wieder hinunter zum **E Parkplatz Burg Greifenstein**.

INFO

TOURENCHARAKTER

Leichte, meist sonnige Wege und durchwurzelte Pfade durch Wälder, im Ortsgebiet auf Straßen. Feste Wanderschuhe mit griffigen Sohlen sind angebracht.

AUSGANGS-/ENDPUNKT

Parkplatz Burg Greifenstein, Greifensteinstraße, 07422 Bad Blankenburg, GPS 50°41'32.9"N 11°15'43.6"E (350 m)

ANFAHRT

ÖPNV: Mit der Bahn bis Bad Blankenburg, Aufstieg zur Burg Greifenstein

Auto: Auf der A 71 Ausfahrt 14b Stadtilm und auf der B 90, L 1114 und B 88 nach Bad Blankenburg und vor dem Ort links zur Burg hinauf

GEHZEITEN

Parkplatz Burg Greifenstein–Fröbelblick 0:55 Std.–Kirche Keilhau 0:20 Std.–Bismarck-Feuersäule 0:20 Std.–Baropturm 0:40 Std.–Kesselwarte 1:55 Std.–Burg Greifenstein 0:45 Std.–Parkplatz Burg Greifenstein 0:05 Std.

Leicht | 12,6 km | 450 Hm | 4.10 Std.

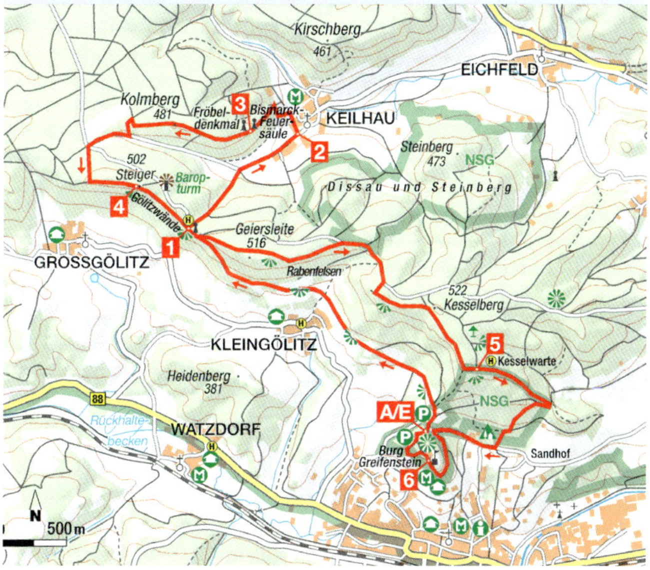

EINKEHR

Burgschänke Greifenstein, Tel. 036741/25 88, www.burgschänke-greifenstein.de

KARTE

59 Thüringer Schiefergebirge

INFORMATION

Bahnhofstraße 23, 07422 Bad Blankenburg, Tel. 036741/26 67, www.bad-blankenburg.info

PS: MYSTIK UND THÜRINGER BRATWÜRSTE

WER SICH THÜRINGEN ERWANDERT, wird gewiss auf die unzähligen Stände mit den unwiderstehlichen original Thüringer Bratwürsten stoßen.

BURGEN, SCHLÖSSER, KLÖSTER UND KIRCHEN

Gefühlt genauso oft trifft der Wanderer auf Burgen und Schlösser, denn in Thüringen soll es davon über 1600 geben, von denen allerdings die meisten nur noch als Ruinen existieren. Gerade geheimnisvolle Ruinen haben es mir angetan. Bei den Wanderungen habe ich viele Ruinen alter Burgen, Schlösser, Klöster und Kirchen erlebt. Nahezu zu jeder Burg gibt es eine Sage, die ich erforscht habe. In den Ruinen nach einem Fünkchen Wahrheit solcher Sagen zu suchen, regt die Fantasie an. Wo sind die Geister, wo die Stimmen und das Stöhnen unglücklicher Seelen? Wo ist das Rasseln der Ketten aus den Kerkern? Doch ich habe keine Stimmen oder Geräusche in den alten Gemäuern gehört. Aber spannend war die Suche schon.

DAS LERNEN HÖRT NIE AUF

Es sind die alten Sagen und unsere Vorstellungskraft, die Burgen und Ruinen zu magischen Orten machen. Wenn auch nur mystische Scheinbilder, sie beleben unseren Geist. Auf der Suche nach mystischen Pfaden in Thüringen habe ich die Region bewusst und fast übersinnlich erfasst. Mit einer original Thüringer Bratwurst an der nächsten Ecke kam ich immer wieder auf den (kulinarischen) Boden der Tatsachen zurück. Goethes Worte »Was ich nicht studiert, habe ich auf den Wanderungen gelernt« habe ich in Thüringen auf der Suche nach mystischen Pfaden erlebt.

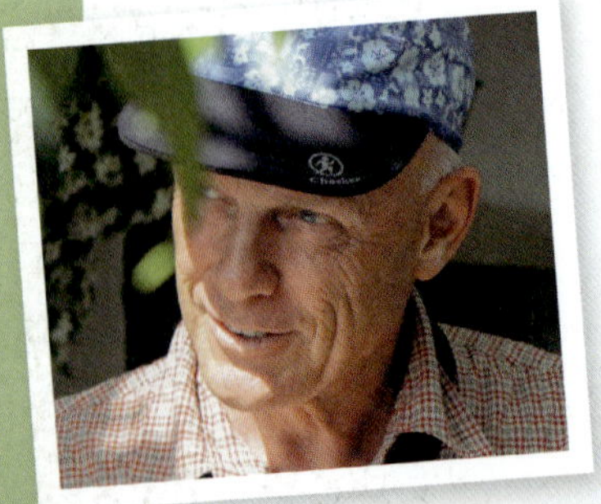

Herzliche Grüße

Rainer D. Kröll

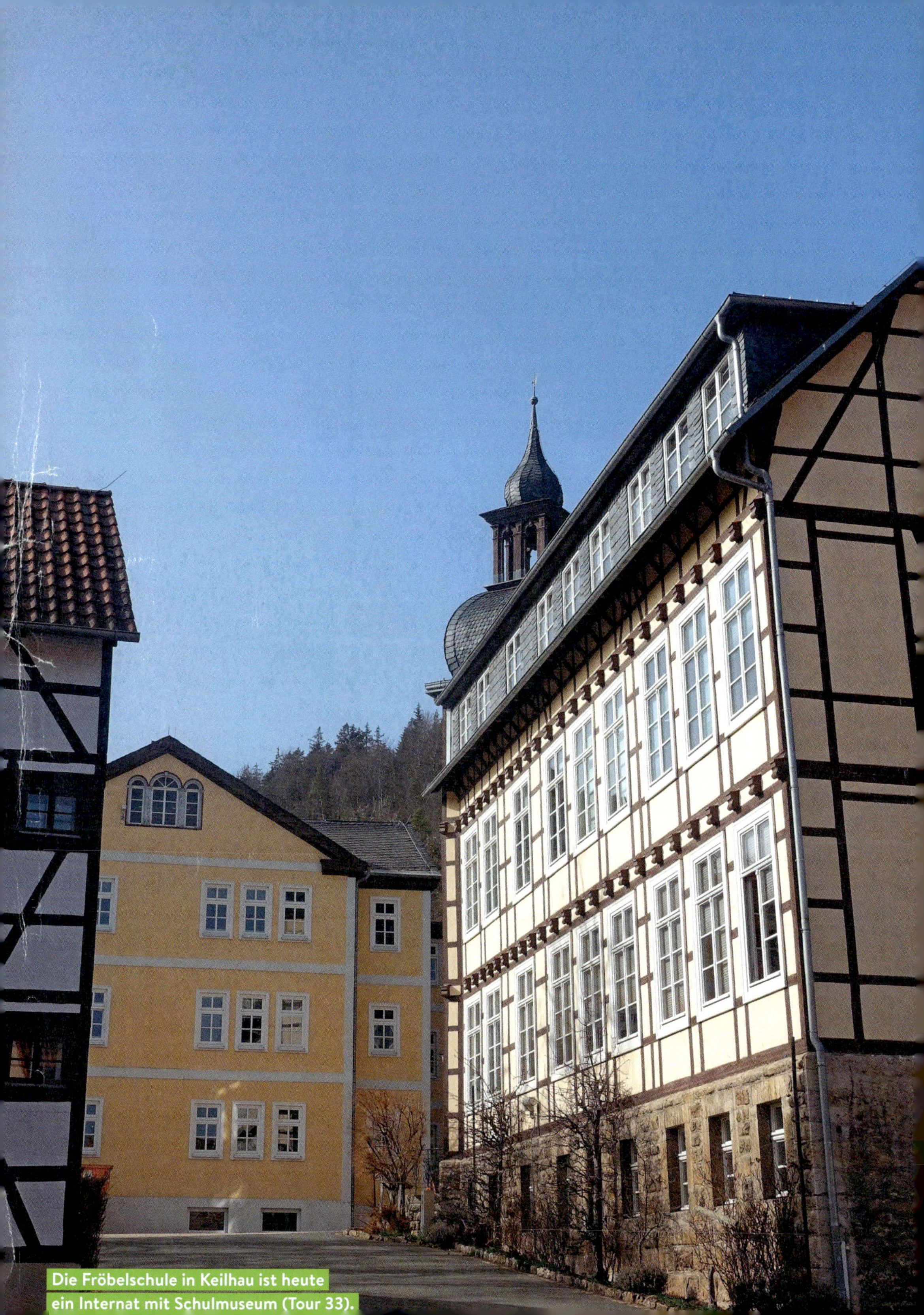

Die Fröbelschule in Keilhau ist heute ein Internat mit Schulmuseum (Tour 33).

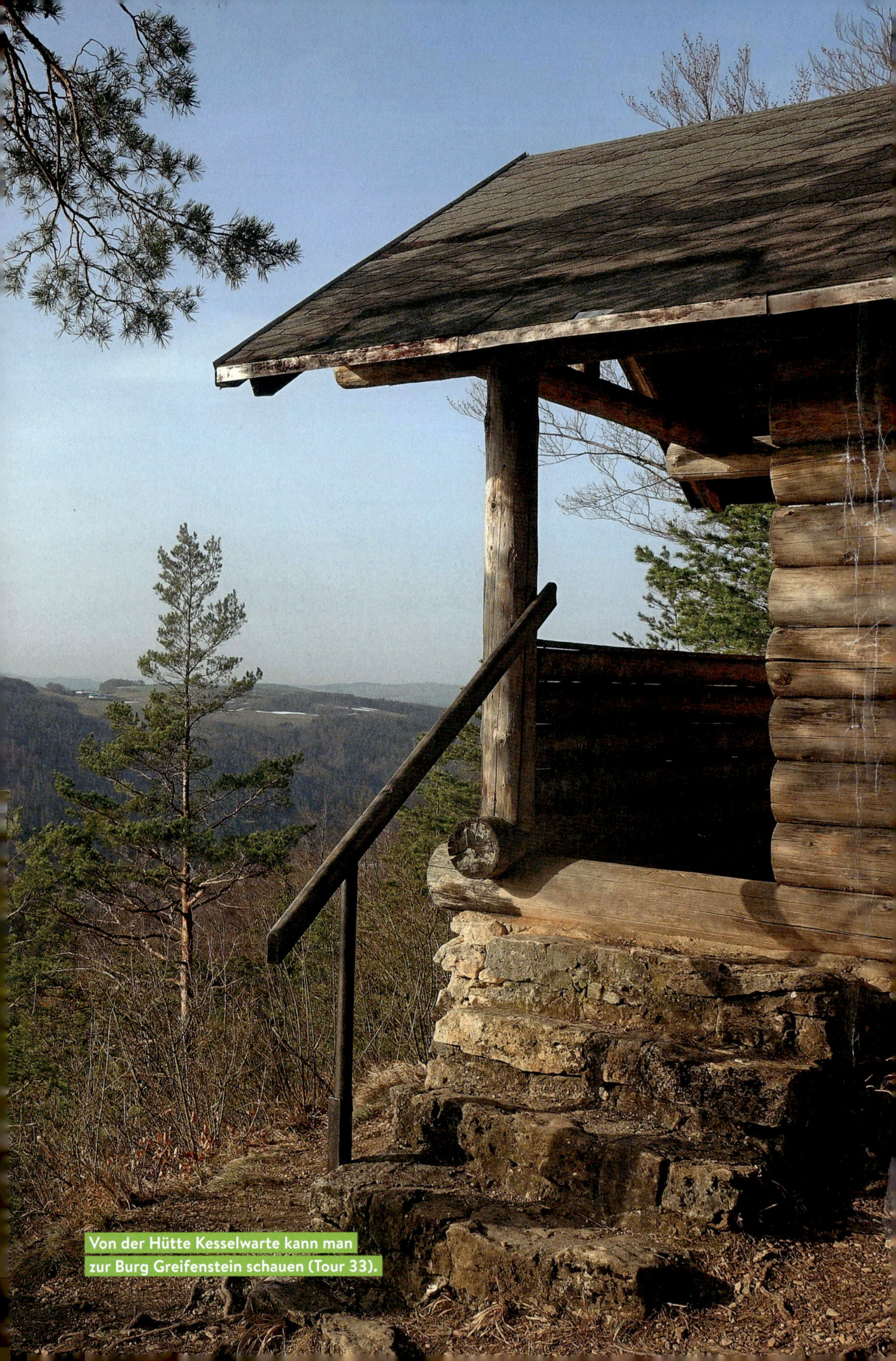

Von der Hütte Kesselwarte kann man
zur Burg Greifenstein schauen (Tour 33).

REGISTER

IMPRESSUM

Verantwortlich: Stefanie Krüger
Redaktion und Lektorat: Susanne Maute, mcp concept GmbH
Layout- und Reihengestaltung: Mathias Frisch
Covergestaltung: Mathias Frisch
Satz: mcp concept GmbH
Repro: LUDWIG:media
Kartografie: Bruckmann Verlag GmbH, Heidi Schmalfuß
Herstellung: Alexander Knoll
Printed in Slovenia by Florjancic

Exklusiv für Sie als Leser:

MIT GPS-DATEN ZUM DOWNLOAD

unter: gps.bruckmann.de

★★★★★

Sind Sie mit diesem Titel zufrieden? Dann würden wir uns über Ihre Weiterempfehlung freuen.
Erzählen Sie es im Freundeskreis, berichten Sie Ihrem Buchhändler, oder bewerten Sie bei Onlinekauf. Und wenn Sie Kritik, Korrekturen, Aktualisierungen haben, freuen wir uns über Ihre Nachricht an Bruckmann Verlag, Postfach 40 02 09, D-80702 München oder per E-Mail an lektorat@verlagshaus.de.

Unser komplettes Programm finden Sie unter www.bruckmann.de

Alle Angaben dieses Werkes wurden vom Autor sorgfältig recherchiert und auf den neuesten Stand gebracht sowie vom Verlag geprüft. Für die Richtigkeit der Angaben kann jedoch keine Haftung übernommen werden, weshalb die Nutzung auf eigene Gefahr erfolgt. Insbesondere bei GPS-Daten können Abweichungen nicht ausgeschlossen werden. Sollte dieses Werk Links auf Webseiten Dritter enthalten, so machen wir uns die Inhalte nicht zu eigen und übernehmen für die Inhalte keine Haftung.
In diesem Buch wird aus Gründen der besseren Lesbarkeit das generische Maskulinum verwendet. Weibliche und anderweitige Geschlechteridentitäten werden dabei ausdrücklich mitgemeint, soweit es für die Aussage erforderlich ist.

Empfehlung der Redaktion
Sie sind auf der Suche nach weiterführender Literatur? Dann empfehlen wir Ihnen den Titel *Das Grüne Band – Wandern im wilden Deutschland: 1400 km von Tschechien bis zur Ostsee* von Reiner Cornelius, Bruckmann Verlag, ISBN 9783734321405. Oder Sie werfen einen Blick in die Zeitschrift *Bergsteiger*. Hier werden Sie bestimmt fündig.

Bildnachweis: Alle Bilder im Innenteil und auf dem Umschlag stammen vom Autor.
Umschlagvorderseite: Alte Steintreppe (Rhoenbergfoto/shutterstock.com)
Umschlagrückseite: Einer der stärksten Bäume in Hainich, Tour 9

Die Deutsche Nationalbibliothek verzeichnet diese Publikation in der Deutschen Nationalbibliografie; detaillierte bibliografische Daten sind im Internet über http://dnb.d-nb.de abrufbar.

Infanteriestraße 11a
80797 München

ISBN 978-3-7343-2052-1